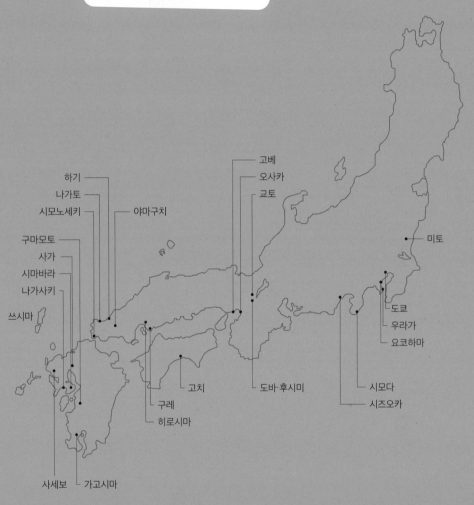

하기
나가토
시모노세키
야마구치
구마모토
사가
시마바라
나가사키
쓰시마
고베
오사카
교토
미토
도쿄
우라가
요코하마
시모다
시즈오카
고치
구레
히로시마
도바·후시미
사세보
가고시마

왜 일본은 한국을 정복하고 싶어 하는가

메디치 WEA 총서 9

왜 일본은 한국을
정복하고 싶어 하는가

정한론으로 일본 극우파의
사상적·지리적 기반을 읽다

하종문 지음

초판 1쇄 2020년 3월 2일 발행

ISBN 979-11-5706-191-4 (03910)

만든사람들

기획편집	이경민
편집도움	김동석
디자인	곽은선
마케팅	김성현 김규리
홍보	고광일 최재희
인쇄	한영문화사

펴낸이	김현종
펴낸곳	(주)메디치미디어
경영지원	전선정 김다나
등록일	2008년 8월 20일 제300-2008-76호
주소	서울시 종로구 사직로 9길 22 2층
전화	02-735-3308
팩스	02-735-3309
이메일	medici@medicimedia.co.kr
페이스북	facebook.com/medicimedia
인스타그램	@medicimedia
홈페이지	www.medicimedia.co.kr

이 도서의 국립중앙도서관 출판예정도서목록(CIP)은
서지정보유통지원시스템 홈페이지(http://seoji.nl.go.kr)와
국가자료종합목록시스템(http://www.nl.go.kr/kolisnet)에서
이용하실 수 있습니다. (CIP제어번호: CIP2020007471)

왜 일본은 한국을
정복하고 싶어 하는가

정한론으로 일본 극우파의
사상적·지리적 기반을 읽다

하종문 지음

메디치

야마구치(조슈),
일본 보수의 기원

　　일본의 중심은 도쿄다. 천황과 국회를 비롯해 모든 권부가 몰려 있는 수도이니 당연하다. 의원내각제인 일본을 총괄하는 최고 지도자는 내각총리대신(이하 총리)이다. 물론 1945년 이전에는 천황이 명실상부한 절대군주였지만. 그런데 역대 총리의 출신지를 보면 흥미롭다. 인구 150만 명도 안 되는 혼슈 서쪽 끝의 야마구치山口현에서 총리가 9명이나 배출됐기 때문이다. 도쿄 출신조차 4명밖에 되지 않는데 말이다. 근대 이전 야마구치현은 조슈長州번이 있었다.

　　야마구치현 출신 총리의 숫자뿐 아니라 면면의 이력도 눈부시다. 이토 히로부미伊藤博文, 야마가타 아리토모山縣有朋, 가쓰라 다로桂太郎, 데라우치 마사타케寺内正毅, 다나카 기이치田中義一가 제국주의 일본의 조타수였다면, 패전 뒤의 일본은 기시 노부스케岸信介, 그 동생인 사토 에이사쿠佐藤榮作, 아베 신조安倍晋三로 이어지는 정치 가문이 이끌었다. 짧게나마 총리를 지낸 민주당의 간 나오토菅直人도 빼놓을 수 없다. 보수 정치가뿐만 아니라, 일본 공산당의 최고 거물인 노사카 산조野坂參三와 미야모토 겐지宮元顯治도 야마구치현에서 태어났다. 이념과 당파를 넘어 근현대를 아우르는 권력 집단을 낳은 곳이 바로 야마구치현이다. 일본의 과거와 현재를 관통하는 중요 키워드로 야마구치현을 드는 이유가 여기에 있다.

2006년 8월 12일 자민당 총재 선거를 앞두고 아베는 야마구치현을 찾았다. 정식 기자회견은 9월 1일로 예정돼 있었지만, 지역구 방문을 통해 사실상의 출마 선언을 했다. 그는 자신의 결의를 다음과 같이 표현했다.

> 부과된 숙제는 많다. 책임질 때가 왔다. 조슈는 7명의 총리를 낳아 일본의 조타를 맡아왔다. 나도 전통 있는 조슈 정치가의 한 사람으로서 부끄럽지 않은 길을 걸어 힘써 노력하고자 한다.

정치가 아베에게 메이지유신은 살아 있는 역사이며, 그 현장이 바로 조슈, 즉 야마구치현인 것이다. 한 인터넷 블로거는 아베 출마를 전하면서 제목을 '조슈의 지사, 아베 신조!'로 달았다.

이 책에서 나는 조슈에 기반을 둔 근현대 일본 정치 지도자들의 행적을 통해 조선-대한제국과 일본의 관계를 살펴보고자 했다. 그 뼈대는 우호와 지배라는 모순된 가치의 혼재다. 아베나 그의 아버지 아베 신타로安倍晋太郞 또는 아내 아키에昭惠가 그렇듯이, 조슈의 후예들은 '친한파'를 자처한다. 아베의 외할아버지인 기시가 그랬고, 한복을 입은 이토도 마찬가지였다. 조슈-야마구치 그룹은 우월 의식이 깔린 친근감을 앞세워 지난 150년 동안 한일 관계를 이끈 주류로 군림해왔다.

먼저 근대에서는 왕정복고의 이론가 요시다 쇼인吉田松陰에서 시작해 메이지유신 3걸 중 하나인 기도 다카요시木戶孝允, 근대 일본의 제작자인 이토까지를 다뤘다. 그리고 내우외환을 극복하는 방편으로 대두된 정한론이 메이지유신 후에 국가정책으로 정해지고 실행으로까지 이어지는 과정을 살폈으며, 강화도사건으로 체결된 조일수호조규(강화도조약)와 청일전쟁을 마무리한 시모노세키조약이 어떻게 연결되는지를 정리했다. 또한, 조일 관계의 중요한 길목마다 조청일 관계의 맥락이 영향을 끼쳤다는 점을 강조하고자 했다.

이 책의 1장부터 3장까지는 근대(일본의 개항부터 청일전쟁까지), 4장은 현대(제2차 세계대전 종전부터 문재인 정권 출범까지)를 다뤘다. 청일전쟁 이후 러일전쟁을 거쳐 한국 병합에 이르는 과정은 생략했다. 러일전쟁 이후의 동아시아 역사는 정한론과 조청일 관계를 뛰어넘어 영국·러시아·미국까지 어우러지는 국제 관계의 역학이 중요해지며, 이 기간 동안 한국이 어떤 인식과 대응을 했는지 적확하게 그려내는 것이 쉽지 않다고 판단했기 때문이다. 차후에 이 책의 후속으로써 한반도 식민지화와 아시아주의, 대동아공영권 발현과 그 허구성을 파헤치는 작업에 도전해볼 생각이다.

해방 후의 현대 한일 관계는 '친한파'의 원조 격인 기시와 보수우파의 '황태자' 아베를 통해 20세기와 21세기를 관통하는 큰 흐름을 포착하고자 애썼다. 전후 일본에서 보수의 재편은 기시가 주도했으며, 냉전 이후 보수의 새로운 전략 수립은 아베가 떠맡았다. 제국 부활의 기초를 닦은 외할아버지와 개헌 및 우경화를 밀어붙이는 외손자의 접점은 역시 한일 관계를 넘어 한중일 관계의 지평에서 더욱 명료하게 드러날 터이다. 19세기의 일본에게 각인된 한반도의 지정학적 위상과 경험은 21세기에도 여전히 유효하다. 이 엄중한 역사를 차분히 톺아본다는 문제의식을 내내 잊지 않고 글을 써 내려갔다.

150년 전 일본의 안보 논리는 여전히 현재진행형이다. 과거에는 한반도가 러시아의 손아귀에 들어가면 일본의 방어선은 쓰시마對馬라는 말이 있었는데, 사이공 북미정상회담을 앞둔 2018년 6월 12일 《산케이産經신문》은 사설에서 다음과 같은 주장을 내세웠다.

> 주한 미군 철수나 대량 감축, 한미 동맹의 공동화로 이어진다면, 일본으로서는 쓰시마가 최전선이 된다. 외교상·방위상 부담이 늘어날 위험이 있다.

남북의 군사적 긴장 완화는 일본의 보수가 원하는 바가 아니라는 노골적인 표현이다. 《산케이신문》 출신의 저널리스트인 기무라 마사토木村正人는 방위력과 미일 동맹의 강화를 위해 개헌이 필수적이라고 주장하면서 문재인 정권의 배후에 중국이 있으며 한국은 결국 중국의 손에 넘어갈 것이라고 부르짖는다.

일본의 보수가 한국의 진보에 친북 또는 친중이라는 프레임을 씌우는 이유는 무엇인가? 그 근원에는 동북아시아 지정학을 염두에 두면서도 19세기에 기원을 둔 한일 관계의 프로토콜, 바로 정한론이 있다. 제국 일본은 조선이 자주지방自主之邦임을 천명한 조일수호조규를 짓밟고 식민지로 삼았다. 동북아시아에서 메이지유신 및 근대화와 직결되는 청일전쟁과 러일전쟁을 근본적으로 비판하는 역사관이 자리 잡지 못하면, 일본은 한 세기 전에 저지른 침략주의의 전철을 또다시 저지를지도 모른다.

이 책과 씨름하던 2016년 8월 2일, 일본 정부의 방위백서가 발표됐다. 이제는 고착화된 독도 영유권 침범 구절이 언론의 주의를 끌었다. 하지만 우리가 예의주시해야 하는 것은 방위백서를 둘러싼 일본 언론의 평가다. 《산케이신문》의 8월 3일 자 사설은 백서가 아시아-태평양 지역을 "대규모 군사력이 집중된 특이한 지역"이라 표현한 것을 놓고 "일본이 생존하는 데 걸맞은 예산과 정책이 필요"하다고 역설했다. 중국에 관해서는 남중국해에서 추진되는 군사기지화와 센카쿠尖閣열도 문제를 들고, 북한을 향해서는 핵실험을 지적했다. 특히 중국에 대해서는 매우 신랄하다. "중국 해·공군의 목적을 영토, 영해, 영공의 '방위'라고 썼는데, 오히려 '패권 추구, 침략의 첨병'이라고 함이 마땅하다. 국제법을 무시하고 방약무인하게 행동하는 중국에게 과도한 배려는 필요 없다"라고 못을 박았다. 이것이 현재 일본 주류 보수가 내세우는 안보 정책의 틀이다.

이 책은 2015년을 전후로 한중 관계가 개선되고 한반도 중립화론이 대두되는 상황에 대해 일본의 보수가 왜 '지대한' 관심을 보였는지 궁금해진 데서 구상됐다. 2014년을 전후로 일본의 보수파는 한중 외교에 촉각을 곤두세웠다. 한중의 제휴가 미국과의 갈등을 유발하고 한반도의 긴장을 고조시킬 수밖에 없다는 주장이 속출했다. 일본 보수파는 한중 관계를 곁눈질하면서 전쟁이 가능한 국가로 탈바꿈하는 집단적자위권의 필요성을 부르짖었고 개헌을 밀어붙였다. 2015년 9월 박근혜 대통령은 미국과 일본뿐 아니라 한국 내 보수의 반대까지 뿌리치고 톈안먼 광장에서 열린 항일 전승 70주년 기념식에서 시진핑 주석과 나란히 섰다. 그 3개월 뒤 우리는 일본군 '위안부'에 관해 '합의'를 이뤘다는 한국 외교부 장관과 일본 외무대신(이하 외상)의 기자회견을 목도했다.

현재 한중일이 엮어내는 '삼국지' 드라마는 150년 전과 크게 다르지 않다. 19세기 말 일본은 러시아의 위협을 개재시켜 갈고닦은 조선 침략론을 감춘 채 청과 전쟁을 벌였으며, 21세기가 돼서는 중국 팽창을 억제하는 방편이라며 한미일 동맹을 우리에게 밀어붙인다. 조선이 개국하지 않겠다는데 왜 일본은 무력을 동원해 개국을 강요했나? 어떻게 자신의 안보를 앞세워 타국의 독립에 간섭할 수 있나? 이 물음은 21세기의 미중 대립 구도 속에서도 또렷하게 생동감을 갖는다.

이 책의 결론은 한반도 중립화야말로 우리의 생존과 동아시아의 안정을 창출하고 보장하는 유일무이한 전략이라는 사실을 드러내 보여준다. 전인갑 서강대 교수는 『현대중국의 제국몽』에서 "제국 주위의 국가들은 제국이 창안하고 주재하는 질서에서 자유로울 수 없을 뿐 아니라 중립적이기도 매우 어렵다"라고 썼다. 그렇다면 한반도 중립화는 그저 이상에 지나지 않을까? 아니다. 냉전 체제가 무너지고 동아시아의 국제 질서가 요동치는 지금, 한반도 중립화는 가능 여부를 따져가며 추진해야 하는 목표가 아니라 생존을 위한 불가결조건이다.

이 책은 2015년 여름 메디치미디어 김현종 대표님의 '부추김'으로 쓰기 시작했다. 원래 전공을 벗어나 19세기의 메이지 시대를 덜컥 맡은 바람에 글이 완료될 때까지 꼬박 3년이 걸리고 말았다. 인내심으로 소걸음처럼 채워지는 글을 지켜봐 주셔서 감사를 드린다. 그리고 딱딱한 논문 투의 글을 부드럽게 녹여주신 이경민 팀장님께도 인사를 전한다.

이제 두 번째 단독 저서를 세상에 내놓는다. 가족의 성원과 사랑 덕분에 탈고할 수 있었다. 얼마 뒤면 함께한 지 30년이 될 아내 이애숙과 시은, 유진 두 딸이 이 책의 산실이다. 고맙고 사랑한다.

차례

3부

청일전쟁으로 정한론을 완성하다

4부

일본 보수의 과거와 현재

일러두기

1. 이 책의 일본 인지명과 고유명사는 국립국어원 외래어표기법을 따르는 것을 원칙으로 하고, 관례에 따라 몇몇 예외를 두었다. 덴노天皇, 코고皇后, 신노親王는 천황, 황후, 친왕으로 표기했고 쇼군將軍은 일본식 표기를 따랐으며, 관직명 및 일부 행정구역명 등은 한국 한자음으로 표기했다(총리, 공사, 내무경, 외무경, 번藩, 현縣, 막부幕府, 관동주關東州 등).

2. 중국 지명은 현대 중국어 표기법으로 통일하되 중국 인명은 본문에서 언급한 활동 시기를 기준으로 구분해(신해혁명 전후) 각각 한국 한자음과 현대 중국어 표기법으로 표기했다(따라서 위안스카이 대신 원세개, 손문 대신 쑨원으로 표기했다).

3. 일본은 1872년까지 음력을 썼는데, 이 책에서는 모두 양력을 기준으로 표기했다.

4. 이 책에서 언급된 다케시마는 독도가 아니라 울릉도를 가리킨다. 다만 인용문에서는 울릉도 대신 원문을 살려 다케시마로 표기했다.

1부

요시다 쇼인,
혁명으로서의 정한을 외치다

우경화의 기원,
요시다 쇼인의 정한론

    일본열도는 혼슈本州, 홋카이도北海道, 규슈九州, 시코쿠四國라는 큰 섬 4개와 작은 섬 3700여 개로 이뤄져 있다. 야마구치山口현은 가장 큰 섬인 혼슈의 서쪽 끝자락에 있다. 야마구치현의 현청이 있는 야마구치시에서 교토京都까지는 철길로 500킬로미터가 넘고, 교토에서 도쿄東京까지 가려면 500킬로미터를 더 가야 한다. 혼슈 북쪽 끝의 아오모리青森에서 도쿄까지의 거리가 700킬로미터 정도인 데 비하면 야마구치현은 변방이다.

    도쿠가와 이에야스德川家康가 초대 쇼군將軍으로서 에도江戸(현재의 도쿄)에 막부를 열고 250여 개의 번藩을 설치했던 근세. 야마구치현은 조슈長州번에 속해 있었고, 번의 주인(번주 또는 다이묘大名)은 동북쪽의 오지인 하기萩에 둥지를 틀었다. 메이지유신 후에 조슈번과 인근 지역이 합쳐져 야마구치현이 됐다. 지금도 인구 5만 명을 밑도는 하기의 북쪽은 동해와 맞닿아 있다. 첫머리에서 이처럼 궁벽

한 소도시를 꺼내든 이유는, 이곳이 제국주의 일본의 어제와 오늘을 잇는 접점이기 때문이다. 메이지유신과 최근의 우경화·군사 대국화는 하기에서 맴돌이한다.

2013년 8월 13일 아베 신조(安倍晋三, 1954-) 총리가 하기를 방문했다. 나가토長門시에 잠든 아버지 아베 신타로(安倍晋太郎, 1924-1991)의 묘소를 참배한 다음 날의 행보였다. 그는 곧장 요시다 쇼인(吉田松陰, 1830-1859)을 모신 쇼인 신사와 묘소를 찾았다.

총리의 동정을 전하는 한일 언론에서 쇼인의 평가는 엇갈린다. 한국에서는 "대동아공영권 이론가"(《연합뉴스》)라며 부정적으로 다루는 데 비해, 일본에서는 "막부 말기의 사상가"(《산케이신문》)로 묘사한다. 아베는 신사를 방문해 절을 올리고 근처의 자그마한 시골 서당인 쇼카손주쿠松下村塾를 견학했다. 그러고는 몰려든 기자들에게 "오류가 없는 올바른 판단을 해나가겠다는 맹세"를 언급했다.

이틀 뒤인 8월 15일, 도쿄에서는 예년처럼 전국전몰자추도식이 열렸다. 제2차 세계대전에서 숨진 군인·군속과 민간인 310만 명을 추도하는 국가 행사다. 제2기 집권 후 첫 추도식의 기념사에서 아베는 아시아에 끼친 '손해'와 '반성', '부전不戰의 맹세' 등을 일절 언급하지 않았다. 과거 20년 동안 역대 총리들이 이어왔고, 아베 자신도 제1기 내각 때인 2007년에는 "아시아 각국의 사람들에게 큰 손해와 고통을 줬다"라고 언명한 터였다. 5년의 공백을 딛고 돌아온 아베는 하기에서 쇼인의 에너지를 받은 듯 역사수정주의가 담긴 '올바른 판단'을 당당하게 피력했다.

아베는 도쿄에서 태어났으나 소속 선거구는 야마구치현이다. 아버지의 정치 지반을 물려받은 이른바 '세습 의원'이다. 그의 선거구는 나가토시를 포함하는 야마구치 4구로, 하기시는 선거구 바깥에 있다. 그런데도 일부러 쇼인 신사와 쇼카손주쿠를 들른 이유는 무엇이었을까? 그것은 야마구치와 하기가 우경화의 기수 아베에게 선거구 이상의 '정치적 고향'이기 때문이다.

무엇보다 아베의 이름에 있는 신晋의 유래부터 그러하다. 아버지와 같은 글자를 썼다고 해도 될 법하지만, 그는 기회 있을 때마다 다카스기 신사쿠(高杉晋作, 1839-1867)에게서 땄다고 말했다. 쇼인의 쇼카손주쿠에서 가르침을 받은 다카스기는 폐결핵으로 요절할 때까지 메이지유신을 향해 전력 질주했다. 조슈번 출신 지사의 으뜸으로 평가되던 다카스기의 삶을 이으려는 듯, 2012년 12월 아베가 이끌던 자민당은 선거 구호를 19세기 중반의 메이지유신을 염두에 둔 '일본을 되살리자'로 잡았다. 1년 만에 하차했던 제1기 내각(2006년 9월-2007년 9월)에 이어 사실상 '일본 유신'을 선언하고 재집권한 아베 내각 아래에서 쇼카손주쿠는 2015년 7월 유네스코 세계문화유산에 등재됐으나, 한국 외교부 관계자는 등재 결정 이후 기자의 질문을 받고서야 처음으로 쇼카손주쿠를 언급했다. 과거의 하기는 이렇게 일본의 현재와 끊임없이 교감을 나누는데, 한국에서는 우려는커녕 관심조차 희박해 보인다. 그런 면에서 쇼인은 '보수 본색' 아베와의 유대와 교감에 힘입어 150년의 풍파를 헤치며 앞으로도 더욱 주목받을 것이다. 아베가 페이스북에 등록한 '존경하는 사람'은 쇼인이 유일하다.

쇼인과 쇼카손주쿠를 연결하면 메이지유신의 밑그림이 뚜렷해진다. 쇼인은 1830년 현재의 묘소 인근에서 최하층 무사의 차남으로 태어나 내우외환의 격동기를 맞이한 일본열도의 좌표를 성찰

우경화의 기원, 요시다 쇼인의 정한론

하고 미래의 비전을 구상하는 입지전적인 삶을 살았다. 그 결과 17세기부터 이어진 에도막부 260년을 종식하는 왕정복고의 이념적 틀을 세우고 그 주역들을 양성했다. 메이지유신으로 촉발된 근대 일본의 싹은 쇼인의 사상적 영위를 자양분으로 삼으며 트였다. 대외 정책도 마찬가지였다. 정한론을 필두로 하는 대륙 팽창과 침략의 근원 또한 쇼인에게서 비롯해 기본 얼개가 짜였다. 메이지유신의 이데올로그이자 제국주의 일본의 지주, 그것이 쇼인의 역사적 무게감이다. 그런 쇼인과 메이지유신의 발자취를 더듬고자 2015년부터 시골 도시 하기에는 200만 명을 넘는 관광객이 찾아들었다.

정한론의 선구자
요시다 쇼인

정한론의 자각

쇼인의 학문은 병학兵學에서 출발했다. 병학은 군사학을 넘어 경세학 전반을 다루는 분야다. 11세 소년은 번주 앞에서 강연할 정도로 천재성을 발휘했다. 하지만 아편전쟁의 경과를 접하고는 전통적 병학의 무력함과 동서양의 군사력 격차를 뼈저리게 느꼈다. 서양의 실체를 알고 싶다는 욕구가 커져갔다.

20세에 번주에게 바친 책(『수륙전략水陸戰略』)에서 쇼인은 조선을 처음으로 언급했다. 영국과 프랑스가 때때로 류큐와 조선에 상륙해 무법을 일삼고 있으며, 북쪽에서는 러시아가 캄차카반도와 사할린에 이르렀다고 지적했다. 하지만 이 책에서는 객관적인 상황을 서술하는 데 그쳤다.

1850년 이후 쇼인은 규슈로 에도로 여행을 떠났다. 나가사키長崎에서는 서양 국가 중 유일하게 일본과 교역하던 네덜란드의 상관이 있었는데, 때마침 기항한 상선에 타는 경험을 했다. 그동안 교유하던 번의 무사들과도 만났다. 특히 구마모토熊本번에서는 열 살 차이를 넘어 동지 관계를 맺게 되는 미야베 데이조(宮部鼎藏, 1820-1864)를 찾았다.

쇼인의 탐구욕은 에도에 머물면서도 발현됐다. 최고의 수확은 당대 최고의 병학자로 이름을 날리던 사쿠마 쇼잔(佐久間象山, 1811-1864)의 문하에 들어간 것이었다. 쇼인이 '내 스승'으로 받들었던 유일한 사람이 바로 쇼잔이었고, 막부 최고의 개명파 관료 가쓰 가이슈(勝海舟, 1823-1899)와 도사(土佐, 지금의 고치高知현)번 출신으로 메이지유신 최고의 풍운아였던 사카모토 료마(坂本龍馬, 1836-1867)는 수학하던 시기는 다르지만, 동문에 해당된다.

규슈와 에도를 주유하고 전국 각지의 준재들과 교류하고 환담했지만, 새로운 깨달음을 향한 갈증은 해소되지 않았다. 1851년 9월 "지금까지 학문을 닦았건만 무엇 하나 완성된 것은 없고 겨우 글자를 아는 정도에 지나지 않습니다"라는 자조 섞인 편지를 형에게 보낼 수밖에 없었다. 그 무렵 자신과 일본의 미래를 고민하던 쇼인에게 삶과 사상을 뒤흔드는 첫 전기가 다가왔다. 1852년 초 미야베의 권유로 함께 떠난 도호쿠東北 여행에서 미토水戸번의 아이자와 세이시사이(會澤正志齊, 1782-1863)를 만난 것이다. 미토번은 지금의 이바라키茨城현 일대에 있었다.

열도를 휩쓸던 내우외환의 기류 아래서 아이자와는 1825년 존왕양이尊王攘夷의 논리를 체계화한 『신론新論』을 저술해 전국적으로 명성을 떨쳤다. 에도막부의 힘이 눈에 띄게 쇠약해진 19세기 초의 일본에서 천황과 조정을 받들어 서양 세력의 위협을 물리치겠다는 주장만큼 간단명료한 해법은 없었다. 『신론』에서 아이자와는 현실 권력체인 에도막부를 직접 겨냥하지 않았지만 이전의 무로마치室町 막부 등 무가武家 정권을 신랄하게 비판했다. 그 때문에 막부를 타도하려는 메이지유신 지사에게는 사실상의 필독서로 읽히게 된다.

쇼인은 1850년 규슈를 여행하면서 『신론』을 처음으로 읽은 뒤부터 아이자와와 만나기를 갈망했다. 미토번에서는 한 달 정도 머물렀는데 여섯 번이나 아이자와를 찾아갔을 정도였다. 23세의 쇼인은 71세의 아이자와와 술잔을 나누며 '국체國體'의 의미와 일본의 역사를 새롭게 인식했다고 한다. 국체는 나라의 체제나 특성을 가리키는 아이자와의 조어다.

쇼인은 도호쿠 여행에서 돌아온 뒤 일본 역사 읽기에 빠져들었다. 1852년 7월경 친구에게 보낸 편지에서 그는 자신의 대오각성을 다음과 같이 표현했다. "황국에 태어나서 황국이 황국다운 이치를 알지 못한다면 사람으로서 천지간에 설 수 없다." 그는 '사이四夷'를 '섭복(慴服, 두려워서 복종함)'하게 하는 '웅략雄略'을 발휘한 천황의 역사를 접하면서 '황국이 황국다운 이치'를 터득했노라고 고백했다. 일본 제일주의(또는 일본 우선주의) 관점에 따른 역사관과 국가관이 탄생하는 순간이었다.

이리하여 쇼인의 시야에서 '조슈'는 '일본'으로 대체됐다. 한반도와 일본의 관계사는 황금시대 일본을 되새기는 조역으로 안성맞춤이었다. 아래에서 소개한 편지에는 정한론의 얼개가 엿보인다.

> 황조皇朝, 무武로써 나라를 세웠다. 전성기에는 고구려(원문은 고려)·신라를 섭복케 하고 사신을 백제·임나에 재촉하는 것이 어렵지 않았다. (……) 도

요토미 히데요시豊臣秀吉가 일어서자 삼한을 도륙하고 명을 제압하니 기세가 마치 옛 웅략을 되돌리는 듯했다. 불행히도 도요토미 공이 일찍 죽고 대업을 잇지 못한 것은 아쉽다고 할까. (……) 내려와서 근자에 이르러서는 차마 입에 담기도 어렵다. 러시아가 홋카이도를 어지럽힌 치욕은 아직 풀리지 않았고, 영국·프랑스가 류큐(琉球, 지금의 오키나와)에 밀려드는 근심은 아직 해소되지 않았다. (……) 국위의 쇠퇴는 가장 유례없는 지경이다.

일본열도에 고대국가가 출범한 것은 7세기 중후반 한반도의 삼국 통일과 맞물리며, 8세기 초에는 『고사기古事記』와 『일본서기日本書紀』가 편찬됐다. 새로운 지배자로 옹립된 천황의 정통성을 세우고 다지는 작업의 일환이었다. 『고사기』가 황실의 유래에 초점을 맞춘 족보라면 『일본서기』는 편년체로 기술된 국가의 정사다. 이로써 천황은 일본의 시조신 아마테라스 오미카미天照大御神의 후손이라는 역사관이 틀을 갖추게 된다.

위에서 인용한 쇼인의 편지는 천 년 전에 편찬된 『고사기』와 『일본서기』의 신화적 역사관이 위기를 맞은 일본열도에서 기지개를 켜고 있었음을 증명한다.[1] 물론 이런 논리는 쇼인의 독창적인 작품이 아니라 근세 전체를 관통하는 일종의 공통분모였다. 가령 17세기 중반의 유학자 야마가 소코(山鹿素行, 1622-1685)에 따르면, 일본은 『일본서기』에 입각한 만세일계의 천황제가 있기 때문에 조선을 굴복시켜 조공을 받을 수 있었다고 한다.

'무'로써 건국된 일본은 진구神功 황후 시절 삼한을 정복했고 고구려·백제·신라는 천황을 받들어 공물을 바치고 신속臣屬했다는 것이다. 실재했는지조차 의심스러운 진구 황후를 불러오고, 신화에 지나지 않는 삼한 정복을 '역사적 사실'로 각색했다. 또한, 근세 말 홋카이도와 류큐가 유린되는 '국위의 쇠퇴'는 바로 '무'를 상실했기 때문이라고 진단했다. 천황은 7세기 후반 격동기를 맞은 동아시아 정세를 배경으로 탄생했고, 19세기 중반의 위기 국면에서 다시금 호출되기에 이르렀다.

이처럼 경세가 쇼인은 신화적인 과거사를 재음미하고 전면 수용함으로써 내우외환의 해결책을 만들어내고자 했다. 그가 주목한 것은 역사 속에서 한반도를 '섭복'케 했던 천황의 찬란한 발자취였다. 서구의 압박이라는 위기를 벗어나고 새로운 일본의 미래를 열어갈 해법은 '국체'의 재발견 곧 '존왕'에 있다고 판단한 것이다.

다음 해인 1853년, 일본 전역에 '외환'의 충격파가 퍼져나갔다. 7월 8일 미국의 매튜 C. 페리(Matthew C. Perry, 1794-1858) 제독이 이끄는 함대 4척이 에도의 입구인 우라가浦賀에 모습을 드러낸 것이다. 6일 뒤에 상륙을 허락받은 페리 일행은 우라가 방어를 맡은 관리에게 미국 대통령의 국서를 전달했다. 민중은 날마다 해변에서 공포와 호기심에 찬 눈으로 이국선을 관람했지만, 막부는 이때부터 암중모색과 갑론을박을 본격적으로 시작했다.

사실 막부는 페리 함대가 오리라는 것을 1년 전부터 알고 있었다. 나가사키의 네덜란드 상관장이 올린 보고서에는 1853년 봄 이후 미국의 페리라는 제독이 지휘하는 함대가 에도만灣에 와서 통상을 요구할 것이며, 상륙해서 성을 공격할 수 있는 병력까지 대동한다는 내용이 적혀 있었다. 막부는 주요 번과 해안 방어 담당자에게 통보하며 대책을 숙의했으나, 뾰족한 수가 나올 리 만무했다. 미국 함대가 온다는 사실은 반년 전에 쇼인의 귀에까지 들어갔을 정도로

정한론의 선구자 요시다 쇼인

공공연한 비밀이었다.

막부는 회답을 1년 유예해달라고 요청했고, 페리는 1년 후에 다시 오겠다며 떠났다. 하지만 재도항은 훨씬 앞당겨졌다. 1854년 2월 화친조약을 압박하고자 페리 제독은 군함 7척을 이끌고 우라가보다 에도에 가까운 요코하마横濱 앞바다에 닻을 내렸다. 3월에 막부는 쇄국의 종료와 개국을 결정하는 가나가와神奈川조약 곧 미일화친조약을 체결했고, 6월에는 시즈오카靜岡현 시모다下田에서는 화친조약의 세칙을 담은 시모다조약을 맺었다. '구로후네黑船'와 대포를 앞세운 서양의 무武에 일본 무사가 굴복하고 만 것이다. 참고로 1945년 9월 2일 미국 전함 미주리호에서 일본의 항복 문서 조인식이 열렸는데, 배 위에는 페리 함대의 기함 포하탄호에 걸려 있던 성조기가 펄럭이고 있었다.[2]

페리 함대는 제1차 내항 때 우라가에서 9일 동안 정박했다. 쇼인은 스승 쇼잔과 함께 에도에서 우라가까지 가서 자신의 눈으로 구로후네를 관찰했다. 근대식 군비의 위용을 확인한 그의 결론은 외국 유학이었다. 때마침 러시아 군함이 나가사키에 들른다는 소문이 있었다. 페리 일행보다 1개월 늦은 1853년 8월, 러시아 사절단이 도일해 통교를 요구했다. 그런데 막부의 답을 받기도 전에 러시아 군함들은 상하이로 떠나고 말았다. 크림전쟁(1853-1856)이 터지면서 출항 일정이 앞당겨진 것이다. 뒤늦게 나가사키에 도착한 젊은 사상가를 태워줄 배는 이미 떠나고 없었다.

쇼인은 제2차로 도일한 페리 함대를 조력자로 삼아 두 번째 외국행 계획을 짰다. 당시 미국 군함들은 화친조약의 세부 조항을 협의하고자 시모다에 정박 중이었다. 4월 쇼인은 어민의 배를 훔쳐

몰래 포하탄호에 승선한 다음 밀항을 호소했다. 그러나 서양 병학을 직접 배우려던 그의 과감하고도 무모한 시도는 결국 성사되지 못했다. 밀항 사실을 자수한 쇼인은 간신히 사형을 면하고 고향으로 송환돼 영어의 몸이 됐다(상의를 받은 쇼잔 또한 연루돼 8년 동안 칩거했다).

체계화되는 정한론

감옥은 흔히 사상가와 혁명가의 학교라고 일컬어진다. 1년 2개월의 옥살이 동안 쇼인은 죄수들과 학습회를 열어 식견을 나누고 학문을 갈고닦았다. 600권이 넘는 책을 독파했으며, 편지를 주고받아 최신 정보를 수집하는 일도 게을리하지 않았다. 그 결과를『유수록幽囚録』에 집대성했다.

쇼인은 조국에 치욕을 안긴 미국에 밀항을 기도했던 이유와 사상적 배경, 전망 등을 책에 풀어냈다. 번창했던 고대 일본의 역사부터 13세기 원의 공격을 언급한 뒤 "외국인 앞에 무릎을 꿇고 머리를 숙이며 그들이 하자는 대로 움직이고 있는" 현실을 개탄하고, 밀항은 탁상공론에서 벗어나려는 불가피한 행동이었다고 설명하며, 개국 후에 부국강병을 이룰 여러 방안을 제안했다. 요컨대 '복고'와 '개화'라는 상극적인 요소의 절충과 접목을 시도했다. 이것이 쇼인의 발상과 행동이 겸비한 유연성이자 흡인력이다.

『유수록』에서 내용의 1/3을 고대의 한일 관계 및 조선에 할애했다는 데 주목해야 한다. 대표적인 예를 들면 다음과 같다.

정한론의 선구자 요시다 쇼인

조선과 만주는 이어져서 신주(神州, 일본)의 서북에 있다. 또 바다 건너 가까이 있다. 그래서 조선은 과거 우리에게 신속했는데 지금은 다소 오만해졌다. 무엇보다 그런 경위를 잘 조사해 원래대로 회복해야 한다.

(……) 이제 시급히 무비를 닦아 군함과 대포를 갖춘 다음, 홋카이도를 잘 개간해 제후를 책봉하고, 기회를 봐서 캄차카, 오호츠크를 빼앗고 류큐를 깨우쳐 본토의 제후와 같이 참예하고 회동시켜야 한다. 또 조선을 다그쳐 인질을 잡고 공물을 바치는 것을 옛날같이 해, 북은 만주 땅을 나누고 남은 타이완, 필리핀의 섬들을 빼앗아 점차 진취적인 기세를 드러내야 한다. 그다음 백성을 아끼고 인재를 양성하며 변경 수비를 잘 다진다면 나라를 잘 지켰다고 할 수 있다. 그러지 못하고 외국과의 경합에 눌려 아무런 방책이 없다면, 결국 얼마 안 있어 나라가 쇠망해갈 것이다.

핵심은 앞서 소개한 편지와 마찬가지다. 일본의 생존 원리인 '진취적인 기세'를 회복하려면 옛 진구 황후의 위업을 이어받아야 한다는 것이다. 또한 "지금은 다소 오만"하다는 부분은 임진왜란 후 조선 통신사로 대등한 교린 관계를 맺어 '오만해지도록 허용한' 막부를 성토한다는 의미도 숨어 있다. 이렇듯 역사적으로 일관된 조선의 '신속'은 서양 세력의 대두라는 위기에 맞서 천황을 중심으로 한 일본의 국체가 재도약하려면 반드시 실행해야 할 방침의 하나로 자리매김했다.

내우외환의 위기를 벗어나는 쇼인 나름의 해법은 이 단계에 이르러 확고히 가닥을 잡았다. 바로 말하면 군사력을 앞세워 조선과 대륙으로 발을 뻗는 정한의 결행이다.

1부 요시다 쇼인, 혁명으로서의 정한을 외치다

이제 대대적으로 함선을 건조해 북은 홋카이도를 확보하며 서는 조선을 정복하고 재빠르게 진취적인 기세를 보인다면 서양 오랑캐는 스스로 손을 뺄 것이다.

조선을 조공하게 하고 만주는 거느리려고 한다면 배가 없이는 불가능하다. 이것이 내 본뜻이다. 지금은 아직 여기에 미치지 못하니 거함巨艦을 기다려야 한다.

이렇게 보면 쇼인은 내우외환 극복의 전략을 정한론과 결부함으로써 왕정복고 곧 메이지유신으로 나아가는 이론의 싹을 틔웠다고 봐야 한다. 재해석된 '고대'는 다가올 '근대'를 창출하는 변혁론의 에너지원으로 자리 잡았고, 메이지유신 후에도 '조공'을 바쳤던 조선을 거듭 들먹이며 한반도 강점強占까지 논했다. 이 점에서 우리는 일본에서 탄생한 제국주의의 한 특징을 찾아낼 수 있다. 산업혁명 또는 자본주의 발전의 보완재로서 식민지 획득을 추구했던 서양 제국주의와 달리, 일본은 역사 속에서 끄집어낸 우월 의식이라는 계기와 동인을 출발부터 내재했다. 이는 아베 정권의 집요한 역사수정주의와 궤를 같이한다.

막부는 1854년 3월의 미일화친조약을 체결한 데 이어 10월에는 영국과 화친조약을 맺었다. 이듬해 2월에는 미일화친조약이 발효되고 러시아와 화친조약 체결을 마무리했다.[3] 바야흐로 시대의 조류는 확실히 쇄국에서 개국으로 바뀌었다.

1856년 초 1년 2개월의 수감 생활 끝에 쇼인은 옥문을 나섰다. 밖으로 한 발짝도 나가지 않고 숙부 집에서 근신하는 것이 석방 조

정한론의 선구자 요시다 쇼인

건이었다. 운신의 부자유와 대조적으로 그의 생각과 뜻은 황금기를 맞았다. 책을 읽고 글을 쓰며 생각을 가다듬는 한편, 외숙이 주재하던 쇼카손주쿠에서 가르침의 장을 개시했다. 그와 함께 침략에 기반한 쇼인의 국제 관계 구상은 더욱 정교해졌다. 1856년 5월의 편지에서 쇼인은 다음과 같이 썼다.

러시아 및 미국과 강화가 안정된다면 우리가 이것을 깨서 오랑캐에게 신의를 잃어서는 안 된다. 다만 조문을 엄하게 해 신의를 다지고, 그동안 국력을 길러 취하기 쉬운 조선, 만주, 중국을 거느리고 교역으로 러시아와 미국에 잃은 부분은 토지로 조선과 만주에서 보상받아야 한다.

러시아와 미국에 맞선 생존 전략으로 '손쉬운' 조선을 취해야 한다는 논리는 같은 해 7월의 편지에서도 반복된다.

지금의 계책으로는 나라의 경계를 추스르고 조약을 지키며, 미국과 러시아를 견제하고, 기회를 봐서 홋카이도를 개간하고 류큐를 다스리며, 조선을 취하고 만주를 공격하며 중국을 제압하고 인도를 넘봄으로써 진취적인 기세를 펴고 수비 기반을 다져서, 진구 황후가 완수하지 못한 것을 완수하며, 도요토미 히데요시가 이루지 못한 것을 이루는 것 말고는 없다.

삼한·임나의 각 지역은 지맥이 연결되지 않아도 형세가 대치돼 우리가 가지 않으면 그들이 반드시 오며, 우리가 공격하지 않으면 그들이 반드시 습격해 장차 불측의 우려를 낳을 것이다.[4]

이렇듯 쇼인의 정한론은 대외 인식과 결부되면서 확고하게 기틀을 잡았다. 그는 미국을 비롯한 열강과의 조약을 지킨다는 개국론을 바탕으로 대등 외교를 주장하는 한편, 진구 황후나 도요토미 히데요시도 실패했던 조선, 만주, 중국, 인도까지 넘보는 팽창주의적 '꿈'을 역설하기에 이르렀다. 바꿔 말하면 존왕양이를 신봉했던 쇼인은 강제로 개국을 받아들여야 했던 현실의 부조리를 이웃 나라의 정복이라는 침략론으로 해소하고자 했다.

1857년 4월 쇼인은 막부와 조선의 통신사 외교를 평하는 짧막한 글(『외번통략外藩通略』)을 다듬었다. 그 글에는 조선과 일본의 국제적 지위, 달리 말하면 국가의 등급을 거론하며 조선을 멸시하는 논리가 펼쳐져 있다. 아래의 구절이 그러하다.

> 삼가 생각건대, 조선은 정이부(征夷府, 막부)를 칭해 일본 국왕이라 했는데, 천조(天朝, 천황 또는 조정)는 국왕이라 명한 적 없다. (……) 조선은 원래 천조에 복속했다. 그런 조선이 도쿠가와 씨와 적국敵國의 예를 취한 것은 아마 위에 천조가 있기 때문이다. 그런데도 그저 일본 국왕이라 칭한다면 의미가 확실하지 않다. 왕복 (서한) 모두 분명히 정이부의 관위를 내걸었다면 형식은 바르며 의미도 확실해진다.

1607년 조선은 서신에서 2대 쇼군 도쿠가와 히데타다(德川秀忠, 1579-1632)를 '일본 국왕 전하'라 불렀고, 막부는 답서에서 쇼군은 '일본국 원모씨源某氏'로 표기했다.[5] '적국의 예'는 대등한 나라 사이의 예를 말하며, 정이부의 관위는 천황이 쇼군에게 내렸던 내대신(內大臣, 천황의 비서실장에 해당) 등의 관직을 가리킨다.

정한론의 선구자 요시다 쇼인

쇼인의 관점을 정리하면 이렇다. 조선은 원래 일본에 복속한 나라이므로 천황의 신하인 쇼군과 대등한 외교를 할 수 있으며, 막부·쇼군과 대등한 외교 관계를 맺은 조선은 천황이 다스리는 일본보다 국격이 아래라는 논리다. 뒤이어 쇼인은 도일한 통신사가 쇼군 취임만 축하하고 천황 등극을 축하한 적 없다는 것을 언급하며 막부가 '사죄'해야 한다는 주장까지 덧붙였다.

물론 일본을 중심에 놓고 국제 관계를 떠올리는 사고방식은 쇼인 이전의 에도 시대 지식인에게서도 적잖이 공유됐다. 그렇지만 메이지유신의 핵심 논리를 창안하고 그 주체를 길러낸 쇼인도 이를 답습했다면 그 영향력은 결코 간과할 수 없다. 뒤에서도 논하겠지만 왕정복고가 성사되자마자 조선과 외교 관례를 놓고 갈등을 빚고 조선 정벌의 외침이 빗발쳤기 때문이다. 통신사를 매개로 전쟁 대신 평화 공존을 추구했던 에도 시대의 조일 관계가 조선 정벌의 도화선으로 비틀리는 상황, 이를 이끈 것이 바로 쇼인의 제자들이었다.

쇼인의 제자들, 대륙 침탈 계획을 세우다

1857년 말부터 쇼인은 자신이 품은 이상을 펼치고자 후진 양성에 전력을 기울였다. 쇼카손주쿠의 이름을 정식으로 물려받아 13제곱미터(4평)의 작은 교실을 연 다음 숙생들과 공동생활에 들어갔다. 50여 명을 헤아리는 문하생 대부분은 그의 훈육을 받은 뒤 존왕양이를 실천하고 근대 일본을 도모하는 주력 부대로 활약하게 된다. 쇼카손주쿠는 쇼인의 이론을 담금질한 정치 아카데미인 동시에 실천의 주역을 배태한 혁명 근거지였다.

먼저 소개할 사람은 '쇼카손주쿠의 쌍벽'이다. 쇼인의 매제이기도 했던 구사카 겐즈이(久坂玄瑞, 1840-1864)와 아베 총리가 흠모한다는 다카스기 신사쿠는 메이지유신의 와중에 스러졌지만, 조슈 출신 지사들을 이끌며 막부 타도의 기틀을 마련하는 제1진으로 활약했다. 막부 붕괴 후의 근대국가 성립은 이토 히로부미(伊藤博文, 1841-1909)와 야마가타 아리토모(山縣有朋, 1838-1922)가 쌍두마차로 진두지휘했다. 특히 야마가타는 육군을 기반으로 대일본제국의 웅비를 모색했다. 메이지유신 3걸로 불리는 기도 다카요시(木戸孝允, 1833-1877)는 쇼카손주쿠에서 배운 적은 없으나, 일찍이 쇼인에게 병학의 가르침을 받았으며 쇼카손주쿠 졸업생과의 교분을 바탕으로 격동기를 누볐다. 그리고 뒤에서 언급하듯이 유신 직후 정한론을 정치 의제로 부각한 장본인이 바로 그였다.

그 밖에도 쇼카손주쿠 출신들은 장관을 세 명이나 배출했을 정도로 강력한 정치 파벌인 '조슈벌閥'을 형성했으며, 이들의 발자취를 오롯이 간직한 하기시는 가히 메이지유신의 성지나 다름없다.

참고로 메이지유신 3걸의 남은 두 명은 사쓰마薩摩번(규슈 남단)의 가고시마鹿兒島현 출신이며, 정한론자로 한국에서 악평이 자자한 사이고 다카모리(西郷隆盛, 1827-1877), 그의 죽마고우 오쿠보 도시미치(大久保利通, 1830-1878)를 가리킨다. 생몰년에서 알 수 있듯이 3걸은 비슷한 연배지만 막부가 붕괴되고 10년이 지나던 무렵 1년 사이에 잇달아 유명을 달리했다. 이후 정국 운영의 핸들은 이토(야마가타도 포함)가 거머쥐었고, 사쓰마 그룹과 함께 '삿초薩長 번벌'을 만들어 내 '근대 일본'을 기획하고 움직이는 권력 집단으로 군림했다.

정한론의 선구자 요시다 쇼인

이렇듯 교육에 진력하던 시절의 쇼인을 놓고 몇몇 연구자는 경세론이 바뀌었다고 지적했다. 침략론은 시류에 일시적으로 편승한 것이었으며, 1856년 10월 이후에는 침략이라는 말도 쓰지 않았다는 것이다. 대신에 그들은 적극적인 통상과 교역이 등장하는 언설을 부각했다. 가령 1858년 5월 무렵 미일수호통상조약 문제에 부쳐 제출한 건의서의 다음 구절이 그러하다.

> 무릇 황국의 사민士民인 자를 공무(公武, 조정과 막부)에 상관없이 귀천을 불문하고 추천 발탁해 군과 배의 지휘관으로 삼아 대함을 건조하고 해군을 조련해, 동북으로는 홋카이도·사할린, 서남으로는 류큐·쓰시마를 자주 왕래해 쉴 새 없이 운송과 포경으로 항해술을 익히고 바다를 알며, 그다음으로 나아가 조선·만주·청을 방문하고, 그다음으로 광둥廣東·자카르타·희망봉·오스트레일리아에 전부 건물을 세워 장교와 병사를 두어 사방의 일을 탐지하고 무역의 이익을 거둔다(밑줄은 인용자, 이하 마찬가지).

운송, 포경, 항해에 곁들여 조선은 만주·청과 함께 '방문'하는 곳으로 설정했다. 7월 초에도 그는 비슷한 내용으로 글을 다듬었다.

> 청·조선·인도 등 이웃 나라로 나아간다면 몇 년 내에 항해는 대대적으로 이루어지리라 생각한다. (……) 상선이 점점 많아지고 재화가 점점 늘어 무역이 점점 왕성해지면 바로 군함을 만든다. 군함에는 반드시 총포를 싣고 사졸을 배치하며, 상선은 보급을 맡는다. 그러면 유럽·미국이 멀리 있다고 해도 다다르지 못할 것은 없다. 그러나 조선·만주는 이런 말을 하기에 충분한가?

총포와 사졸을 실은 군함 건조에 앞서 재화의 증진과 왕성한 무역을 주도하는 상선의 활동을 강조하고 있다.

위의 두 글 모두 무력 침략 대신 항해와 통상을 강조하며, 이를 통해 엮어내려는 쇼인의 상은 자명하다. '섭복웅략'을 앞세운 군사적 팽창주의에서 평화적 교역을 중심으로 한 '항해웅략航海雄略'으로 옮아갔다는 것이다. 현대식으로 표현하자면 '부국강병' 노선에 입각한 대외 전략론이며, 교역 증진으로 방점을 옮김으로써 쇼인에게서 정한론자라는 이미지를 떼거나 약화하려는 의도가 엿보인다. 과연 정말로 쇼인의 생각이 달라졌을까?

그렇지 않았다. 1858년 4월 쇼인은 정한을 직접 언명하지 않으면서도 조선 공략의 실질적인 방안을 내놓았다. 기도에게 보낸 편지 일부분은 다음과 같다.

> 다케시마竹島 개간 방책이 있다. 이번에 막부의 허가를 받아 홋카이도와 같이 진행한다면, 지난날 명 말의 정성공鄭成功의 공로가 되리라 생각한다. (……) 우리 번은 조선·만주로 나아가는 데 최고다. 조선·만주로 나아가려 한다면 다케시마는 제일가는 발판이다. 멀리 생각하고 가까운 것을 도모하려면 이것이 현재의 비책이라 생각한다.

여기서 다케시마는 독도가 아니라 울릉도를 가리킨다.[6] 이 무렵 어떤 의사가 쇼인에게 울릉도의 개간이 시급하다는 것을 권유했다. 쇼인은 구사카를 에도에 보내 실행에 들어갔으며, 이를 기도에게 알리며 협력을 촉구한 것이다. 며칠 후에는 구사카에게 편지를 보내 에도에 도착한 뒤 공개적으로 울릉도 개간을 막부에 상신하라고 권고했다. 참고로 1855년 막부는 러시아와 조약을 맺고 홋카이도를 비롯해 지금껏 분쟁 중인 4개 섬의 영유권을 확정했으며, 정성공의 공로는 네덜란드를 내쫓고 타이완을 수복한 것을 가리킨다.

8월 들어 쇼인은 다시금 구사카와 기도에게 서한을 보냈다. 구사카가 받은 편지에는 당시 영국이 울릉도를 이미 점유했다는 소문부터 언급한다.

> 영이(英夷, 영국)가 이미 차지했다면 더더욱 내버려 둘 수 없다. 그러지 않으면 언제 어느 때 나가토 등지에 내습할지도 모른다. (……) 헤이룽黑龍, 홋카이도는 우리 번에서 멀고, 그것보다는 다케시마·조선·베이징의 건이 우리 번에게 시급하다고 여겨진다.

뒤이어 '수군水軍' 대신에 상선을 보내야 한다는 의견도 덧붙였다. 영국이 울릉도를 손에 넣으면 나가토에 위험이 닥친다고 판단하고 울릉도-조선-베이징을 잇는 선을 상상하는 쇼인의 폭넓은 시야 또한 눈여겨볼 대목이다.

기도에게 보낸 편지에서는 조선과 직접 교섭에 나서야 한다는 안까지 제시했다.

> 조선과 교섭해 지금 무인도로 있는 것은 무익하니 우리 쪽에서 개간하겠다고 통고하면 이론은 없을 터이며, 만약 양이(洋夷, 영국)가 이미 소유했다고 하면 어쩔 수 없다. 개간을 명분으로 도해渡海한다면 이것은 곧 항해웅략의 시초이기도 할 것이다.

군사력을 동원하기보다 교섭을 우선하고 항해웅략이라는 단어를 쓴 부분이 눈길을 끌긴 하지만, 조슈번이 개간을 '통고'하면 이의가 없으리라는 구절 속에 비친 조선은 결코 평등한 이웃이 아니었다. 앞서 소개한 편지에서 "조선·만주로 나아가려 한다면 다케시마는 제일가는 발판이다"라는 서술까지 고려했을 때, 울릉도 개간은 조선을 딛고 만주까지 넘보는 대륙 침탈과 직결되는 계획이었다고 봐야 한다.

정한, 쇼인의 혁명론

1858년에 쇼인의 인생과 일본의 미래도 커다란 변곡점을 맞이한다. 페리가 던진 개국의 파문은 바야흐로 통상조약 문제로 비화하며 긴장감이 높아졌다. 화친조약에 따라 1856년 8월 타운젠드 해리스(Townsend Harris, 1804-1878)가 초대 영사로 시모다에 착임했다. 이듬해 12월 해리스가 에도성에서 쇼군 도쿠가와 이에사다(德川家定, 1824-1858)를 배알한 뒤부터 통상조약 체결은 본격적인 의제로 부상했다. 해를 넘겨 1월 막부는 조약 교섭의 개시를 결정했고, 15회에 걸친 교섭 끝에 큰 윤곽은 잡혔다.

남은 관문은 새롭게 정치 1번지로 급부상한 교토 조정 쪽의 승락을 받아내는 것이었다. 막부는 고메이(孝明, 1831-1867) 천황의 승인을 받음으로써 여론을 달래고자 했다. 그러나 조정을 찾은 막부 담당관은 이와쿠라 도모미(岩倉具視, 1825-1883) 등 소장 중하급 공가(公家, 무가와 대비되는 조정의 귀족)의 격렬한 저항에 부딪혔다. 각 번의 존왕양이파 쪽에서도 일제히 불가하다는 목소리가 일었다. 이에

정한론의 선구자 요시다 쇼인

힘입은 듯 5월 들어 고메이 천황은 최종적으로 이국과의 대등한 통상조약 체결에 반대한다고 선언했다. 거듭된 미국의 압박에 떼밀리던 막부는 고심 끝에 7월 미일수호통상조약 조인을 강행했다. 양측 대표단이 자리한 곳은 쇼인이 밀항을 기도했던 바로 그 구로후네 포하탄이었다.

첫 통상조약은 영사재판권을 인정하고(치외법권) 관세 자주권이 없는 전형적인 불평등조약이었다. 하지만 존왕양이파는 천황의 칙허 없는 조인이라는 점에 분격했다. 후학 지도에 정열을 쏟던 쇼인 또한 직접 행동에 나섰다. 천황에게 조약 체결을 해명하고자 교토를 방문하려던 막부의 사자 마나베 아키카쓰(間部詮勝, 1804-1884)의 암살을 계획하고 번에 무기 제공을 요청했다. 그러나 과격파를 억누르려던 번의 결정에 따라 그는 1859년 초 다시금 투옥됐다.

막부는 가라앉을 줄 모르는 존왕양이파의 동정에 신경을 곤두세웠다. 여기에 병약한 쇼군의 후사 문제를 놓고 불거진 해묵은 대립까지 겹치면서 정국은 급속도로 얼어붙었다. 8월 이에사다가 죽고 13살의 도쿠가와 이에모치(德川家茂, 1846-1866)가 14대 쇼군으로 옹립됐다. 그리고 존왕양이파와 이에모치 반대파를 한꺼번에 탄압하는 '안세이 대옥安政の大獄(1855-1860)'이 대대적으로 벌어졌다. 연루자는 100여 명을 넘었고, 1860년 초까지 사망자만 14명을 헤아렸다.

1859년 5월 막부는 옥중의 쇼인을 에도로 압송하라는 명을 조슈번에 내렸다. 에도에서 받은 취조 끝에 존왕양이파와의 연루 혐의는 풀렸으나, 쇼인은 자신의 입으로 마나베 습격 계획을 털어놓았다. 막부 측이 이미 간파했다고 여겼던 모양인데, 이 착각이 그를 죽음으로 내몰았다. 11월 21일 사형 판결이 내려진 당일에 그는 바로 참수형을 받았다. 29년 2개월의 굵고 짧은 삶이었다. 도쿄 긴자銀座의 고덴마초小傳馬町역 바로 옆에 있는 짓시十思공원이 그가 최후를 맞은 자리다.

죽음을 앞두고 쇼인의 혁명론은 집대성됐다. 막부와 천황의 관계는 이미 1856년에 정립된 참이었다. "천하는 만민의 천하가 아니며, 천하는 한 사람의 천하다"라는 주장이 그러하다. '한 사람의 천하'라는 말에는 국가의 지배자는 쇼군이 아니라 천황이며, 천황 아래에 만민이 평등하다는 뜻이 담겨 있다.[7] '일군만민一君萬民'의 쇼인 버전인 셈이다. 또한 옥중에서 그는 최고의 트레이드 마크인 '초망굴기草莽崛起'를 창안해냈다.

독립을 이어온 지 3000년인 대일본, 하루아침에 이국의 속박을 당하게 됐으니, 피가 끓는 자 가만히 있을 수 있겠는가. 나폴레옹을 깨워 프레이헤이트(vreiheid, 네덜란드어로 자유)를 외치지 않으면 화를 참을 수 없다. 나는 원래 이룰 수 없다는 것을 알면서도 작년 이래 미력이나마 분골쇄신해왔으나 아무런 성과를 내지 못했다. 헛되이 감옥에 앉아 있을 따름이다. 내가 망언이라도 하게 되면 일족이 벌을 받게 되나, 지금의 막부도 다이묘도 이미 취객과 다름없으니 도울 방도가 없다. 초망굴기할 사람들을 바라는 것 외에 희망은 없다.

마지막 구절은 초망 즉 만민이 떨쳐 일어나 막부를 무너뜨리자는 궐기 선언이었다. 천황을 앞세워 막부를 타도하라는 외침은 쇼인의 유언이 됐고, 그로 인해 국민 통합에 의한 근대화 로드맵을 만

정한론의 선구자 요시다 쇼인

든 선각자로 추앙되고 있다.[8] 지금도 일본의 인터넷에서는 초망굴기를 부르짖는 우익 사이트가 즐비하다.

쇼인이 죽은 뒤 제자들은 스승의 유지를 받들고자 움직였다. 정한론과 결부해 한반도 침략의 전초기지로 구상한 울릉도 개척이 첫 번째 목표였다. 1860년 8월 기도는 동향인 오무라 마스지로(大村益次郎, 1824-1869)와 함께 일본의 속도屬島인 울릉도를 개척해야 한다는 건의를 막부에 올렸다. 이유는 다음과 같다.

> 이미 외국선이 다케시마에 자주 출현하는데, 그렇다면 식민도 시도할 것임이 틀림없다고 생각한다. (……) 만일 외국에서 손을 뻗어 식민화를 시도한다면 일본을 위해서는 물론 조슈도 근해이므로 후환이 적지 않을 것이기에, 막대한 비용이 드는 일인 줄 알지만, 근해 방어와 외국선 금제를 기본으로 삼아 (……)

기도 등의 건의를 접한 막부 담당관의 최종 처분은 각하였으며, 울릉도는 조선의 속도라는 의견이 덧붙어 있었다.

쇼인의 제자가 추진했던 울릉도 개척 소동은 두 가지 시사점을 던져준다. 먼저 막번 체제 아래서 정한론 실행은 결코 받아들여질 수 없었다. 기도가 언급한 '막대한 비용'도 고려 사안이었겠으나, 막부는 울릉도가 조선의 땅이라는 사실을 언급함으로써 조일 관계를 규율하는 교린의 틀을 재확인했다. 막부는 개국에 맞춰 근대화 정책을 추진하면서도 조선 침략은 고려하지 않았다. 앞서 지적한 대로 정한론이 존왕양이와 사상적인 뿌리를 공유한다는 점을 생각해보면, 정한론 실행은 결국 왕정복고의 현실화 곧 '천황의 귀환'이 이뤄진 뒤에야 가능했다.

　동시에 위의 경과는 쇼인의 제자들이 계승하고 발전시킨 새로운 정한론의 출현을 짐작하게 한다. 조선 땅인 울릉도를 서양(영국)이 차지하면 일본의 안위가 위협받는다는 지정학적 안보관, 이것이야말로 메이지유신 후에 조일수호조규 체결로 실체화되는 정한론의 요체였다. 쇼인이 죽고 막부의 멸망과 왕정복고까지 10년의 세월이 걸렸고, 쇼카손주쿠 출신들은 스승의 유지를 되새기며 근대 일본의 기초 공사와 더불어 조선 침략을 착실히 추진해갔다.

2부

**정한론,
사상에서 정책으로 진화하다**

왕정복고

막부의 멸망, 신정부의 승리

미국의 페리 함대가 내항한 지 15년, 일본열도는 새 시대를 열기 위한 진통을 거듭했다. 마침내 1868년, 260년 동안 군림하던 쇼군將軍과 막부는 권좌에서 내려가고 천황이 통치자로 복귀하는 왕정복고가 이뤄졌다. 메이지유신과 근대국가 일본이 탄생하기까지의 경과를 정리해보면 다음과 같다.

1854년 막부는 미국과 화친조약을 맺으며 개국했지만, 이후의 과정은 난항의 연속이었다. 앞서 확인했듯 메이지유신의 이데올로그 쇼인의 요절 또한 미국과의 통상조약 조인(1858년)을 둘러싸고 벌어진 정쟁이 발단이었다. 고메이 천황을 비롯한 조정에서는 양이의 분위기가 팽배했다. 웅번雄藩들은 존왕양이의 기치를 앞세우며 교토로 몰려들었고, 그 선두에는 사쓰마번과 조슈번이 있었다. 이에 맞서 막부는 공무합체公武合體 즉 조정(공)과의 융합으로 권력을 유지하려 했다.⁹⁾ 1860년에 쇼군과 천황 여동생이 결혼한 것도 그런 맥락이었다.

한편 사쓰마와 조슈 즉 삿초(사쓰마·조슈를 아우르는 말)는 공무합체를 받아들이면서도 천황이 염원하는 양이를 직접 실행함으로써 정국의 주도권을 잡으려 했다. 사쓰마는 1863년 8월 영국과 격돌했고, 조슈는 1864년 9월 영국·프랑스·네덜란드·미국 4개국과 일전을 벌였다. 그리고 모두 참패했다. 게다가 고메이 천황은 그동안 거부하던 미국 및 네덜란드·러시아·영국·프랑스와 맺은 통상조약의 칙허를 1865년 11월 내렸다. 이로써 개국과 양이의 대립각은 소멸하고 말았다.

1867년 내내 일본 정치는 결승점을 향해 달려가고 있었다. 연초부터 양대 정치 중심지인 에도와 교토에 범상찮은 변화가 일었다. 1월 초에는 도쿠가와 요시노부(德川慶喜, 1837-1913)가 15대이자 마지막 쇼군에 앉았다. 1월 말에는 고메이 천황이 갑작스럽게 병사하고 14살의 어린 무쓰히토(睦仁, 1852-1912), 메이지明治 천황이 뒤를 이었다. 양이를 고집하긴 했지만 막부에는 우호적이던 천황의 죽음은 곧이어 닥칠 정치적 격변을 예고하는 듯했다.

요시노부는 막부의 정책 기조를 개국과 근대화로 바꿨다. 프랑스의 지원을 받아 군제 정비, 제철소 건설에 나섰고, 재정 개혁과 인재 등용에도 적극적이었다. 거칠게나마 내각제의 틀을 잡으며 막부 중심의 근대국가를 건설하려 했다. 삿초를 비롯한 웅번 세력의 부상을 겨냥해 맞불을 놓고 정치적 영향력을 유지하려 했던 것이다. 6월 말 최대 쟁점이었던 고베神戸 개항은 요시노부의 주도로 칙허가 내려졌다. 이렇게 새 쇼군의 정치력이 탄력을 받자 삿초는 막부와 공존하기를 포기했다. 공무합체를 완전히 포기하고 타도 막부 즉 토막討幕으로 노선을 전환한 것이다.

그해 11월 9일 막부도 비장의 카드를 꺼냈다. 요시노부가 천황에게 통치권을 반납하는 대정봉환大政奉還의 상소를 올린 것이다. 삼권분립과 더불어 번주와 무사로 의회를 구성하는 등의 전망을 담았는데, 이는 막부와 쇼군이 주도권을 쥔 상태에서 새롭고 근대적인 정치 체계를 만들어 토막파의 예봉을 완전히 꺾겠다는 심산이었다. 요시노부에게는 긴박한 정세 속에서 내란을 막으려는 생각도 강했다고 한다.

토막파는 쇼군의 상소보다 하루 앞서 공세에 나섰다. 삿초와 선이 닿던 조정 쪽의 이와쿠라가 나서서 천황을 움직여 "적신賊臣 요시노부를 진륙(殄戮, 모조리 다 죽임)함으로써 신속히 회천回天의 위훈을 이루"라는 토막의 밀칙을 손에 넣었다(위조했다는 설도 있다). 하지만 대정봉환의 상소를 천황이 승인하면서 밀칙은 일단 철회됐다. 초반 국면은 막부 쪽에 유리하게 기운 듯했다.

12월 10일, 일본을 메이지유신으로 이끈 주역인 료마가 교토 시내의 간장 상점인 오미야近江屋에서 피살됐다. 그는 해운 입국을 꿈꾸는 한편 대정봉환을 전제로 헌법 제정과 의회 개설을 담은 정국 수습 방안(「선중팔책船中八策」)을 다듬어낸 경세가였다. 어떤 면에서는 온건파 또는 점진파로 부를 수 있다. 그런 료마의 암살자가 막부 측 무사들이었다는 사실은 시국의 혼미함과 수습의 요원함을 웅변한다.

료마의 요절과 맞물리듯 대정봉환을 무산시키는 강력한 훼방꾼이 나타났다. 토막파가 궁정 쿠데타를 감행한 것이다. 조정 쪽의

왕정복고

안배와 실행은 이와쿠라가 책임졌고, 사쓰마 출신의 죽마고우 사이고와 오쿠보는 무력을 염출하고 다른 번과의 공조를 맡았다. 이들은 1868년 1월 1일의 고베 개항을 순조롭게 마무리하면 요시노부의 정국 장악력이 빠르게 커질 것을 염려해 1월 3일을 거사 날짜로 잡았다.

토막파는 사쓰마번을 주축으로 병력 3000명을 동원해 교토의 궁궐을 에워싼 뒤 왕정복고를 선포했다. 쇼군에게는 사직하고 영지를 반납하라는 명이 내려졌다. 요시노부는 대세에 순응하려 했으나 격앙된 가신들의 주전론을 잠재우지 못했다. 1년 반에 걸친 무진戊辰전쟁의 도화선에 불이 붙은 것이다. 전쟁의 불길은 교토에서 동북쪽으로 번져 홋카이도 남단까지 이르렀다.

1월 27일 교토 남쪽 외곽의 도바鳥羽·후시미伏見에서 양군은 격돌했다. 사쓰마의 병력을 주축으로 신정부군 5000여 명은 막부군의 1/3이라는 열세에도 관군이라는 기치를 앞세우고 신식 무기를 투입해 승리했다. 나흘 동안 이어지던 전투가 끝난 밤, 오사카(大坂, 메이지유신 이후 大阪로 표기)성의 요시노부는 소수의 측근만 대동한 채 군함을 타고 도망치듯 에도로 퇴각했다. 그리고 이튿날 요시노부를 조적朝敵으로서 토벌한다는 천황의 명령이 정식으로 선포됐다. 2월 2일 신정부군은 주인이 사라진 오사카성을 접수했다.

2월 4일 고베에서 외교 분쟁이 벌어졌다. 신정부군과 프랑스 해군이 충돌했고, 미국과 영국의 군대까지 끼어들어 총격전이 일어났다. 이 시점에서 교토의 조정은 정권 이양을 선포하지 않은 상태였고, 이토가 나선 중재 작업은 성공하지 못했다.

2월 8일 조정은 '개국 화친'을 선언했다. 정권 이양은 이듬해 7

월에 매듭지었지만, 일단 양이를 포기하고 조약을 준수한다는 신정부의 방침을 표명한 것이다. 아울러 외교 업무를 맡고 있던 히가시쿠제 미치토미(東久世通禧, 1834-1912, 공가)를 파견해 영국·프랑스·미국을 비롯한 6개국 공사와 회동하도록 했다. 신정부가 염원했던 서구 열강의 중립 선언은 2월 18일 이뤄졌다. 이로써 막부는 국제 승인을 받은 유일한 일본 정부라는 지위를 잃었다. 총격전 자체는 3월에 일본 측 책임자의 할복으로 매듭지었다.[10]

4월 6일 신정부군은 막부와 담판을 벌여 에도성의 무혈입성에 합의함으로써 결정적인 승기를 잡았다(입성은 5월 3일). 같은 날 천황 친정의 근대국가를 지향한다는 국시를 담은 '5개조의 서문'을 제정했다. 신정부의 자신감이 배어나는 대목이다.

에도성을 내준 최후의 쇼군은 고향 미토(도쿄 북쪽 이바라키茨城현 일대)와 슨푸(駿府, 지금의 시즈오카静岡시)에서 근신했으나, 전쟁의 불길은 각지로 번졌다. 6월 중순부터 막부의 가신과 몇몇 번은 격렬하게 저항했지만, 도호쿠 지방의 전투들에서 막부 측은 패배를 거듭했다. 11월 6일 막부군의 리더 격이던 아이즈(会津, 후쿠시마福島현 서부)번이 항복했고, 그달 중순에 혼슈에서도 전투가 끝났다.

한편 10월 4일 막부의 해군을 지휘하던 에노모토 다케아키(榎本武揚, 1836-1908)는 군함 8척을 이끌고 에도를 벗어나 도호쿠 지방으로 향했다. 그는 아이즈번의 항복으로 혼슈의 전황이 불투명해지자 잔존 세력을 규합해 12월 4일 홋카이도에 상륙했다. 남부의 하코다테函館를 거점으로 공화국[11]을 세우며 항전하던 에노모토 일파가 항복한 것은 다음 해인 1869년 6월 27일이었다. 막부군 8600여명, 신정부군 4900여 명의 목숨이 스러진 끝에 신정부는 가까스로 열도 전역의 통제권을 거머쥐었다.

일본과 조선의 불협화음

왕정복고라는 격변에 이어 숨 돌릴 틈도 없이 무진전쟁이 벌어졌던 만큼, 신정부의 수뇌부에게는 내전의 향배가 초미의 관심사였다. 당연히 조선과의 외교 관계는 화급하지도 중대하지도 않았다. 그보다는 북방을 위협하는 러시아의 향방에 신경을 곤두세웠다. 1867년 3월 일본은 러시아와 사할린을 공동 경영하기로 잠정 협정했다. 하지만 막부가 무너질 무렵에는 사할린 남단까지 러시아인이 쇄도했고, 관련 정보가 신정부에 전해졌다. 그러자 1868년 4월 1일에는 러시아의 남하를 막고자 홋카이도를 개척해야 한다는 건의서가 날아들었고, 4월 17일에 이와쿠라는 홋카이도를 지키고자 개척 방침을 마련하도록 지시했다. 사할린에 대한 구체적인 조치는 아직 이뤄지지 않았다.

조일 관계에 관한 신정부의 첫 방침은 1868년 4월 15일 내려졌다. 조선 외교의 실무는 당분간 쓰시마번에 맡기며, 막부가 무너졌으니 조일 외교는 조정이 관장한다는 것을 조선에 통보하도록 했다. 5월 27일 쓰시마번은 신정부의 명령에 대한 답서 형식의 제안서를 제출했다. 조선과 무역이 단절되면서 만성적인 세수 부족에 시달리고 있으니 신정부의 재정 원조를 받고 싶다는 것이 본심이었다. 더불어 조선에 관한 서술은 강경론 일색이었다. 조선은 "우리나라의 판도나 다름 없"으므로 무례를 범하면 "과감히 응징"하는 용단을 내리도록 촉구했다. "식량을 조선〔韓土〕에 청하고 비례와

모욕을 받"는 "수백 년 동안 굴욕"에 시달렸으며, 근세의 조일 관계는 황국의 권위를 손상하는 "사교(私交, 사사로운 교류)의 폐례弊例"로 폄하했다. 북방에 쏠린 정부 수뇌부의 관심을 끌려는 '번리번략'의 논법이겠지만, 아직 전문가도 정보도 부족한 신정부 내에 조선에 대한 우월감을 전파하는 데 일조했을 것임이 틀림없다.

6월 11일 중앙정부의 체제를 일신하는 정체서政體書가 공포됐다. 태정관太政官 아래에 입법, 행정, 사법의 3권을 설정하며, 외교 분야는 외국관外國官의 담당으로 정해졌다. 8월 5일 외국관은 태정관에 상신서를 올렸다. 왕정복고만을 조선에 다시 통고할 것, 조일 국교의 형식과 국체에 관련한 사항은 국내 평정 후 지령하도록 쓰시마번에 통고할 것, 쓰시마번의 원조는 상의 후 통지할 것 등이었다. 이 내용은 8월 10일 쓰시마번에 전달됐다.

8월 20일 신정부는 왕정복고를 통고하는 서계書契의 문안과 서식을 쓰시마번에 하달했다. 10월 12일 천황 즉위식이 거행됐고(10월 23일 메이지 연호 제정), 열흘 뒤 쓰시마번은 조선에 파견할 사절을 임명하면서 수교 준비에 들어갔다. 그리고 쓰시마번에서 작성을 시작한 서계를 완성한 것은 12월 30일이었다. 사절단은 이듬해인 1869년 1월 23일에 쓰시마를 출항해 31일 부산에 닻을 내렸다.

그러나 부산의 담당관은 쓰시마번의 사절단이 지참한 서계의 형식과 내용에서 두 가지 문제를 지적했다. 하나는 조선 정부에서 하사한 인감 대신 신정부에서 주조한 새 인감을 썼다는 것이었으며, 다른 하나는 내용 속의 황皇과 칙勅이라는 단어는 중국 황제만 쓸 수 있다는 것이었다. 조선이 거부한 것은 교섭 자체가 아니라 서계의 형식이었다. 3월 들어 쓰시마번의 관리 오시마 도모노조(大島

友之允, 1826-1882)가 부산에 합류했으나 성과를 내지 못한 채 빈손으로 귀환할 수밖에 없었다. 이것이 첫 번째 국서 파동의 경과다.

　이 사건 이후로 신정부에서는 조선의 '무례'를 성토하는 기류가 팽배했고 정한론의 목소리가 커졌다. 그리고 6년 뒤 벌어진 운요雲楊호 사건을 빌미 삼아 일본 정부는 이른바 '포함외교'에 힘입어 조선과 국교를 맺었다. 조일수호조규(강화도조약)를 체결한 것이다.

　조선과 일본은 도요토미 히데요시의 망상으로 빚어진 7년 동안의 전쟁 이후 평화적인 교린 정신에 따라 관계를 수복했다. 공존공영을 확인하듯 조선 통신사로 대표되는 문화 교류는 활발하게 이뤄졌다. 내우외환·서세동점의 위기 속에서 일본은 쇼군을 폐하고 천황을 옹립하는 정치적 변혁으로 나아갔다. 그런데 왜 일본은 근대의 도입부에서부터 조선과 불협화음을 빚었을까?

기도 다카요시와
정한론

신정부 최초의 정한론자

근대국가 일본이 출범하자마자 조일 관계가 어긋난 원인을 논할 때 정한론을 빼놓을 수 없다. 정한론을 처음으로 설파한 인물은 쇼인의 제자이자 메이지유신 3걸로 칭송되는 기도다. 3걸의 나머지 두 명이 사쓰마번의 사이고와 오쿠보라는 점에서도, 삿초가 막부 멸망의 양대 견인차였다는 것을 알 수 있다. 기도는 조슈 그룹의 영수로서 신정부 출범과 전개에 지대한 영향을 미친 실세였다. 그는 국정 전반을 관장하던 총재국의 고문과 외교를 담당하는 외국사무계 겸무를 시작으로 죽을 때까지 최고 권부의 구성원으로 군림했다.

메이지유신의 공로자인 기도를 정한론자로 평가하는 대표적이자 결정적인 문건으로 1869년 1월 26일의 일기가 자주 거론된다. "사절을 조선에 파견해 그들의 무례를 질책하며, 그들이 만약 불복

할 때는 죄를 앞세워 공격해 크게 신주의 위세를 신장하길 원한다"
라는 부분이다. 그런데 1월 26일이라는 시점에 쓰시마의 관리들은
아직 현해탄을 건너고 있었다. 사절을 파견했다는 사실은 알았을
테지만, '무례'는 조선의 국서 수리 거부라는 사건과 무관하다고 봐
야 한다. 그렇다면 기도는 이전부터 조선을 무력으로 공격해도 된
다는 인식을 지녔으며, 이런 사고방식이 메이지유신 후 권력자 반
열에 들어서서 현실화했다고밖에 볼 수 없다. 이제부터 하나씩 짚
어보기로 하자.

기도의 조선 멸시가 쇼인의 가르침에서 기원한다는 직접적 증
거는 없다. 현존하는 자료는 먼저 쓰시마번과 접촉한 데 주목해야
한다는 점을 일깨운다. 특히 영향을 미친 사람은 서계 파동을 직접
목격했던 오시마였다.

조슈와 쓰시마는 번주끼리 인척 관계를 맺어 사이가 돈독했고,
기도와 오시마도 일찍부터 교류해왔다. 1863년 6월 13일에는 막부
의 전략가 가쓰 가이슈의 집에서 세 사람이 회동해 조선을 주제로
논의했다. 6월 29일 오시마는 '정한의 건백서'를 지참하고 가쓰를
찾아갔다. 서양의 위협에 대해 '원조'하는 명목으로 조선으로 건너
간 뒤 때를 봐서 '병위兵威'로 복종시킨다는 내용이었다. 오시마가
1864년 11월 25일에 올린 건의에도 정한을 언급했다. 논지는 별다
르지 않다. 서양의 위협을 받는 조선의 상황은 일본에서도 위기이
므로 '덕' 또는 '힘[力]'으로 개국하게 해야 한다는 것이다. 막부의
외교 담당자는 정한이 불가능하다는 현실론을 폈으나, 조선 외교를
전담하던 쓰시마번에서조차 정한의 논리가 공유되고 있었다는 사
실은 결코 가볍게 볼 수 없다.[12]

1868년 4월 26일 기도의 일기에는 오시마와 만났다고 적혀 있다. 앞서 소개한 4월 15일 신정부가 쓰시마번에 내린 명령에 관한 정보 수집 및 로비 공작의 의도로 추정된다. 쓰시마번과 오시마에게 기도는 신정부 수뇌부와 접촉하는 창구였던 셈이다. 쓰시마의 제안서 제출에 맞춰 기도는 이와쿠라 등에게 편지를 보내 오시마와 만나달라고 요청했다. 편지 내용에는 "우선 조선 정도는 황국의 판도에 넣"어 이윽고 "일본부日本府 정도"는 세우고 싶다는 정한론까지 있었다. 일본부는 고대의 임나일본부를 지칭한 것이라고 봐야 한다.

기도의 정한론에는 쓰시마번 또는 오시마와의 교류라는 측면 말고도 독자적인 요소가 있었다. 하나는 신정부의 정략이고 다른 하나는 메이지유신의 대의명분에서 찾을 수 있다. 정략이란 무진전쟁이라는 내전의 수행 및 뒤처리와 정한론이 맞물린다는 부분을 가리키며, 왕정복고라는 정변은 원래부터 명분의 차원에서 정한론을 내재하고 있었다고 판단된다는 점이다. 당연히 이 둘은 긴밀히 연결돼 있었다.

쇼군을 내쫓는 쿠데타가 교토에서 벌어졌을 때 기도는 조슈에서 병력 동원 준비에 여념이 없었다. 신정부의 명을 받고 교토에 들어선 것은 2월 14일이었다. 상경한 그는 곧바로 총재국 고문을 맡는다.

기도는 관직에 발을 들인 뒤 곧바로 조일 관계를 언급했다. 도바·후시미 전투가 끝난 뒤 내란의 본격화를 앞둔 1868년 3월, 기도는 판적봉환(版籍奉還, 판은 영지이고 적은 인민을 가리킴)의 건의서를 제출했다. 각 번의 토지와 인민을 조정에 반납함으로써 '700년의 적폐'인 봉건제 특히 막번제幕藩制를 혁파하는 중앙집권을 단행하자고 주장한 것이다. 내전의 향배는 물론 신정부의 미래까지 불투명하던 시점에서 한 파격적인 행동이었다. 아울러 같은 달 기도는 개국화친의 방침을 확정했으니 조선에 사절을 파견해 새로 국교를 맺어야 한다는 건의도 올렸다.

기도가 건의서를 낸 이유는 무진전쟁 초기에 감지된 위기의식 때문이었다. 3월 5일 이토에게 보낸 편지에서 그 힌트를 찾을 수 있다. 기도는 도바·후시미 전투의 승전을 기화로 초기 전황이 유리해지면서 도리어 '유신의 목적'이 모호해질 것으로 예측했다. 그러면서 엄혹한 국제 환경에 대처할 수 있도록 새로운 국가의 장기 구상을 세우려는 인물이 없다고 개탄했다. 그런 면에서 판적봉환과 조선에 사절을 파견하도록 건의한 것은 궁정 장악이라는 1단계 목표를 달성한 뒤 일본열도 전체의 변혁에 돌입하려던 기도 나름의 처방전이었던 듯하다. 조일 외교의 '일신'은 새 나라 만들기를 겨냥한 대국적인 의제 설정의 하나로 제기됐다.

사실 평화적 정권 교체인 대정봉환을 무산시키고 무력으로 막부를 타도한 쿠데타 세력에게 내란은 정변을 실체화하고 매듭짓는 불가피한 수순이자 방법이었다. 애초에 쇼군 요시노부는 피를 흘리는 내전에 소극적이었다. 쇼군 폐위 후 도바·후시미 전투까지 20일 넘게 걸린 것은 그 때문이었다. 초조해진 사이고는 에도 등지에 방화와 약탈을 저지르며 막부의 전의를 부추겼다.

기도의 인식과 전망 또한 다르지 않았다. 내전의 전면화를 십분 활용해 막번제 해체와 중앙집권 국가 구축을 서두르려 했다. 가령 5월 30일의 편지에는 "어일신(御一新, 메이지유신)의 확고한 기초를 다지려면 전쟁보다 양법良法은 없다"라고 외쳤으며, 6월 1일의 일기에는 "간토關東의 전쟁은 실로 대정일신(大政一新, 메이지유신)의 최양법"이라고 썼다.

나아가 기도는 전쟁의 여세를 몰아 대륙으로 진출하려는 생각도 품고 있었다. 8월 6일의 일기에는 "그래서 우리는 봄 이래 시기를 놓치지 말고 기운을 내어 대군으로 도호쿠의 적도를 일소하고 신속히 기반을 다지며, 나라의 틀을 민리(민리장성, 인용지) 너머까지 넓혀, 장래 뜻을 이어갈 사람들에게 신주의 경계를 분명히 하고, 사할린, 캄차카는 물론 우리 나라의 위력을 신장하고 싶다. 그럼으로써 비로소 신주를 지킬 수 있다는 것을 아직 누구도 모른다"라고 포부를 밝혔다. 조슈 번주와 나눈 술의 기운에 실어 속내를 드러낸 듯하다.

11월 들어 도호쿠 일대를 평정했으나, 기도에게는 새로운 문제점이 보였다. 패전으로 대거 실직한 막부의 무사, 낭인浪人의 처리 방안이다. 11월 17일 기도는 "어쩔 수 없이 낭인이 많이 생긴다면 이윽고 정치하는 데 큰 장애가 될 것입니다. 되도록 끼니라도 이어갈 수 있도록 처리해야 한다고 생각합니다"라는 편지를 오무라 마스지로에게 보냈다. 오무라는 같은 조슈 출신으로 병권을 쥐고 있던 인물이었으며, 얼마 후 기도의 정한론 실행에 합류한다.

정한론, 사상에서 정책으로

앞서 소개했듯이 1869년 1월 26일 기도는 이와쿠라에게 정한과 판적봉환의 즉시 실행을 건의했다.

기도 다카요시와 정한론

한시바삐 천하의 방향을 정하고 사절을 조선에 파견해 그들의 무례를 질책하며, 그들이 만약 불복할 때는 죄를 앞세워 공격해 크게 신주의 위세를 신장하기를 원한다. 그때는 천하의 누습이 모두 일변하며 멀리 해외에 목적을 정하고 기술과 기계 등이 진전되니, 남의 사정을 엿보며 남의 단점을 비방하고 남의 잘못을 책하며 각자 반성하지 않는 악폐가 일소되니, 반드시 국가의 큰 이익이 될 것은 틀림없다.

내용에서 정한론의 원조가 누구인지 자명하지만, 여기서 눈여겨봐야 할 또 하나의 대목은 '천하의 누습', '악폐' 등이 가리키는 바다. 하나는 정부 시책에 대한 번 사이의 비협조와 대립 상황을 말한다. 특히 사쓰마번에 대한 불만이 컸다고 얘기된다. 다른 하나는 정부 내부에 대한 불신감이었다. 급진 개혁을 지향하던 기도는 이와쿠라와 오쿠보를 비롯한 주류 보수파와 대립하는 일이 잦았으며, 이런 정치 구도 자체는 죽을 때까지 바뀌지 않았다. 이와쿠라와 오쿠보가 홋카이도 개척을 우선시하자는 논의를 꺼냈을 때도 그는 "하나는 알고 열을 모른다"라며 반감을 드러냈다. 1868년 12월 28일 기도가 사의를 표명한 것도 오쿠보-사쓰마 반대의 연장선이었다.

그런 정치 상황을 고려하면 건의의 저의가 더 명료해진다. 권력자이자 정치가인 기도는 무진전쟁 뒤의 정계 판도를 염두에 두면서 안으로는 판적봉환, 밖으로는 정한론을 앞세워 정국 주도권을 회복하려 했다. 때마침 조선에 파견될 사절의 정보 또한 쓰시마번에서 확보했을 것이다. '국가의 큰 이익'과 보조를 맞춘 '사적' 동기라 읽어도 무방하다.

건의와 함께 기도는 정한과 판적봉환을 실현하려 정력적으로 움직였다. 먼저 판적봉환은 3월 2일 사쓰마, 조슈, 도사, 히젠(肥前, 지금의 사가佐賀현)의 네 번주가 연명으로 상소문을 올리면서 실시의 가닥이 잡혔다(7월 15일 단행).[13] 무사는 이제 사족士族으로 통칭하게 됐다.

정한을 결행하고자 기도는 오무라를 끌어들였다. 2월 11일 일기에는 "오늘 아침 오랫동안 품어온 징한의 의지를 오무라 마스지로와 상의하다. 정벌이라고 해도 함부로 이를 정벌하는 것이 아니라 우내宇内의 조리條里를 생각하고 싶은 것이다"라고 썼다. 여기서 '우내의 조리'는 만국공법 또는 보편 원리를 가리킨다.[14]

3월 12일 기도는 오무라에게 보낸 편지에서 실제 방안까지 제시했다. 하코다테에서 저항하던 에노모토 일파가 평정되면 "주로 병력으로써 한국의 부산항을 열도록 하고 싶으며, 여기서는 원래 물산과 금은의 이익은 없어 오히려 손실이 나겠지만, 황국의 큰 방향을 세우고 많은 사람의 눈을 안팎으로 향하게 함"으로써 "후일 황국을 흥기"하게 할 것이라고 적었다. 개전 뒤에는 부산을 발판으로 해마다 군사비에 맞춰 서서히 점령지를 확대한다는 구체적 침략 계획까지 제시했다. 이런 설득이 주효해 정한에 소극적이던 오무라의 찬동을 얻어냈다. 같은 날 일기에서는 "황국의 인심을 다스리기 어려움을 개탄하며 더욱 평소 간직했던 정한의 염이 솟는다"라며 스스로 에너지를 다독이기도 했다.

여세를 몰아 이튿날 기도는 이와쿠라 등에게 정한을 건의했다. 오무라에게 보낸 편지와 마찬가지로 직접적인 경제적 이익이 아니라 왕정복고에 뒤이어 '소막부小幕府'가 난립하는 국내 통치 문제의

기도 다카요시와 정한론

발본적인 개혁이 목표임을 강조했다. 방안에서도 처음부터 무력을 동원하지 않고 '우내의 조리'가 받아들여지지 않으면 '정벌'하면 된다고 주장했다.

이런 기도의 논리는 쇼인의 논리와 흡사하다. 스승은 양이의 실현이 어려워지자 조선을 희생양으로 삼는 발전 전략으로 선회했고, 합리주의자로 정평이 난 제자는 내치와 결부해 권력 기반을 다지고자 조선 침략을 선택하고 실행에 힘을 쏟았다. 기도 자신의 표현을 빌리면 "(정한론의) 뜻은 전적으로 내환을 압도하는 데 있었을 뿐"이었다. 사이고의 정한론을 반대하던 1873년의 발언이다.

3월 29일 일기에도 그는 오무라와 만난 일을 기록했다. 퇴근길에 들러 정한에 관한 대책을 숙의했다. 6월 15일과 16일에는 서계 문제의 파행을 직접 목격한 오시마에게 경과를 들었다. 조선의 '무례'는 이제 현실로 다가왔다.

이후의 진척은 더뎠다. 국내 문제 처리가 번잡한데다 기도 자신이 병마에 시달렸다. 8월에는 외교 부처의 전면 개편이 이뤄졌다. 그리고 10월 8일에는 오무라가 징병제 시행에 불만을 품은 사족의 습격을 받아 중상을 입었다(2개월 후 사망). 사족 집단은 조선 정벌이 아니라 특권을 앗아가려는 오무라를 향해 칼을 뽑았다. 맹우의 상실은 충격적이었지만 정한의 의지가 꺾인 것은 아니었다.

마지막으로 언급할 것은 명분의 차원에서 드러나는 정한론과 왕정복고의 연계성이다. 신정부는 조선과의 관계 정비를 국교 수립이라는 함의뿐만 아니라 '왕정복고'라는 대의명분과 연결해 거론했다. 메이지유신에 이르는 과정에서 도쿠가와 막번 체제의 권위 실추와 천황의 부상은 동전의 양면이었으며, 신화적 역사관을 근거로 조선을 하대하는 주장은 다양한 형태로 분출했다. 이에 따라 천황 친정親政을 회복한 새 일본에게 조선과 관계를 새롭게 바꾸는 작업은 선택이 아닌 필수였다. 에도 시대를 승계하는 교린의 조선 통신사를 폐지하고 조선의 복속을 가시화함으로써 황국 일본의 기반을 다질 수 있었다. 그런 면에서 정한론은 메이지유신의 정치적 변혁에 힘입어 비로소 '사상'의 영역에서 벗어나 '정책'의 차원에서 펼쳐지기 시작했다.

　이렇듯 기도는 무진전쟁 기간 동안 조선을 쳐야 한다는 주장을 독자적으로 밀고 나갔다. 메이지유신 후 정한론이 일본 내 정치와 외교의 장에 등장한 데는 기도의 위상과 언행에 힘입은 바 컸다. 뒤에서도 언급하겠지만 1870년 1월에는 청과 조선에 파견될 사절로 임명됐을 만큼 그는 초창기 동아시아 외교의 조타수 역할을 짊어졌다.

기도 다카요시와 정한론

정한론의 국책화

외무성 신설과 조일 외교

1년 반 동안의 내전이 마무리되고 2개월이 지난 1869년 8월, 관료제가 새로운 모습을 드러냈다. 국정을 총괄하는 최고 조직인 태정관 아래에 6개 부처가 신설됐다. 외교를 전담하는 외무성의 초대 사령탑 외무경은 공가 출신인 사와 노부요시(澤宣嘉, 1836-1873)가 맡았다. 조일 외교와 관련해 외무성은 두 가지 과제와 씨름해야 했다. 하나는 조일 외교의 주체를 둘러싼 쓰시마번의 처리, 다른 하나는 서계 문제의 수습이었다.

쓰시마번 문제는 외무성 창설 전부터 큰 가닥이 잡혀 있었다. 6월 22일 외국관은 쓰시마번을 조일 외교에서 배제한다는 지령을 내렸다. 쓰시마가 나선 서계 문제의 출구는 여전히 불투명한 상태에서 7월부터 판적봉환이 실시됐다. 따라서 쓰시마번의 가역家役[15)이던 조일 외교 또한 중앙정부에서 담당하는 것이 마땅했다. 지령에는 조선과 새로운 조약 관계를 맺는다는 계획 또한 명기했다. 10월 28일 태정관은 쓰시마번에게 조선과 교섭하는 일은 외무성이 담당한다고 통지했다.

이어서 10월 29일 외무성은 신정부의 외교권 독점을 구현한 조일 외교의 방침을 올렸고, 태정관은 11월 10일 승인 결정을 내렸다(이하 '10월 방침'). "조선국과의 교제는 소(宗, 쓰시마 번주) 씨의 사교私交에 맡기지 않고 정부가 군함으로 사절을 파견"하는 것으로 굳어졌다. 세계 문제를 비롯해 조일 외교의 해결책으로써 천황의 사절 파견을 제시한 것이다. 이 시점부터 신정부는 확고하게 기유약조(1609년)를 토대로 한 근세 조일 관계의 틀을 부정한다는 원칙을 따랐다.

새로운 조일 외교의 방향과 인식은 다음의 문장에 집약돼 있다.

바야흐로 세계는 문명개화의 지경에 이르렀는데, 조약을 맺지 않고 애매한 사교로써 일개 번(쓰시마번, 인용자)의 관리들이 취급하게 해서는 황국의 명성에 관계될 뿐 아니라 만국공법에 따라 서양 각국의 힐문을 받더라도 변명의 여지가 없습니다. 게다가 조선국은 과거에 친정親征도 이뤄져 역대 천황이 관심을 기울인 나라이므로 비록 황조의 번속藩屬은 아니더라도 영원히 그 국맥을 보존하도록 하려는데, 최근 러시아를 비롯해 강국들이 빈번히 침 흘리며 도마 위의 고기로 삼으려 합니다. 이런 때에 공법으로써 유지하고 구원하며 다스리는 임무는 황조 외에는 누구도 할 수 없습니다. 잠시 이런 상황을 도외시하다가 결국 늑대 같은 러시아 등의 강국이 삼켜버린다면 실로 황국 영세의 대해大害가 닥칠 것입니다.

정한론의 국책화

위 문장의 요체는 신화적 정한론에 만국공법을 결합하려는 큰 그림을 구체화했다는 데서 찾을 수 있다. 외무성은 만국공법과 안보의 관점에 따라 답보 상태인 조선과의 관계를 새롭게 정의하고 타개책을 끌어내려 했다. 방향은 두 가지였다.

먼저 '10월 방침'은 쓰시마번을 조일 외교에서 축출하겠다는 의사를 분명히 했다. 기유약조는 만국공법에 비춰보면 조약이 아니었으며, 쓰시마번의 관리가 담당하던 전통적인 조일 통교는 '외교'가 아닌 '사교'로 폄하됐다. 앞서 기도의 관점에서도 드러났듯 교린 관계의 승계가 아닌 파기를 천명한 것이었으며, 이는 에도막부를 무너뜨림으로써 탄생한 유신 정부의 필연적인 선택지였다.

뒤이어 차용되는 것은 '늑대'로까지 악평하는 러시아를 비롯한 서구 열강과의 국제 관계라는 맥락이다. 러시아를 지목한 안보관에 따르면 '강국'의 조선 선점은 일본의 '대해'로 받아들여졌다. 신정부의 과제는 과거의 '친정'과 '번속'을 뛰어넘어 조선의 '국맥을 보존'하는 것으로 설정했으며, 일본 스스로 조선의 '공법을 유지하고 구원하며 다스리는 임무'를 짊어져야 한다는 주관적인 해법으로 이어진다. 70년 뒤 진주만 기습 공격을 자존 자위의 아시아 해방전쟁으로 덧칠하는 발상의 원형이 여기에서도 보인다.

이렇듯 외무성은 외교 전담 부서라는 위상에 걸맞게 조선과 외교 관계를 재편·장악하겠다는 의지를 강하게 내비쳤다. 신화적이고 추상적인 정한론에 새롭게 '근대적'인 논거를 덧붙였고, 러시아를 겨냥한 지정학적 안보관과 막번 체제에서 형성한 조일 관계를 부정하는 논리를 끌어들여 무게감과 설득력을 높이려 한 것이다. 그런 '10월 방침'의 본질은 정한론의 발상을 잇는 외무성의 조선 침

2부 정한론, 사상에서 정책으로 진화하다

략론에 지나지 않았다.

　외무성의 '10월 방침'은 누가 작성했을까? 연구에 따르면 외무성 권소승權少丞[16]이던 미야모토 고이치(宮本小一, 1836-1916) 등 조선 전문가의 역량에 크게 힘입었다. 9월 무렵 완성했다고 여겨지는 『조선론』이 이런 추정을 가능케 한다. 미야모토는 신화적 우월성에 근거해 사상의 형태로 일본에서 향유·소비하던 정한론과 함께, 과거를 상대화하고 냉칠한 국제 논리에 바탕을 둔 조선 인식과 대책까지 모두 담아냈다. 6개로 정리된 조선 인식과 대책은 '10월 방침'의 뼈대를 이뤘고 이후의 조일 관계를 규율하는 일종의 프로토콜로서 현현했다. 하나씩 그 내용을 풀어보자.

　조선론 1은 고대처럼 조선을 속국으로 삼고 조공을 받아야 한다는 이른바 신화적 정한론을 비판적으로 다뤘다. 조선의 국체를 모르는 주장이며, 고대 왕정의 사례로 조선을 책하는 것은 조리에 맞지 않는다고 결론지었다.

　조선론 2에서는 천황의 신하인 쇼군과 교제하던 조선이니 몇 단계 내려도 무방하다는 논리는 일본의 실질 권력자를 외교 상대로 삼았던 조선에게 통하지 않는다고 돼 있다.

　조선론 3은 "조선의 국체가 지극히 애매하다"라는 머리글로 시작해 조청 관계를 짚고 있다. 만국공법의 독립국과 반독립국의 논리를 따르자면 조선은 '반독립국'인데,[17] 아편전쟁에서도 병인양요에서도 서로 관여하지 않은 것을 보면 조청 관계는 '무관'하다고 봐야 한다는 것이다.

　조선론 4는 조선과 교제하는 것이 "무익"하고 "지난"하다는 데서 출발한다. 조선을 강국으로 대접하면 서양이 반발할 것이고, 반독립국인 조선을 몇 단계 내려 접대하는 것도 여의치 않다. 따라서 미야모토는 "충분히 황국의 위력을 갖추기까지는 손대지 않는 것이 비용이 들지 않고 국위를 손상하지도 않으므로 가하지 않은가"라는 결론을 제시했다.

조선론 5는 조선과 교제하는 것이 부득이하면 지금처럼 쓰시마번에 맡기자는 것이 골자다. 개항과 통상을 포함한 교제를 5-7년 정도 이어가 보자는 임시방편이다.

조선론 6은 러시아의 위협을 거론하며 제시한 방책이다. 조선을 방치하면 러시아에게 잠식돼 일본에게는 '대해'가 된다는 발상이 깔려 있다. "조선을 돕는 것은 조선을 좋아하는 것이 아니고 일본을 사랑하는 것이다"라는 논리다. 일본의 국력으로 조선을 "병탄"하는 것은 불가능하므로 실행 가능한 방안으로 천황의 제안을 전하는 사절 파견, 이른바 포함외교를 끄집어냈다. 조선은 위기에 처해 있는데 청에 의지할 수 없으며, 반독립국은 서양과 조약을 체결하기 어려우므로 일본과 맹약을 맺어 "합중연방"하고 일본의 조약을 활용해 서양과 교류하도록 권한다는 내용이다. 이것이 어려우면 "사절 왕래"로 그쳐 쓰시마번에 위임한다.

그러면 미야모토의 조선론은 어떤 함의를 지니는가? 먼저 조선론은 외무성의 '10월 방침'을 엮어내고 뒷받침하는 핵심 근거로 쓰였다. 특히 분량도 가장 긴 조선론 6은 사절 왕래, 합중연방(개국), 병탄의 3단계를 상정하며 외무성이 주체가 돼서 펼쳐야 할 조일 외교의 골격을 체계적으로 그려냈다. 바꿔 말하면 50년 뒤 강제 병합에 이르는 조일 관계의 로드맵을 가장 선구적으로 제시했던 것이다.

두 번째로 들고 싶은 것은 만국공법에 따른 조선의 지위가 무엇인가를 깊이 있게 분석했다는 사실이다. 미야모토의 눈에 비친 조선의 국체는 '모호'했다. 이른바 전통적인 조공 책봉 관계를 고려해 조선을 반독립국으로 표현하면서도 다른 외국이 독립국으로 간주했듯이 조선과 청의 사이는 '무관'하다고 봤다. 미야모토는 조일 양국이 근대적인 조약을 체결하는 작업에 청이 개입할 수도 있다는 사실을 일찍부터 간파했다. 그 때문에 일본은 청과 교섭 과정에서 기회 있을 때마다 조청 관계의 내실을 캐물었고, 7년 뒤의 조일수호조규 제1조에서는 조선이 '자주지방'으로 명문화되기에 이르렀다. 요컨대 조일 관계가 양자 관계를 벗어나 청이 개재된 삼국 관계의 틀 위에서 펼쳐지는 기틀은 미야모토의 입론에서부터 찾을 수 있다.

그렇다면 '10월 방침' 뒤로 무엇이 달라졌을까? 변한 것은 거의 없었다. 당장 1869년 말 신정부는 조선에 원정군을 파견할 만큼의 국력도 군사력도 갖추지 못했다. 사할린을 독차지하려는 러시아에 맞서 일전을 벌일 것인가가 더 급한 안건이었다.

조일 외교를 외무성이 직접 관장하려던 계획도 실현하지 못했다. 쓰시마번은 기도의 정치적 위상에 기대 치열한 로비를 벌였다. 일기만 살펴봐도 오시마는 11월과 12월에 기도와 자주 만났다. 11월 15일에는 이와쿠라에게 탄원서를 제출했다. 그 결과 12월 12일 외무성의 감독을 조건으로 쓰시마번은 조일 외교에 계속 관여하게 됐다. 조일 외교의 이원성은 1871년의 폐번치현(번 대신 현을 둠) 뒤에도 완전히 해소되지 않았고, 1872년에 초량 왜관을 외무성이 접수하면서 조일 간의 '사교'는 막을 내렸다.

정한론의 국책화

그리고 기도는 지론인 정한론을 앞세워 조일 외교에 관여했다. 그 결과는 1870년 1월 4일 봄에 청과 조선에 파견될 사절에 임명되는 것으로 나타났다. 이때부터 기도는 정한론 실행 준비를 총지휘했다.

러시아 문제와 조일 관계

앞서 확인했듯 러시아는 조일 관계의 진전과 깊은 관련이 있었다. 그 점을 고려하면서 막부 말기부터 노골화된 일본-러시아 국경 분쟁과 러시아의 남진 정책이 조일 관계에 어떤 파장을 일으켰는지 짚어보자.

부동항 확보에 국운을 건 러시아는 유라시아 대륙 전체를 들쑤시고 다녔다. 1861년 3월에는 러시아 군함이 쓰시마에 내항해 무단으로 군사기지 건설에 나섰다. 6개월에 걸친 일본·러시아 외교 절충이 이뤄졌으나 성과는 없었다. 결판은 러시아의 남진에 촉각을 곤두세운 영국의 개입과 압박으로 지어졌다. 불리함을 느낀 러시아 군함이 퇴각한 것이다.

사실 일본·러시아 양국은 1855년 2월의 화친조약 체결 뒤부터 국경 문제로 담판을 거듭하던 차였다. 특히 영유권이나 경계의 확정 없이 양 국민이 뒤섞여 거주하던 사할린 문제는 날로 심각해졌다. 1867년 3월 상트페테르부르크에서 가조인된 내용은 양국 공동 관리라는 기존 상황을 추인한 데 지나지 않았다. 곧바로 메이지유신이 일어나며 외교 테이블의 일본 측 담당자는 막부에서 신정부로 바뀌었다.

무진전쟁이 끝나고 신정부는 홋카이도와 사할린을 개발하고 자 개척사開拓使를 신설했다. 그러던 1869년 8월 러시아는 사할린 영유 의지를 노골화했다. 군대를 사할린 남단의 일본인 개척지 코르사코프에 상륙시킨 뒤 주둔지 구축에 나선 것이다. 9월 초 주일 영국 공사 해리 파크스(Harry Smith Parkes, 1828-1885, 1865-1883 재임)는 일본 정부 관계자와 회동할 때마다 러시아의 행동을 경계해야 한다고 역설했다.

외무성은 곧바로 사할린에 외무대승 마루야마 사쿠라(丸山作樂, 1840-1899) 등을 보내 사태 파악과 대책 마련에 나섰다. 마루야마는 나가사키의 시마바라島原번 출신 사족으로서 존왕양이를 지지하는 활동을 벌이다가 메이지유신 후 외무성에 발을 들인 인물이다. 10월 말에는 2대 개척장관 히가시쿠제도 홋카이도에 도착했다. 이렇게 긴박감을 더해가던 사할린 문제를 놓고 신정부의 대책은 즉각 출병론과 신중론으로 양분됐다. '10월 방침'에서 러시아를 거론한 데는 이런 정황도 배경으로 작용했다.

1869년 11월의 시점에서 외무성은 러시아 사태에 관한 두 종류의 의견서를 접했다. 먼저 프랑스인 외교 고문 샤를 몽블랑(Charles de Montblanc, 1833-1894)은 러시아의 도발 행위를 방치하면 다음 목표는 조선이 될 것이며, 러시아가 조선을 차지하면 러시아의 동쪽 해안은 사할린에서 나가사키까지 이어져서 일본도 사할린과 같은 처지가 될 것이라고 경고했다. 사할린 출장 중이던 마루야마도 비슷한 취지의 보고서를 보냈다. 러시아의 "영유욕은 홋카이도에 있고, 홋카이도를 넘어 일본 전체를 넘본다. 그리고 조선, 중국, 인도를 병탄해 세계를 넘보며 영국, 프랑스 등의 열강을 제압하려 하"므로 동맹국과 연합해 '응징'해야 한다는 것이다. 사실상 '양이론'의 재래였으며, 마루야마는 강경 정한론자이기도 했다.

해를 넘겨서까지 신정부의 수뇌부는 러시아 문제의 해법 찾기에 온 신경을 집중해야 했다. 조일 관계와 마찬가지로 사할린 문제에서도 신정부다움을 보여야 한다는 압박감이 커졌다. 1870년 2월 히가시쿠제 개척장관이 가라후토樺太 곧 사할린 개척사의 독립과 사할린의 분할 통치를 건의하고자 상경해서 다음과 같은 논리를 폈다.

> 사할린은 지금 러시아인이 압박하는 형세가 범상치 않은데, 정부에서 대처하지 않는다면 결국 국체에 관계되는 대사가 될 것으로 추측된다. 본디 내지의 작은 현에 지사를 두는 일조차 무사히 완수되지 못하는 시절인 법인즉, 세계 일등인 강국이 압박하는 땅을 2000리 밖에 유명무실하게 관할하게 하는 것은 어떤 묘산廟算이 있어서인가?

히가시쿠제는 천황이 통치하는 새로운 일본이 성립한 이상 사할린 대책을 강화해야 한다고 부르짖었다. 러시아에 대한 방비가 소홀했던 막번제와 달리 신정부는 러시아의 압박을 '국체에 관계되는 대사'로 파악해야 하며, 사할린을 '유명무실하게 관할'하는 일은 묵과할 수 없다는 것이다. 그래서 히가시쿠제는 사할린의 분할을 "국가를 위해" 건의한다고 역설했다. 메이지유신이라는 정변은 이렇듯 위정자의 영토 관념에도 중대한 변화를 낳았다. 참고로 가라후토 개척사는 3월에 신설됐으나 분할 통치는 받아들여지지 않았다.

2부   정한론, 사상에서 정책으로 진화하다

앞서 '10월 방침' 속에는 조선에 관헌을 보내 정보를 수집하는 일도 들어 있었다. 1870년 1월 7일 사다 하쿠보(佐田白茅, 1833-1907), 모리야마 시게루(森山茂, 1842-1919) 등 조사단 파견이 정해졌고, 이들은 13개의 조사 항목을 지참한 채 3월에 현해탄을 건넜다. 그리고 부산에서 20여 일을 체재한 뒤 4월에 귀국했다.

조사단이 5월에 올린 보고서의 요체는 러시아 문제에 접목한 조선 대책의 정립이었다. 조선의 군사력은 열악하므로 강대한 러시아와 분쟁 중인 사할린을 매매해 북방 문제의 화근을 없앤 뒤, 그 유지비를 군비에 쏟아 점령하기 쉬운 조선에 출병해야 한다는 것이 골자였다.

한편 조사단에게 주어진 13개의 조사 항목에서 간과할 수 없는 두 항목이 있다.[18] 청에 대한 조선의 독립성 정도, 사절이 탄 군함이 정박할 수 있는 항구 유무다.

조선의 독립성은 앞서 언급한 미야모토의 조선론뿐 아니라 청일 관계를 활용해 조일 교섭의 돌파구를 찾으려던 외무성의 의중과도 통했다. 에도 시대에 나가사키에서 이뤄진 막부와 청의 교섭을 조사한 보고서가 1870년 1월 태정관에 제출됐다. 그 안에는 청과 수교하면 "조선의 일은 각별히 신경 써야 할 일은 없"을 것이라는 문구가 있다.[19] 사다 조사단의 보고 내용도 이를 뒷받침했다. 조선은 내정과 외교에 관해 자주권을 지니며, 청에 보고하는 사건도 있으나 일본에 관해 보고한 적은 없다는 것이었다. 그리고 군함의 부산 파견은 의미 없고, 병인양요 때처럼 강화도에 정박할 수밖에 없다고 보고했다. 조일 관계와 청이 결부되고 강화도라는 지명이 등장한다. 이렇게 세계 문제를 푸는 일본의 카드가 하나씩 갖춰졌다.

정한론의 국책화

한편 조사단의 책임자 사다는 별도로 건의서를 냈다. 조선이 국서 수리를 거부한 것은 "황국을 욕보이는 것"이므로 사절을 파견해 죄를 물어야 하며, 30개 대대를 보내 50일이면 왕을 포로로 잡을 수 있다는 호언장담을 늘어놓았다. 만약 청이 조선을 원조하면 대륙까지 진격해야 한다고 주장했다. 조선에 대한 멸시가 가득한 그의 인식은 2년 전에도 표출된 바 있다. "조선은 오진應神 천황 이래 (조공의, 인용자) 의무가 있는 나라이므로 유신의 기세에 힘입어 신속히 손에 넣는 것이 바람직하다"라고 썼는데, 오진 천황은 삼한을 '정벌'했다는 진구 황후의 아들이다. 이런 인식은 구루메(久留米, 지금의 후쿠오카현)번 출신인 사다가 막부 말기 존왕양이파 지사로 활동했던 경력과도 무관하지 않다. 그는 외무성 관료의 신분이었음에도 신화적 역사관에 따라 감정적이고 강렬한 정한론을 대중에 퍼뜨렸다.

이렇듯 사할린을 매개로 부침하던 일본·러시아 영토 분쟁은 일본의 지정학적 안보 인식과 결부되면서 정한론을 비롯해 조선과의 외교 쟁점을 논하는 소재로 곧잘 변용되곤 했다.[20] 가령 1873년 신정부를 양분시킨 정한론 정변은 조선을 칠 것인가 러시아와 국경 교섭을 마무리해야 하는가를 두고 벌이는 각축전이기도 했다. 1875년 5월 일본과 러시아는 각각 쿠릴열도와 사할린을 차지하기로 합의했다. 8월에 도쿄에서 협정을 비준했는데 공교롭게도 그다음 달에 강화도사건이 터졌다. 안보관과 국경 문제를 소재로 조선·일본·러시아 관계는 1876년 조일수호조규 체결에 이르기까지 국서 사건으로 교착 상태에 빠진 조일 외교의 타개책과 긴밀히 연동돼 있었다.

　　　　　2부　정한론, 사상에서 정책으로 진화하다

조청일 관계로서의
정한론

청일수호조규와 청일의 동상이몽

1870년 5월 외무성은 사다 조사단의 보고서를 바탕으로 조선 정책의 대강을 가다듬어 태정관에 올렸다. 세 가지 선택지는 단교 상태 유지, 사절 파견, 대청 조약 선행이었다. 선택지마다 러시아의 위협을 비중 있게 연결해 거론했다.

먼저 1안은 국력을 키울 때까지 조선과의 교제를 중지하자는 것이었다. 관계를 단절하면 쓰시마번이 중개하던 전근대적 관계가 소멸하므로 불편이 없지만, 러시아가 조선을 차지해도 수수방관할 수밖에 없다는 지적은 눈길을 끈다. 미야모토의 조선론 4와도 유사점이 많다.

2안은 조선과 청의 사절로 임명된 기도가 군함과 병력으로 조선을 압박해 통상과 무역을 담은 조약을 요구한다는 내용이다. 결과가 기대에 어긋나면 전쟁에 돌입하도록 했다. 여기에는 러시아의 조선 병탄이 "실로 황국 영세의 화근이며 대단히 위급한 상태를 초래할 것이라 사료"된다는 인식과 함께 사할린을 포기하고 조선을 취해야 한다는 판단이 자리하며, 진구 황후의 업적을 승계하는 것이라는 자평이 뒤따른다.

마지막으로 청과 대등 조약을 먼저 체결함으로써 청에 신종臣從하는 조선이 일본의 수교 요구를 받아들이도록 몰아간다는 것이 3안의 골자였다. 조선이 이를 거부하면 전쟁 논의로 옮아간다는 수순이다.

3안은 외견상 1안과 2안을 절충한 모양새를 띠지만 두 가지 특징이 있다. 먼저 중화 질서의 틀을 역이용했다는 점이다. 임진왜란 때와 같은 명의 원군 파견은 없을 것이라는 진단까지 곁들였는데, 조일 외교의 무대와 청일 관계를 연계하는 발상에 주목할 만하다. 앞서 점검했던 미야모토의 인식뿐 아니라 사다 조사단의 보고서도 반영한 결과였다. 일본은 청과 근대적인 조약을 체결함으로써 기존의 조일 교린 관계를 무너뜨리고 조일 교섭의 주도권을 확보할 수 있다고 판단한 것이다.

두 번째는 이중 잣대를 노골화했다는 점이다. '10월 방침'이 그랬듯 조일 관계의 원칙으로 주권국가와 대등성을 언급하긴 했지만, '사대교린 체제'는 용인하고 그 상하 관계를 만국공법의 틀 안에 집어넣음으로써 조일 간에 상하 관계의 논리를 구축하려 했다. 조공책봉에서 만국공법으로 전면 이행하지 않고 일본만 유리하도록 이중 잣대를 들이댔던 것이다.

3안에 비판적이던 기도는 2안을 실행하려 움직였다. 계속 거절하던 참의參議[21] 복직을 7월에 수락한 것은 사절의 격을 높여야 한다는 지적을 받아들인 결과였다. 그리고 7월 22일 자신의 집을 찾은 외무대보 데라시마 무네노리(寺島宗則, 1832-1893, 사쓰마), 외무권대 승 야나기와라 사키미쓰(柳原前光, 1850-1894, 공가)와 조선 문제를 의 논한 뒤 24일 청과 교섭하는 대신 즉각 조선에 사절을 파견해야 한 다는 의견서를 제출했다. 이 의견서는 조선과 통교하는 데 청이 끼 어드는 것은 만국공법에 따라 불가하므로 조선 문제를 해결하는 데 청일 간에 조약을 체결할 필요는 없으며, 무비를 갖춘 뒤 개전을 각 오하고 조선에 개국을 요구한다는 것으로 요약할 수 있다.

사다는 뒤에 기도의 의견서를 이렇게 평가했다. 정한론을 거론 하긴 했지만 "병비를 정돈한 뒤에 정벌해야 한다는 논의" 즉 온건론 이었다는 것이다. 기도의 정한론은 왕정복고 3년 차에 접어들자 정 벌보다는 국교 수립 쪽으로 방점을 찍었을지도 모른다.

7월 27일 태정관은 3안 추진으로 최종 결정을 내렸다. 기도는 외무성 명의로 즉각 조선에 사절을 보내도록 요구했으나 태정관은 이를 거부했다. 이와쿠라·오쿠보의 주류 라인에다가 외무성 이인 자인 데라시마까지 가세한 싸움에서 밀렸던 것이다.[22] 특히 오쿠 보의 반대는 단호하고 강력했다. 8월 1일 기도는 취임한 지 한 달도 안 된 참의직을 내려놓으며 불만을 노골화했다.

이 무렵 조야에서는 조일 외교의 향배가 초미의 관심사였다. 여러 움직임이 동시다발로 나왔는데, 그중에서 대조적인 두 사람의 언행을 소개하겠다.

8월 24일 야나기와라는 자신의 저술(「조선논고朝鮮論稿」)을 이와 쿠라에게 제출했다. 야나기와라는 조선의 복속이 "황국 보전의 기 초로서 후의 만국 경략 진취의 기본이 되고, 만약 다른 나라에 빼앗긴다면 국가의 장래는 여기에서 멈추게 된"다고 파악했다. '다른 나라' 중에 지목한 것은 러시아였다. 전술한 몽블랑의 의견서와 마찬가지로 때마침 7월 19일 발발한 프로이센과 프랑스의 전쟁에 편승해 러시아가 조선을 노릴지 모른다고 썼다. 시행 방안으로 제시한 것은 포함외교였다. 출병을 정한 뒤, 쓰시마번을 길잡이로 삼아 사절을 파견해 "관맹寬猛과 은위恩威를 병행해서 시행"하면 조선을 복종시킬 수 있다고 전망했다.

8월 22일에는 정반대의 사건도 일어났다. 요코야마 야스타케(橫山安武, 1843-1870)라는 사쓰마 출신 사족이 관료의 부패 규탄과 더불어 사다와 같은 정한론의 득세를 개탄하며 자살한 것이다. 당시에 조선을 치러 가자는 기류가 얼마나 팽배했는가를 짐작하기에 충분한 일화다.

우여곡절 끝에 3안을 실행하기로 결정한 수뇌부는 곧바로 준비에 들어갔다. 청과 국교·통상을 논의할 예비 사절로 야나기와라 등의 파견이 하달됐고, 8월 말 요코하마를 출항했다. 10월에 시작한 청과의 교섭은 해를 넘겨 1871년 9월 청일수호조규 체결로 마무리됐다. 때는 공교롭게도 폐번치현이 단행돼 쓰시마번의 '가역'도 근거가 사라진 뒤였다. 교섭 과정과 조규 내용에서 간과할 수 없는 핵심은 다음의 두 가지다.

먼저 일본은 기존의 화이 질서와 정면 대결을 피하는 유연성을 발휘했다. 메이지유신에 따른 정변은 '아국정치일신我國政治一新'이라 표현했으며 국명은 서로 '대大'를 붙이는 정도로 처리했다. 조선에 전했던 서계의 문면과 판이한 양상이다.

다른 하나는 조약 체결 과정에서 조일 관계의 틀이 바뀌는 단

2부 정한론, 사상에서 정책으로 진화하다

초가 만들어졌다는 점이다. 제1조에서 양국의 '소속 방토邦土'를 침략하지 않는다는 상호불가침을 확약하면서 청과 일본은 각각 청일 관계를 매개로 조일 관계의 향배에 깊숙이 관여하게 된다.

제1조는 청이 먼저 제안했다. 이홍장(李鴻章, 1823-1901)은 도요토미 히데요시의 임진왜란을 떠올리며 소속 방토라는 간접적인 문구를 활용해 일본의 조선 침략을 막고자 안배했다. 외교를 전담하는 각국 총리사무아문(이하 총리아문)은 상소에서 통상을 노리는 영국과 포교를 앞세운 프랑스보다 조선을 영토화하려는 일본이 가장 큰 위협이며 중국의 걱정거리라고 적시했다. 때마침 발발한 신미양요(1871년 미국 군함 5척이 강화도에 침범한 사건)에 즈음해서도 청은 일본의 대응에 촉각을 곤두세우던 참이었다.

반면에 일본은 소속 방토에 속국은 포함되지 않는다고 해석해 서계 문제로 난항에 빠진 조일 외교에 청이 직접 개입하지 않으리라 판단하고 이를 받아들였다. '조선은 청의 속국이지만 내정과 화전和戰에는 관여하지 않는다'라는 총리아문의 언명이 이를 뒷받침한다고 간주했다. 그 연장선에서 1873년 6월 청일수호조규를 비준하려 파견된 일본 사절은 총리아문의 언명을 거듭 확인했고, 귀국 후 히젠 출신의 소에지마 다네오미(副島種臣, 1828-1905) 외무경은 청이 조선의 국정에 관여하지 않을 것이라는 보고를 올렸다. 청일 양국은 동상이몽을 공유하며 근대적 관계 설정의 첫발을 내디뎠다.

양국의 동상이몽은 제2조의 문구에서도 마찬가지로 보였다. 타국의 부당한 간섭에 대해 양국이 서로 돕는다는 내용인데, 중국은 이것을 서구 열강의 압박에 맞서는 청일 또는 동아시아 연대를 염두에 두었던 것과 달리 일본은 외교 관례적인 문구로 치부했다.

특히 이홍장은 제1조와 결부해 일본의 팽창을 억제하는 거대 명분으로써 제2조를 거의 모든 외교 담판에서 거론하곤 했다.

조일 관계의 근대적 재정립에 청이 개재된다는 것은 무슨 의미일까? 엉클어진 조일 관계의 실타래를 푸는 작업은 조청일 관계의 틀에서 구상되고 실현된다는 것을 가리킨다. 미야모토의 조선론을 살피면서 잠시 언급했듯, 청일수호조규 체결로 조일 관계의 근대적 변용은 양국 관계가 아니라 청의 존재와 의향이 들어간 삼국 관계라는 지평 위에서 첫발을 내디뎠다. 조일수호조규 제1조의 복선이 깔린 셈이었으며, 일본의 조선 정책은 조청일이 어우러지는 국제 관계라는 지평 위에서 기획·수행되기에 이르렀다. 뒤에서 다시 살펴보겠지만, 일본·러시아 분쟁 또한 이따금 조일 관계의 진행 상황과 관계있다는 점까지 고려하면 정한론의 전개는 동북아 국제 관계라는 복합적인 구도 위에서 살펴야 실체를 가늠할 수 있다.

청일 관계와 조일 관계

3안의 집행과 완결, 곧 청일수호조규 체결은 정한론의 향배와 조일 수교에 직접적이고도 실질적인 영향을 미쳤다. 그 변화는 다음의 세 가지로 정리할 수 있다.

먼저 즉각적인 정한 단행을 외치던 기도의 완패였다. 자신의 건강 문제에 다른 긴급 안건이 겹치며 이후에는 정한론을 거론조차 하지 않았다. 이와쿠라 사절단(1871년 12월-1873년 9월)의 일원으로 구미 각국을 순방하면서 내치 우선주의자로 변모했으며, 1873년의 '정한론 정변'에서는 지론이던 정한을 포기하고 내치를 우선시해야

2부　정한론, 사상에서 정책으로 진화하다

한다는 주장을 폈다.

두 번째로 신정부는 아시아의 대국 청과 대등한 근대 조약을 체결함으로써 명분상으로 중국의 종속국인 조선에 대한 우월 의식을 확인할 수 있었다. 하지만 세계 문제로 꼬인 조일 관계의 타개책은 여전히 불투명했다. 외교 실무 쪽에서는 청과의 교섭 타결을 무기로 조선의 '양보'를 압박하는 방책 말고는 선택지가 없어 보였다. 이로써 포함외교의 원용은 필수로 바뀌었다.

마지막으로 짚어야 할 것은, 3안으로 급선회함으로써 2안을 결행하려고 쌓아둔 에너지의 연착륙이 쉽지 않았다는 점이다. 그 파장은 현직 외교 관료였던 마루야마가 정한의 결행을 획책하고 준비했다는 데서 가늠할 수 있다. 원래부터 마루야마는 외무성 내의 열렬한 정한파였는데, 1871년 1월 황족을 총독으로 앞세우고 자신은 참모로서 각지의 불평 사족을 동원해 조선을 공격하는 계획을 세우기에 이른다. 그러나 이미 체포된 연루자가 자백하면서 5월 마루야마가 포박되며 계획은 무산했다. 마루야마는 종신금고라는 중형을 받았다(1880년 은사).

20년이 지난 뒤 명성황후를 시해한 무리는 모두 증거 불충분으로 무죄 방면됐다. 이에 비해 마루야마 일파는 왜 정한론 결행을 음모한 것만으로 가혹한 처벌을 받아야 했을까? 이유는 앞서 설명했듯 국내 정치의 위기와 해법의 차이에서 찾을 수 있다. 조선을 공격할 군사력은 근대로 나아가는 추세에 뒤처진 사족을 규합해 편성하고자 했는데, 이들은 특권 박탈에 불만을 품은 '반체제파'였다. 복고적이던 마루야마는 판적봉환 반대론자이기도 했다. 정한은 분명히 외교 전략으로 격상됐지만, 개혁 저항 세력인 사족을 끌어들이

조청일 관계로서의 정한론

는 방식은 정치적으로 삿초 권력과 맞서겠다는 뜻이기도 했다. 초기의 기도가 그랬듯이 마루야마는 전형적으로 '사족 정한'을 주창하고 실현하려 했다. 바로 그 때문에 일본 내 정치의 맥락에서는 국책으로 결정되지도 실현되지도 못한 채 좌절할 수밖에 없었다.

한편 외무성은 청과의 교섭과는 별도로 조선에 관원을 파견해 국교 교섭의 실마리를 마련하는 방안을 태정관에 상신했다. 쓰시마를 통해 조선과 사전에 접촉한 뒤 11월에 정식으로 요시오카 고키(吉岡弘毅, 1847-1932) 일행을 부산에 파견했다. 요시오카 사절단이 지참했던 서계에는 적지 않은 변화가 있었다. 조선에서 가장 경원시하던 황·칙을 삭제했고, 서계의 정본은 한문 대신 일본어로 작성했다. 대표단은 쓰시마의 관여 없이 독자적으로 준비한 서계를 지참하고 현해탄을 건넜다.

그렇지만 서계는 조선에 전달하지 않은 것으로 보이며, 교섭 또한 답보 상태를 벗어나지 못했다. 이유는 두 가지로 요약된다.

먼저 조선의 국제 정세가 크게 변화했다는 점을 들 수 있다. 신미양요 발발 및 수습에 힘입어 대원군이 주도하던 쇄국 정치는 더 강화됐다. 이에 따라 조선의 패배를 예측하며 미국과 조선의 중재자 노릇을 하려 했던 일본의 예상은 빗나가고 말았다.

사실 이 무렵의 외무성은 조일 외교보다 비중이 큰 안건들을 껴안고 있었다. 6월 말에 참의 소에지마는 사할린 문제의 담판을 짓는 전권으로 임명됐고, 최우선 외교 과제는 안보의 최대 위협인 러시아와의 교섭이었다. 이와쿠라 사절단(12월 출발)의 인선과 준비 작업 또한 방대했다.[23] 8월부터 이와쿠라가 맡았던 외무경은 12월 소에지마가 물려받았다.

이렇듯 1871년 하반기에도 서계 문면으로 촉발한 조일 관계 경색의 타개는 여전히 요원해 보였다. 그렇지만 해결 가능성이 전혀 없지는 않았다. 쓰시마번을 재차 등판시킨 조일 관계의 연착륙 시도가 그러하다. 7월 들어 사와 외무경은 쓰시마를 앞세우는 옛 방식으로 돌아가는 방안을 제시했다. 쓰시마번 관계자뿐 아니라 외교 실무자들이 동분서주하며 노력한 결과였다. 9월 소 시게마사(宗重正, 1847-1902)의 외무대승 임명과 조선 파견이 연이어 결정됐고, 서계만 아니라 격식에서도 구례를 따르는 온건함과 대등함을 확인할 수 있다. 소 씨 파견이라는 카드는 조선 통신사라는 구관과 외무성의 외교 일원화를 접목한 최대치의 절충이었다고 볼 수 있다.

그러나 이 계획은 11월 들어 외무성 관원의 파견으로 축소 변경됐다. 10월 청일수호조규 교섭을 마치고 귀국한 강경파 야나기와라 외무대승이 조선의 '오만'과 '무례'를 들먹이면서 외무대승 파견 결정을 번복했다. 지난해의 매파 기류에서 한발 물러서긴 했지만 야나기와라는 조일 교섭 중지와 더불어 확고부동한 대책을 조정에 주문했다. 그 배경에는 대등한 조일 관계의 정립과 안착이 청일수호조규의 성과 곧 조선의 격하와 충돌한다는 인식이 자리했다. 반복해서 말하지만 청일수호조규를 체결함으로써 조일 관계는 이제 양국 관계의 지평 위에서 운용될 수 없었다.

이와쿠라 사절단의 파견도 조일 교섭에 영향을 미쳤다. 아직 초창기였음에도 대규모 사절단을 보낸 이유는 막부 시절 체결한 불평등조약의 개정 즉 조약 개정을 가시화하려는 포석이었다. 신정부는 국내 장악력 확대라는 면에서도 조약 개정을 실현하려 헌신하는 모습을 보여야 했다. 하지만 왕정복고 이래 거듭된 신정부의 요청

　　　　　　　　　　　조청일 관계로서의 정한론

에 대해 서구가 던진 응답은 언제나 만국공법 질서의 미비였다. 소씨 파견과 같은 전근대적 외교 방식은 고루하고 무의미한 구관으로 비칠 수밖에 없었다.

조선과 타이완의 연계

이와쿠라 사절단이 출발하고 해가 바뀐 1872년 1월, 새 외무경 소에지마의 지휘하에 조선 외교는 대대적으로 재편됐다. 외교 일원화 방침에 따라 쓰시마번 관계자는 해임했고, 소 씨 파견 카드 또한 최종적으로 철회했다.

서계 문제는 다른 국면에 접어들었다. 새롭게 작성한 서계는 전년에 소 씨 파견을 고려할 때와는 사뭇 달라진 기류를 반영한다. 황·칙은 삭제하는 대신 '천자天子'를 삽입했고, 국호는 '일본국'에서 '대일본국'으로 바꿨다. 문안 검토 단계에서 모리야마 등 실무자는 천자라는 문구 때문에 조선이 수리하지 않을 것이라는 의견을 올렸으나 받아들여지지 않았다. 모리야마를 비롯한 사절단은 조선이 그렇게 적대시하던 기선을 타고 부산으로 향했다.

서계의 수정과 같은 외무성의 강경 선회는 어디서 비롯했을까? 답은 청일수호조규의 체결에서 찾을 수 있다. 서계와 함께 내용을 수정한 이유도 조선에 전달했는데, 거기에는 지난해의 청일수호조규를 예로 들면서 대일본국·대청국의 '대', 천황·천자 또는 황제·황상이라는 단어는 이미 쓰이고 있다는 설명을 붙였다(일본어 사용도 마찬가지). 청일수호조규 체결을 도약대로 삼아 3안의 시나리오를 밀고 나가겠다는 복안이었다.

이처럼 1872년 서계는 왕정복고 이후 혼선을 빚던 조일 외교 창구의 일원화라는 원칙에 따라 조일 관계의 틀을 재정립한 첫 결과물이었고, 그 주체는 온전히 외무성이었으며 신정부가 뒤를 받치고 있었다. 신생 일본은 막부 시절의 교린 관계를 최종 파기하고 조선을 하위에 두는 시각을 만국공법 및 청일수호조규에 따라 외교 실무에 투영해 추진하고자 했다. 달리 표현하면, 외교 정책의 필터를 거친 정한론의 정수를 조일 외교 현장에 투입했다.

그러나 이 사절단도 기대한 성과를 거두지 못했다. 외무성의 예측도 "서계 불수는 필연"이었다. 모리야마는 이전부터 체재하던 요시오카 등과 함께 1872년 서계로 교섭에 들어갔다. 청일수호조규의 원본을 확인하고 쓰시마번의 폐지를 실감하면서 조선의 태도는 누그러졌다. 회답 여부는 천천히 결정하겠다면서 일본의 서계를 받은 것이다. 하지만 회답은 지연됐고, 이를 확인한 모리야마 일행은 8월 귀국길에 올랐다.

부산에서 교섭이 지지부진하던 7월, 외무성이 상신했던 초량 왜관 접수와 쓰시마번 관계자의 퇴거·귀국이 결정됐다. 9월 초량 왜관을 접수할 담당관으로 외무대승 하나부사 요시모토(花房義質, 1842-1917)가 임명됐다. 10월 하나부사는 서계도 지참하지 않은 채 (교섭의 의도 없이) 군함 가스가春日에 보병 2개 소대를 태우고 부산에 와서는 초량 왜관의 간판을 '대일본공관'으로 바꿔 달았다.[24] 그리고 통신사 외교의 상징인 세견선을 폐지했다. 조선 통신사 외교는 그렇게 허무하게 막을 내렸다.

일본의 자세와 조치는 조선의 불신과 분노를 키웠다. 조선은 금기 사항인 기선을 탄 일본 사절의 접견조차 허용하지 않았고, 하

조청일 관계로서의 정한론

나부사는 10일 동안 배 위에서 머물러야 했다. 게다가 왜관의 접수는 엄연히 조선이 제공한 시설을 일방적으로 차지하겠다는 행태나 다름없었다. 가스가에서 발사한 '축포'는 포함외교의 시작을 알리는 신호탄이나 마찬가지였다. 갑작스럽게 긴장감이 고조된 조일 관계는 바야흐로 이듬해의 이른바 '정한론 정변'의 밑불로 작용한다.

이렇듯 대조선 외교는 막부 시절의 구관과 결별한다는 저의를 충실하게 반영하며 추진됐다. 그와 함께 새로운 틀이 도입·가동된다. 청일수호조규에서 단초가 드러났듯이 조일 관계는 조청일 관계로 이행돼갔다. 그 점을 명확하게 보여주는 것이 류큐·타이완과 외교 마찰 과정이다.

류큐는 17세기 들어 청과 일본, 정확히는 사쓰마의 이중 지배를 받는 양속兩屬 관계에 놓여 있었다. 폐번치현 이듬해인 1872년 10월 류큐 왕국은 '류큐 처분'에 따라 가고시마현에 소속된 류큐번으로 바뀌면서도 청과 맺은 책봉 관계 및 통교를 포기하지 않았다. 이 때문에 일본은 1879년 무력을 동원해 오키나와현을 설치하는 '류큐 병합'을 단행했고 지금에 이른다.

그런데 청일수호조규의 체결 직후인 1871년 12월, 타이완 남부에 표착했던 류큐의 어부 54명이 생번生蕃 곧 선주민인 파이완족에게 살해당하는 사건이 일어났다.[25] 1872년 여름 생존자 12명이 귀환하면서 참상은 일본 전역에 알려졌고, 복수를 외치는 여론이 들끓었다. 에도 시대부터 류큐를 복속했던 가고시마현 관계자는 '황위皇威'를 운운하며 사이고 다카모리·쓰구미치(從道, 1843-1902) 형제, 소에지마 등 사쓰마 출신 정계 인사에게 정대론征臺論 곧 타이완 공격을 요청했다. 침공이 이뤄진 것은 정한론 정변이 마무리된 다음인 1874년 5월이었다.

　류큐 어민 문제로 촉발한 타이완 침공의 논의 과정에서 조선 문제가 언급된다. 결론부터 말하자면 타이완 침공은 사실상 강화도 사건의 전주곡이었으며, 그 전후사를 면밀하게 좇다 보면 조선 문제와 연계성을 바탕으로 해법을 모색하려는 일본의 대응 양상을 읽을 수 있다. 일본은 조선과 빚은 외교 마찰을 '이국 관계'가 아니라 '조청일 관계'라는 차원에서 바라봤고, 타이완 침공 또한 조일 외교의 돌파구 모색과 연계해 조율했다.

　그런 흔적은 찰스 리젠더(Charles Le Gendre, 1830-1899, 한국명 李仙得·李善得)의 활동을 좇으면 찾을 수 있다. 류큐 처분의 방침을 확정한 1872년 10월, 4대 주일 미국 공사 찰스 드롱(Charles E. DeLong, 1832-1876)은 소에지마에게 서한을 보냈다. 페리의 내항에 즈음해 1854년 류큐와 체결한 조약의 승계 여부가 신경이 쓰였기 때문이다 (일본은 승계를 인정). 이 과정에서 드롱은 청이 통치권이 미치지 않는 타이완 동부 생번의 땅 번지蕃地는 무주지無主地라며 일본이 차지해도 괜찮다는 조언을 던지는 한편, 타이완의 정보에 어두운 일본을 위해 때마침 아모이厦門 영사를 사직한 리젠더를 소개했다. 1만 2000엔이라는 파격적인 연봉(태정대신 연봉 9600엔)을 받고 외무성 고문이 된 리젠더는 1872년 11월부터 4개의 의견서를 잇달아 제출하며 타이완 침공의 실질적인 기획자 노릇을 했다.

　먼저 11월 1일 자 의견서 1은 병력 동원을 내비치면서도 교섭에 따른 타결에 방점을 뒀다. 의견서 2는 중국과의 담판이 결렬됐을 때 사용할 군사작전 계획이었으며, 병력 규모, 전술, 보급에 관한 내용이 제시됐다. 특히 군함을 청의 남해안과 타이완에 파견하고

　　　　　　　　　　조청일 관계로서의 정한론

평후澎湖섬을 점령한다는 부분은 20년 뒤 청일전쟁을 마무리하는 시모노세키조약 체결 때 원용됐다. 평후섬에 병력을 파견하면서 청의 전권자 이홍장에게 타이완 할양을 압박해 쟁취했던 것이다. 그리고 의견서 3에는 타이완 동부의 번지를 식민화하는 방안이 담겨 있었다. 여기에는 당연히 타이완에서 생활했던 리젠더의 경험이 녹아 있었다.

1872년 말에 작성한 것으로 추정하는 의견서 4는 의견서 3을 답습하면서도 엉뚱하게 조선 문제와 일본의 아시아 정책을 언급한다. 의견서는 "각국이 위세를 동방에 펼치고자 한다면 반드시 북에서는 조선, 남에서는 평후 및 타이완의 양 섬을 거점으로 차지하는 것보다 나은 방안은 없다"라는 문장으로 시작한다.

조선, 타이완, 평후는 명백히 일본의 내지다. 일본이 반도인 조선을 영유할 수 있다면 황해까지 세력을 떨칠 수 있게 된다. 일본이 현재 일본해의 조선 쪽 해안을 장악했다고 보기 어렵다. 러시아나 다른 세력이 진출한다면 일본은 이 때문에 언제나 골머리를 앓아야 하는데, 터키가 그 대국(러시아, 인용자)과 바다 하나를 사이에 두고 인접해 끊임없이 위협당하고 피해를 보는 것과 같다.

이렇게 일본을 부추겼던 이유는 "그 이익이 널리 외국에도 미친다", 곧 일본이 조선과 타이완을 점령함으로써 아시아 시장이 확대될 것으로 기대했기 때문이다.[26]

이런 의견서 제출을 전후한 12월 19일, 소에지마의 청국 방문이 결정됐다. 원래는 청일수호조규의 비준이 임무였으며 타이완 문

2부 정한론, 사상에서 정책으로 진화하다

제는 언급이 없었다. 소에지마 사절단에게 류큐 어부의 살해 문제를 거론하라는 명령이 하달된 것은 해를 넘겨 1873년 3월 출발을 앞둔 시점이었다. 수행원 중에 리젠더가 포함돼 있었다.

4월 30일 소에지마는 톈진天津에서 이홍장과 청일수호조규 비준을 순조롭게 마쳤다. 6월 들어 사절단에 동행한 외무대승 야나기와라는 총리아문 관계자와 회담했다. 그 자리에서 야나기와라는 조선 문제를 먼저 끄집어냈다. 청은 속국인 조선의 '내정교령內政敎令'에 관여하지 않는다는 것이 사실인지 물은 것이다. 총리아문의 답변은 책봉 관계는 있으나 '화전권리'에는 관여하지 않는다는 것이었다. 그다음 현안이던 류큐 어민 문제가 거론됐다. 타이완에 대한 관할권을 묻는 야나기와라를 향해 청은 번지가 '화외化外' 곧 통치권 밖이라는 답변을 내놓았다. 소에지마는 타이완 번지의 선주민이 '화외의 민'이라는 답을 얻음으로써 '유리하게 마무리됐다'라는 내용의 보고서를 본국으로 보낸 뒤 7월 25일 개선장군처럼 요코하마에 도착했다.

소에지마 사절단은 총리아문 관계자와 의견을 교환하며 무엇을 얻으려고 했을까? 해답은 소에지마와 리젠더의 입에서 짐작할 수 있다.

먼저 1936년에 간행된 소에지마의 전기(『副島種臣伯』)는 청을 방문한 목적이 류큐 어민 문제 외에 "한국과의 관계를 따지고 그 경로를 바로잡아 반도(조선, 인용자)를 개척했다"라고 씌어 있다. 소에지마와 같이 히젠 출신인 오쿠마 시게노부(大隈重信, 1838-1922)도 비슷한 회고담(『大隈伯昔日談』)을 남겼다. "소에지마가 대사로 청국에 파견되는데, 오른손에 타이완 사건을 들고 왼손에는 대한對韓 문제를

조청일 관계로서의 정한론

지니고 청국 정부에 요구해 죄책의 소재를 따졌다"라는 부분에서 소에지마의 저의는 명확하다. 리젠더는 자신의 저서(『이선득일본연혁론李仙得日本沿革論』)에서 "소에지마 씨 대사의 임무를 받들어 청국에 주재하면서 타이완, 고려(조선, 인용자)를 습격할 때 청·러시아 양국이 절대로 간섭하지 않는다는 것을 확인했다"라고 썼다. 타이완 침공과 정한론은 시기뿐만 아니라 원리적으로도 불가분의 관계를 지니고 구상됐다.

2부 정한론, 사상에서 정책으로 진화하다

정한론 정변과
타이완 침공

정한론 정변의 본질

메이지유신으로 닻을 올린 신정부의 최대 위기는 막부의 저항을 진압하는 무진전쟁이 아니라 1873년 하반기의 정한론 정변이었다. 소에지마의 외교 행보로 거머쥔 타이완 침공 카드에 이어 조선 침공이 국책의 핵심 의제로 부상했는데, 그 찬반을 놓고 신정부 수뇌부가 반으로 갈라졌기 때문이다. 국정 운영의 중추인 참의의 반수에다 군인과 관료를 합쳐 약 600명이 사직서를 낸 전대미문의 내홍이었다.

정변의 주요 경과부터 짚어보자. 1873년에 들어서 부산에서는 외무성이 묵인하던 밀무역이 발각됐다. 동래 부사는 항의를 담은 명령서를 공관 문에 붙였는데, 그 안에 '무법지국'이라는 구절이 있었다. 5월 31일 자로 부산 주재 외교관이 관련 경과를 보고하면서 정변 촉발의 구실이 갖춰졌다.

사실 부산의 보고서는 긴박한 분위기 없이 차분했다. 불을 지핀 것은 외무성이었다. 대책을 세우고자 열린 첫 각의에서 외무성은 '조위朝威'와 '국욕國辱'을 들먹이며 조선 거류민의 완전 철수와 무력 동원까지 고려하며 국교 수립을 압박해야 한다는 강경론을 대책으로 상신했다. 소에지마는 타이완보다 조선을 먼저 쳐야 한다고 외쳤다. 삿초에 뒤이은 도사 그룹의 영수 이타가키 다이스케(板垣退助, 1837-1919)는 외무성과 마찬가지로 파병과 동시에 사절 파견·담판을 주장했다.

대체 이런 강경책은 어디에서 비롯했을까? 기존 연구에서 등한시해온 이 물음을 푸는 열쇠의 하나는 러시아의 사료 속에 숨어 있었다. 주일 러시아 공사관 관계자가 소에지마와 환담하면서 얻어냈다는 정보는 매우 시사적이다. 소에지마는 일본이 조선과 전쟁을 선언했을 때 청이 어떤 태도를 보일지 파악하고자 베이징에 머물렀으며, 청의 관계자에게서 그동안 견지해온 불간섭 원칙을 바꾸지 않으리라고 확신했다는 말을 털어놓았다. 타이완과 조선이 연결돼 있다는 앞의 소에지마·오쿠마·리젠더의 언급도 같은 맥락이다. 요컨대 정한론 결행의 최대 장애물은 청의 간섭이었는데, 청의 소극적인 태도를 확인한 외무성은 자신 있게 무력 동원을 제언했던 것이다.

소식을 접한 수석 참의 사이고는 파병에 앞선 사절 파견이 적절하며 자신이 그 임무를 맡겠다고 주장했다. 메이지유신 3걸이자 정권의 양대 산맥인 사쓰마 파벌의 영수 사이고가 조선 문제 해결을 선언하고 나선 것이다. 8월 17일 제2차 각의 당일 이타가키에게 보낸 구절은 너무나 유명하다.

우호를 두텁게 하는 후의를 표시할 작정으로 사절을 파견한다면, 필시 그들(조선, 인용자)은 경멸하는 태도를 드러낼 뿐만 아니라 사절을 폭살할 것이 틀림없으므로, 그때는 천하 모든 사람에게 성토해야 할 죄가 알려질 것입니다.

나아가서는 "내란을 원하는 마음을 밖으로 돌려 나라를 흥하게 하는 원략遠略"이라는 표현도 등장한다. '내란을 원하는 마음'은 다름 아닌 불평 사족의 반란 기미를 가리키며, 앞서 언급했듯이 기도가 무진전쟁 중에 '무례' 추궁에 이은 조선 공격을 거론한 것과 비슷하다.

소에지마 또한 타이완 침공과 정한론의 복선을 안배한 주역으로서, 사이고와 함께 조선 사절에 합류할 작정이었다고 한다.[27] 후일담이지만 한 기고문(《도호쿄카이東邦協會회보》)에서 "정한론의 장본인은 당시 실로 나였다. 내 정한론은 처음부터 만국공법의 통의정리通義正理에 준거해 정당하게 그들 한정韓庭의 죄를 묻는 주의였다"라고 밝혔으며, 당시 러시아 외교관을 만난 자리에서도 일본의 '굴욕'을 해소하려 군사력을 동원하리라는 것을 언급했다.[28] 정변 뒤에 그는 외무경을 사직했고, 12월 영국 공사로 있던 데라시마가 뒤를 이었다.

같은 사쓰마 출신이지만 구로다 기요타카(黒田淸隆, 1840-1900)는 9월 사할린 방비를 위한 출병을 건의했다. 오쿠마도 사할린 문제를 최우선시하자는 정부 요인 중 하나였다. 그 점에서 보자면 1873년의 정한론 논쟁은 정한에 더해 러시아와 타이완의 출병이 경합을 벌였던 메이지유신 직후 일본 외교의 최대 분수령이었다.

　　　　　　　　　　　　　　　정한론 정변과 타이완 침공

사이고의 방책은 제2차 각의에서 정식으로 결정됐다. 덧붙여 외유 중이던 이와쿠라 사절단의 귀국을 기다려 재논의에 부치기로 했다. 이후의 경과는 잘 알려진 대로다. 10월 14-15일 이틀에 걸쳐 개최된 3차 각의에서 사이고·이타가키 등의 '정한파'는 이른바 '내치파'와 정면 격돌했다. 메이지유신 3걸이자 사이고의 죽마고우인 오쿠보는 내치파의 총대장이었다. 최종적으로 천황의 재가 단계에서 사이고의 파견 결정이 번복되자 정한파는 줄줄이 사직서를 쓰고 하야했다. 정한의 결행을 놓고 사이고와 오쿠보의 우정은 물론 신정부가 양분되는 일대 파란이 일었다. 이후 오쿠보는 '오쿠보 독재'라 칭하듯 죽을 때까지 신정부의 지휘봉을 놓치지 않았고, 고향으로 내려간 사이고는 1877년 자신을 따르던 사족과 함께 서남西南전쟁을 일으켰다가 할복으로 생을 마감했다.

사실 당시 일본의 국력에 비춰봐서 조선 출병은 녹록지 않았다. 오쿠보의 비서관은 조선에 보낼 병력을 10만 명(소에지마는 5만 명을 언급)으로 예상했을 때 당시 재정 여건으로는 관련 경비의 염출이 불가능하다고 보고했다. 세금을 올리면 국민의 반발은 더더욱 커지며, 조선을 병합하더라도 개척 자금조차 감당하기 어렵다는 결론이 나왔다. 정한론의 원조인 기도의 생각도 마찬가지였다.

외교적으로는 메이지유신 이래 현안이던 사할린을 둘러싼 일본·러시아 분쟁 해결이 우선이라는 논리가 제기됐다. 오쿠보는 "지금 전쟁을 시작하고 무기를 들면 마치 조개와 황새의 싸움과 비슷하게 실로 러시아가 어부지리를 얻는다"라는 인식을 바탕으로 조선을 정복해도 러시아와 접하게 되면서 위험이 커진다는 의견서를 제출했다. 나아가 사절을 파견하더라도 미리 러시아가 조선에 관여하지 못하도록 교섭하고 내정을 정비해야 한다는 '순서'를 강조했다. 이와쿠라는 "러시아와의 사할린 현안을 처리하고 피아의 국경을 획정하는 것은 목하의 급무"라는 주장으로 맞장구를 쳤다.

이렇듯 외정이냐 내치냐를 놓고 수뇌부 간의 의견이 갈라진 데서 정한론 정변의 원인을 찾곤 한다. 하지만 메이지유신으로 탄생한 신정부와 조선의 근대적 관계 재정립이라는 면에 주목한다면 다른 상황을 읽어낼 수 있다. 예의주시해야 할 지점은 다음의 두 가지다.

먼저 조선과 뒤얽힌 외교 갈등 상황은 사족 반란이라는 내정의 쟁점, 일본·러시아 외교 문제까지 연루되면서 엄청난 무게감을 지니게 됐다는 사실이다. 조선과의 근대적 외교 관계 수립은 정한의 실행 여부를 넘어 메이지유신으로 탄생한 신생 일본의 국가적 자존심과 맞물리는 핵심 의제로 발돋움했다. 오쿠마의 회상록은 그런 정한론의 무게감을 생생하게 증언한다.

> 그(조선, 인용자)는 2000여 년 내내 우리에게 신속했는데, 잠시 우리 외교 당국자가 조종 통제의 방향을 잘못 잡아 오만무례하게 우리를 유약하고 무시해 우리 사절에게 무례를 저질렀고, 나아가 청에 의지해 우리에게 적의를 드러내기에 이르렀다. (……) 이야말로 소에지마 및 다른 신료들이 타이완의 참상 사건이 한국의 무례 문제에 앞서 일어났음에도, 타이완을 제쳐두고 조선을 처분하려는 연유다.

'조종 통제'를 실수한 외교 당국자는 바로 막부를 가리키니, 신정부 수뇌부에게 정한론은 왕정복고의 이념적 구현으로 인식됐다는 것을 말해준다. 소에지마의 언행 또한 정한론의 위상을 재확인하게 해준다. 그는 사견이라고 전제하면서도 러시아 외교관에게 사할린을 양도하는 대신 일본과 조선의 전쟁에서 중립을 표방할 것과 일본군이 러시아 연안을 통과할 수 있도록 해달라는 제안을 던졌을 정도였다.[29]

두 번째로 사이고의 '성공'은 권력의 판도를 뒤집을지 모른다고 여겨졌기에 결코 추진될 수 없었다. 그 점에서 정한론 정변은 조선 정벌의 찬반이라는 외교 정략을 무대로 한 고도의 '권력투쟁'으로 정의해야 하며, 왕정복고 초기에 기도의 조청 사절 파견이 좌절된 배경 또한 이런 정치적 셈법과 무관하지 않았다. 앞서 나온 러시아 외교관에 따르면 소에지마는 조선 정벌이 성공한 다음 일본이 무엇을 할 것인가에 대한 즉답을 회피했다고 한다. 죽마고우의 하야를 결정짓는 의견서에서 오쿠보는 다음과 같이 말했다.

무릇 국가를 경략하고 그 강토와 인민을 지키는 데는 심려원모深慮遠謀가 없어서는 안 된다. 따라서 진취퇴수進取退守는 반드시 그 때를 보고 움직이며 그 불가를 보고 멈춰야 하고, 치욕스럽더라도 참고 의가 있다고 해도 취하지 않으며, 그 경중을 헤아리고 시세를 고려해 기다리자는 연유다.

'경중을 헤아리고 시세를 고려하'는 주체는 사이고가 아니라 오쿠보여야 했다. 어떤 일본의 연구자는 사이고를 강경파, 오쿠보를 온건파로 분류하기도 하지만, 정한의 여부가 아니라 정책의 우선순위에서만 차이가 있었을 따름이다. 요컨대 정한의 주도권 다툼이야말로 정변의 본질이었다.

2부 정한론, 사상에서 정책으로 진화하다

혼란이 채 가시지도 않은 11월 10일, 오쿠보는 행정 전반의 개혁 작업을 총지휘하는 부서로서 내무성을 신설하고 스스로 초대 내무경을 차지했다. 초기의 내무성은 대장성(예산·회계)과 사법성, 문부성의 소관 업무를 제외한 내정 전반을 장악했으며, 관료 기구를 활용해 학제·징병령·지조地租 개정·식산흥업 등의 개혁 작업을 강력하게 추진했다. 재야에서는 이를 '유사(有司, 관료의 의미) 전제'라 부르며 비판했다.

이제 국가적 과제로 격상된 정한론은 적합한 주체와 현실적이고 합리적인 방법으로 추진돼야 했다. 정변 이듬해인 1874년 2월 2일 이와쿠라, 오쿠보 등의 정부 수뇌부는 러시아와 조선의 양대 외교 현안을 처리하는 의견서를 성안했다. 거기에서는 러시아에 공사를 파견해 사할린 문제를 먼저 협의하며, 이것을 성사하면 사절을 조선에 파견하도록 했다. 그리고 사절 파견에 앞서 조선의 사정을 정탐하는 인원을 보내며, 사절단에는 불의의 사태를 염두에 두고 (전쟁을 각오) 군함을 대동하도록 했다. 1월에는 막부 해군을 이끌며 무진전쟁에서 마지막까지 저항했다가 사면돼 신정부에 합류한 에노모토 다케아키가 러시아 공사로 임명됐고, 3월 들어 쿠릴열도와 사할린을 교환하는 협상 방침이 에노모토에게 전달됐다. 조선 사절 문제 또한 위의 의견서대로 전개됐다.

이제 권력을 움켜쥔 오쿠보는 자신의 주도로 대외 전쟁을 결정·수행했다. 1974년 5월의 타이완 침공 또한 제한전쟁의 실천이었으며, 강화도사건과 조일수호조규 체결 또한 오쿠보의 진두지휘 아래 이뤄졌다. 오쿠보(기도 포함)는 결코 '비정한론자'가 아니었으며, 사이고의 방안이 정한의 전면전쟁이었다면 오쿠보는 제한전쟁을 지향했다는 차이가 있을 따름이다.

한편 신정부가 반분되는 정치적 격동이 가라앉은 뒤에도 지역에서는 정한론의 여진이 수그러들지 않았다. 1874년 1월 도사 출신의 정한파 그룹이 이와쿠라를 습격했으나 경상을 입히는 데 그쳤다. 9명의 암살자는 정변으로 사직한 관료, 군인 출신이었다. 2월에는 정변으로 낙향한 세력에서 히젠 즉 사가 그룹의 영수로 지목되던 에토 신페이(江藤新平, 1834-1874)가 봉기했다. 사족 조직인 정한당征韓黨 등의 추대를 받아 일으킨 '사가의 난'이다. 그러나 징병제로 편성된 근대 국민군의 전투력은 정한의 선봉을 서겠다던 불평 사족을 압도했다. 오쿠보는 사가로 직접 내려가 진압 작전을 지휘했다. 그리고 정한의 목소리를 틀어막으려는 듯 이들의 심리를 마치자마자 에토와 주모자를 참수했다.

타이완 침공과 정한론의 연결점

1874년 2월 6일 오쿠보는 에토와 사가현의 불온한 동향에 촉각을 곤두세우면서도 타이완 출병 방침을 국책으로 결정했다. 신정부가 감행할 대외 전쟁의 세 '과녁'이던 조선, 사할린, 타이완 중에서 타이완을 첫 전장으로 선정한 것이다. 그런 경과를 이와쿠라는 다음과 같이 밝혔다.

작년 이래 출정이 논의됐는데, 얘기는 두셋으로 나뉘어 한국, 러시아, 타이완이 거론됐다. 모두 명분이 있다고 해도 병력의 강약, 일의 난이도, 명분의 경중, 이치의 선후가 있다. 검토 끝에 올해 조정은 결국 타이완 정벌을 결정했다.

반복해서 말하지만 신정부는 정한, 정러, 정대라는 외교적 난제를 놓고 개별이 아니라 상호 연관된 의제로 인식하고 대책을 세웠다.

타이완 원정은 앞서 소개했듯 1871년 12월 타이완에서 류큐 어부 54명이 살해된 사건의 책임을 묻는 일에 '편승'해 번지인 타이완을 영유하겠다는 것이 속셈이었다. 야나기와라, 리젠더 등 외무성 관계자 및 소에지마와 상의를 거친 뒤 내린 결정이었다. 소에지마는 외무경을 사임하긴 했지만 사이고 그룹과 달리 오쿠보 정권에 대해 협조적인 자세를 취했다.

먼저 간단히 경과를 살펴보자. 병력 3600명(300명의 사쓰마 사족 포함)과 운요호 등의 함대로 편성된 원정대의 지휘관은 하야한 형과 정치적으로 다른 길을 걷게 된 사이고 쓰구미치였다. 1874년 5월 타이완 남부에 상륙한 일본군은 6월 3일 모란사牡丹社를 점령했다. 이로써 메이지유신 후 감행한 첫 번째 외정은 사실상 막을 내렸다. 전투 자체는 큰 격전 없이 전사자 12명을 내고 종료됐으나, 장기 주둔에다 정보 부족과 의료 체계 미비로 창궐한 말라리아가 531명의 목숨을 앗아갔다. 8월 1일 데라시마가 아니라 오쿠보가 전권에 임명돼 교섭 과정을 챙겼고(9월 10일 베이징 입성), 10월 말 영국의 중재에 힘입어 청에게 50만 냥(당시 70만 엔)을 받고 군대를 12월 20일까지 철수하는 것으로 협상을 타결했다. 최고 목적인 타이완 번지 영유는 실패로 돌아갔고, 전비 총액은 배상금의 10배를 넘는 770만 엔에 이르렀다. 손익계산상으로는 명백히 득보다 실이 컸다.

앞서 확인한 대로 신정부의 최고 권력자 오쿠보는 내치 우선론을 앞세워 정한론을 물리쳤고, 사가의 난을 일으킨 에토 일파의 처분도 손수 단행했다. 첫 번째 전쟁은 정한론 정변의 충격과 내치 중시의 울림이 가시지도 않은 시점에서 오쿠보의 강력한 의지에 따라 추진됐다. 왜일까?

통설은 사족 반발이 줄었다는 데서 이유를 찾는다. 사가의 난 발발 이후 사족 봉기의 기세가 사이고가 웅거하던 가고시마까지 번질 것을 우려해 소규모 대외 침략이라는 기회를 열어줬다고 풀이하는 것이다. 인기 없는 권력은 예나 지금이나 내정보다 외정에 힘을 쏟는다지만, 국내 모순의 대외 전가라는 도식적 이해는 여기서도 효용성이 있는 듯하다. 게다가 오쿠마와 사이고가 갈라지듯이 신정부의 양대 산맥인 사쓰마 세력이 분열됐으니만큼 사쓰마의 '융합'이 절실했으며, 사이고 휘하 사족이 다수 합류했다는 분석 또한 일리가 있다. 명성황후 시해를 지휘했던 미우라 고로(三浦梧楼, 1847-1926, 사쓰마)의 회고(『관수장군회고록觀樹將軍回顧錄』)다.

그런데 같은 내치파였던 기도의 언행은 흥미로운 관점을 보여준다. 정한론의 창시자였음에도 기도는 아래의 논리로 타이완 침공을 반대했다.

에토를 비롯한 일당이 포박된 것을 한편에서는 기뻐하고 한편에서는 탄식하고 있습니다. 그도 정한론의 거두이므로 지금 국력을 쏟아 타이완 정벌을 하려거든 그들이 속죄한다면 선봉을 명하시는 것이 어떠할는지요? 지금 주창되는 것은 작년에 에토가 주창했던 바입니다.

2부 정한론, 사상에서 정책으로 진화하다

한마디로 정한을 부르짖는 에토 일파에게 타이완을 치게 하면 어떠냐는 주문이다(타이완의 식민지화와 사쓰마 사족의 동원도 기도가 반대한 이유였다). 피를 부르는 철권통치 대신 원만한 수습책을 제시한 것이다. 정한론과 정대론이 한몸이라는 데 착안한 기도의 언설에는 절묘한 비꼼마저 묻어난다.

하지만 현실 권력의 추는 이미 오쿠보에게 기울어 있었다. 에토는 효수됐고, 타이완 침공을 저지할 수 없다고 느낀 기도는 곧바로 사표를 제출했다.

반년 전의 대규모 정변에 이어 기도의 사직으로 혼란이 가중된 상황에서 오쿠보는 왜 타이완 침공을 고집했을까? 사족의 전면 봉기를 억누른다는 것은 표면적인 이유에 지나지 않는다. 오쿠보의 마음속에는 타이완·류큐·조선을 잇는 대외 정책의 큰 그림이 있었다고 보는 것이 자연스럽다. 기도가 지적했던 정한론과 정대론의 연관성에 유의하자면, 타이완 침공은 류큐 문제와 더불어 조선 외교에 던지는 시사점을 종합적으로 고려하면서 결행됐다. 리젠더의 의견서, 청과 협의하는 과정에서 드러난 일본의 의도, 오쿠마의 회상록, 소에지마가 러시아 외교관에게 던진 언행 등이 이를 뒷받침해준다. 요컨대 타이완 침공과 정한론, 나아가 강화도사건에 이르는 일본의 외교는 긴밀히 연관돼 있었고, 일관된 전략적 구상 아래 추진됐던 것이다.

타이완 침공은 정한론에서 발원한 국가의 중대사였기에 최고 권력자 오쿠보가 직접 외교적 마무리를 짓고자 청을 방문했다. 베이징에서 벌어진 1개월 동안의 교섭 과정은 다시금 정한과 정대가 동전의 양면으로 인식되고 있었음을 확인시켜준다.

정한론 정변과 타이완 침공

청과 일본은 두 가지 논리를 앞세워 격론을 벌였다. 일본은 타이완 동부의 번지가 무주지이며 류큐는 자국 영토라는 주장을 폈다. 청은 타이완이 청의 영토이며 류큐와는 종속 관계라고 받아치며 일본군 철수를 요구했다. 이 논리를 뒷받침하고자 오쿠보는 국제법의 논거를 앞세웠고, 청은 소속 방토를 침략하지 않는다는 청일수호조규 제1조를 내세웠다. 10월 10일 오쿠보가 최후통첩을 들이대며 귀국을 선언하는 등 교섭은 사실상 결렬 직전까지 이르렀다.

사실 청일 양국의 담판은 평행선을 달릴 것이라는 예측이 지배적이었다. 그로 인해 오쿠보는 베이징에 입성한 뒤 외교적 타결이 녹록하지 않자 주청 영국 공사관과의 접촉에 기대를 걸었다. 군의 철수 조건으로 내비친 것은 '변상'과 '명예'였고, 주청 영국 공사 토머스 웨이드(Thomas Francis Wade, 1818-1895, 1869-1882 재임)는 양측을 부지런히 오가며 중재안 마련에 나섰다.[30] 그 결과 일본군이 철수하는 대신 청이 50만 냥을 지불하고 출병을 '민을 지키는 의거'로 인정함으로써 양국 대표는 합의안에 서명했다.

한 연구자는 19세기 후반 일본의 관점에서 조선·류큐·타이완 문제는 "하나의 문제가 다른 문제로 곧바로 파급되는 연관 구조를 지녔다"라고 평가하기도 했는데, 그 점에서 타이완 출병은 류큐 병합의 최대 분기점이 됐다. 청이 출병을 의거로 인정한 것은 류큐인이 일본인이라고 인정한 것이나 다름없었기 때문이다. 이듬해 신정부는 류큐에게 청에 조공을 바치지 말라고 명령했고, 1879년 오키나와현으로 편입했다. 1877년 초대 일본 공사로 부임한 하여장(何如璋, 1838-1891)은 류큐가 망하면 조선에 화가 미치며 타이완의 안전을 위협한다는 의견을 이홍장과 총리아문에 전달했다. 현실은 그의 예언대로 이뤄졌다.

또한, 오쿠보는 베이징에서 커다란 깨달음을 얻었다. 청에게는 자국 영토인 타이완에 상륙한 일본군을 물리칠 대항 수단이 빈약하다는 사실이었다. 이듬해부터 군사적인 정한을 염두에 둔 외교적 강경책이 조선과 교섭하는 과정에서 펼쳐졌고, 류큐에 대한 침탈은 한층 노골화됐다. 그런 면에서 타이완 침공은 청일수호조규 제1조를 사문화하는 제1보이면서 조선과 류큐 문제 해결에 적극적으로 나서는 실질적인 변곡점이었다.

일본을 끌어들여 구미에 맞설 협력자로 삼고자 했던 이홍장은 탄식했다. "구미는 아무리 강해도 저 멀리 있지만, 일본은 문밖에서 우리를 노리고 있다. 중국 영원의 대환大患이다"라고 말했다고 한다. 청이 일본을 가상적국으로 삼고 군비를 확장하는 것을 두고 일본의 연구자는 "여기에서 청일전쟁의 씨앗이 뿌려졌다"라고 평가하기도 했다.

정한론 정변과 타이완 침공

정한론과
조일수호조규

마지막 사절의 파견

지금까지 기도에서 사이고로 이어지는 내치적 정한론과 외교 당국에서 거론된 정한론의 흐름에 대해 살펴봤다. 아울러 정한론의 대두와 공론화는 류큐 병합, 타이완 침공뿐 아니라 사할린 문제와도 맞물려 점점 커졌고, 정한론 정변 후 명실상부한 국가 과제로 탈바꿈했다는 점을 확인했다. 근대 국민국가로서 지정학적 안보관과 국제적 지위 향상을 도모하기 위한 조선 정벌, 그렇게 재해석된 정한론의 실행을 촉구하는 주장은 에노모토의 지론에서 찾을 수 있다. 앞서 언급한 대로 에노모토는 러시아와의 국경 획정 임무를 띠고 페테르부르크에 머무르고 있었다.

강화도사건 이전인 1875년 1월, 에노모토는 러시아의 남하에 맞설 방책을 제안했다. 구체적으로는 러시아가 재정적 한계로 당분간 아시아에서 군림하지 못하는 틈을 타서 먼저 조선과 국교를 수립해 일본의 영향력을 부식扶植해야 하며, 국교 수립에 응하지 않으면 때를 봐서 쓰시마와 마주 보는 부산을 점거해야 한다고 주장했다(그는 10월 10일에도 부산 점령을 상신했다).

러시아에 맞서는 국방 거점으로 조선을 상정하는 구상은 메이지유신 초기부터 있었다. 1869년의 '10월 방침'이 그러하다. 그런데 러시아가 실제로 위협적인지는 확실하지 않았다. 1876년 2월의 보고에서도 에노모토는 러시아가 조선에 무관심하다는 판단을 전해왔다. 그런데도 왜 러시아 경계론을 강하게 외쳤을까? 에노모토의 답은 이렇다. 러시아가 조선 침투를 꾀하지 않는 지금, 경계심을 푸는 대신 선수를 쳐서 조선을 도모해야 한다는 것이었다.

1876년 2월 강화도사건의 매듭을 지을 사절단이 출발했다는 소식을 들은 에노모토는 데라시마 외무경에게 다시 의견서를 냈다. 조선의 '포섭'은 경제적 실익과 무관하며 '폴리티컬'하고 '스트래티지컬'한 '요무要務'라고 정의했다. 전략적으로는 군사 방어의 차원과 연결되며, 대한해협 장악에 필수적인 부산을 점거해야 한다고 몇 차례나 제안했다. 정략적으로는 동아시아에서 일본의 위상 또는 세력 강화 논리와 부응한다. 프랑스와 미국이 실패한 조선의 개국을 일본이 수행함으로써 국가 위신을 높일 수 있다는 것이다. 아래의 문장이 이를 잘 드러낸다.

조선을 열어 만국에 통하게 해 강화 또는 한양에서 호시를 열게 하는 것도 역시 우리 폴리티컬상 다소의 명성을 발하는 일인데 어찌 주저하겠는가? 왜냐하면, 이 일은 아직 세상 사람들이 착목하지 못한 바로서 특히 지나, 안남, 샴 등 동종민의 뜻이 미치지 않는 바를 우리 일본이 능히 이들의 선봉이

되기 때문에 가능한 것이다. 이는 실로 우리 나라 폴리시상의 일대 요무임은 말할 필요도 없다.

정략적 측면이야말로 정한론의 변용으로 볼 수 있다. 그런 면에서 정한론은 실제로 조선을 정벌한다는 의미가 아니라 조선보다 일본이 우위에 있음을 '실현'해야 한다는 사고 체계를 칭하는 것으로 바꿔서 풀어내야 한다. 국가 위신을 높여야 한다는 발상은 왕정복고 초기 기도가 주창했던 정한론과도 그리 멀지 않다. 그런 면에서 조일수호조규 체결은 정한론 제1단계의 성공이었다고 보는 것이 합리적이다.

정한론 정변의 결말로 기도 이래의 '특사' 파견과 군사 행동을 결합한 방식은 출구가 막막해졌다. 조선과의 관계 정립은 재차 외교적 경로와 방식에 따라 추진됐다. 1874년 6월, 2년 만에 모리야마 일행이 조선 정세를 탐색하고자 현해탄을 건넜다. 쇄국을 고집하던 대원군이 하야한 데다 동래 부사를 비롯한 담당 관리가 교체된 뒤여서 조선의 응대는 딱딱하지 않았다. 여기에 8월 초 청이 조선에 전한 급보가 협상 분위기 호전에 기여했다. 타이완 침공의 여세를 몰아 일본이 병력 5000명으로 무력을 행사할지 모른다는 통보를 전한 것이다. 베테랑이던 모리야마는 원래의 목적을 뛰어넘어 적극적으로 임했고, 9월 양국 실무진이 배석한 공식 교섭이 처음으로 열렸다. 서계 수리에 관한 비공식 합의까지 이뤄질 정도로 성과는 작지 않았다.

12월 말 일본은 재차 모리야마의 조선 파견을 결정했다. 이 무렵 모리야마는 외무경에게 조일 관계의 틀에 관한 건의서를 제출했다. 그 안에는 조선과 교섭한 경과를 총망라한 선택지 셋이 담겨 있었는데, 1년 뒤에 맺는 조일수호조규에서 조선이 독립국임을 명기한 제1조의 그림자는 이 시점에서 형체를 갖추게 된다. 세 선택지란 조선을 반속국半屬國으로 인정해 조선 왕과 일본 대신이 서신을 교환하는 것, 조선을 독립국으로 인정하고 왕과 태정대신(조선의 영의정) 또는 천황이 통신하는 것, 메이지유신 축하사로 한정하는 것 등이다.

원래 모리야마는 1안에 부정적이었다. 조선이 청의 속국이라 인정하면 청의 개입이 우려되므로 개국의 유도와 교역 확대가 어려워지기 때문이다. 상국上國이라는 명분은 얻겠지만 허명일 뿐이므로 최악으로 평가했다.

모리야마의 의중이 담긴 것은 2안이었고, 그중에서도 왕과 천황의 직접 교제를 우선시했다. 서양의 만국공법에 따른 조약을 체결함으로써 청의 간섭을 배제할 수 있다고 봤기 때문이다. 조선이 서양과 관계를 수립할 때 영향력을 행사할 수 있게 되며, 나아가 조선의 외교권까지 넘볼 수 있다고 부언했다. 조선으로 향하기 전에 모리야마는 파크스 영국 공사를 만난 자리에서 자신이 조선을 개국시킬 '일본의 페리'라고 자처했다고 한다.

3안은 메이지유신의 축하에 한정한 사절을 파견하게 함으로써 교제의 물꼬를 트는 데 주안점을 두고 있다. 이후 왕래와 교제를 차츰 넓혀가면서 교역을 늘리고 수호조규 체결까지 도모한다는 복안이며, 점진적이면서도 가장 현실적이라고 볼 수 있다.

1875년 2월 2일 모리야마는 출발 직전에야 정부가 마련한 답을 받았다. 양 군주의 대등한 교제나 청의 종속을 주장하면 지령을 기다리며, 독립이나 종속의 언급 없는 왕—태정대신 또는 예조판서—외무경의 교제는 받아들이라는 내용이었다. 독립과 종속에 관한 언급은 없을 것이라는 관측을 내놓은 데서 알 수 있듯 조선의 독립국 여부에 관한 결론은 사실상 미정이었다.

2월 24일 부산에 도착한 모리야마는 동래 부사와 교섭에 들어갔으나 9월까지 기나긴 시간을 들였음에도 거의 진척이 없었다. 일본은 전년의 흐름에 고무돼 고압적인 태도로 나왔고, 조선은 다시금 강경 기조로 선회할 수밖에 없었다. 강화도사건은 그 연장선에서 터졌다.

먼저 조선에 건넨 서계의 내용은 전례를 뛰어넘을 정도로 도발적이었다. '황·칙'이 부활했을 뿐 아니라, 그동안 대일 외교에 종사했던 조선의 담당관을 "간휼(奸譎, 간사하고 음흉함)의 무리"라 부르며 처벌을 요구하는 내정 간섭마저 서슴지 않았다. 7년 동안 지지부진했던 교섭의 책임을 전적으로 조선에 떠넘기려 했던 것이다. 조선은 신생 일본과 절교하고 싶지는 않았지만 서계를 비롯해 관례·전례의 원칙을 쉽게 접을 수 없었다.

일본은 강경한 서계에서 그치지 않고 포함외교의 실행까지 안배했다. 출발 전인 1월 23일 모리야마는 정부에 타이완 출병을 거론하며 군사적인 '성원'을 요청하는 의견서를 제출했다.[31] 타결 전망이 불투명해진 4월에는 군함 출동을 정식으로 상신했다. "해로를 측량"한다는 명목으로 군함 한두 척을 파견하는 "영단"을 요구한 것이다. 그런데 정한론 정변으로 하야했다가 3월에 복귀한 이타가키는 군함 파견에 강하게 반대했다. 2년 전에 내치에 치중해 사절 파견을 보류했던 정책 결정과 모순된다는 논리였다.[32] 그러나 비

2부　정한론, 사상에서 정책으로 진화하다

정한론자가 아니었던 오쿠보 정권은 군함 파견을 강행했다.

5월 25일에는 운요호, 6월 12일에는 다이니테이보第二丁卯호가 예고 없이 잇달아 부산에 정박하며 위력 시위를 벌였다. '해로 연구'를 내건 페리 방식은 조선의 태도만 격앙시켰다. 원래 조선은 세계의 수리까지는 양해할 작정이었으나, 군함 출현에 더해 모리야마가 입은 서양 복장이 특히 걸림돌로 비쳤다. 모리야마는 복장을 바꾸라는 요구를 '무례'이고 '간섭'이라며 거부했고, 결국 6월 24일 서양 복장을 고집한다면 공식 접견이 불가하다는 조선 측 답신이 당도했다. 사실상 최후통첩이었다. 모리야마에게는 이제 외무경의 철수 지시를 기다리는 일밖에 남지 않았다.

강화도사건의 발발

9월 12일 운요호는 재차 '해로 연구'의 지령을 받고 나가사키를 출항했다. 5월과 달리 의도적이고 적극적인 도발을 감행하기 위해서였다. 강화도에 도착한 뒤에는 지극히 계산적인 행보를 보였다. 먼저 아무런 통고 없이 국기도 게양하지 않은 채 진입해서 조선 수군의 발포를 유도했다. 이후 운요호는 대항 사격의 차원을 넘어 영종도를 습격·상륙하며 다수의 조선 수군을 살상한 뒤 전리품으로 포 38문을 실은 채 나가사키로 되돌아갔다.

이렇듯 우발적 충돌이 아니었던 강화도사건의 주모자는 누구일까? 정한의 결행을 염원해 마지않던 운요호 함장[33])의 개인적 일탈이라는 통설에 더해 최근에는 이토 히로부미가 주도했다는 설까지 등장하기도 했다. 어느 쪽이나 결정적 물증이 부족하긴 마찬가지다. 하지만 강화도사건의 본질을 꿰뚫어 보려면 시야를 조금 넓혀야 한다. 두 가지의 맥락을 참작할 필요가 있다.

먼저 사건이 터진 뒤 일본은 너무나 신속하고도 체계적인 대응을 펼쳤다는 사실이다. 운요호 함장은 나가사키에 귀항한 9월 28일 해군성에 전신을 보냈고, 다음 날 보고서를 제출했다. 그런데 보고서 작성 당일인 9월 29일에는 천황과 주요 대신들이 참가한 어전회의가 열렸고, 결론은 공관과 거류민을 보호하고자 즉각 군함을 파견하는 것이었다.[34] 이튿날 출동 명령을 받은 가스가호는 10월 3일 부산에 입항했고, 27일에는 별도로 2척이 더 부산에 나타났다. 일본 군함의 잇따른 출몰에 부산 민중은 공황에 빠졌다.

그리고 운요호가 강화도에 침입한 이유를 왜곡하는 알리바이 공작이 이뤄졌다. 9월 28일부터 10월 3일까지의 보고에서는 '측량'이라고 명기했는데, 10월 8일에는 '급수'로 변경됐다. 만국공법에 저촉될 염려가 있는 측량이 아니라 인도적 차원의 급수로 고친 것이다.

이상이 강화도사건에 맞춘 기민하고 용의주도한 대응이었다면, 사건을 전후한 정부 내의 권력 다툼이 '원경遠景'으로 펼쳐지고 있었다. 정한론 정변 후 유사 전제라는 비판에 부딪혔던 오쿠보는 1875년 3월 권력 집중에 대한 경계심을 누그러뜨리는 조치에 나섰다. 정한론 정변으로 하야했던 이타가키와 타이완 침공에 항의하며 사직한 기도의 참의 복귀를 받아들인 것이다. 사족을 동원한 정복 전쟁을 고집하던 사이고와 달리, 이타가키는 하야 후 즉각적인 의회 개설과 헌법 제정 등의 입헌정체를 주창하는 이른바 '자유민권운동'에 앞장섰고, 정치 참여의 기회로 여긴 각지의 사족들이 가세

　　　　　　　2부　정한론, 사상에서 정책으로 진화하다

하며 기세가 커져갔다. 그 결과 이타가키와 기도를 정부로 끌어들여 재야의 민권파와 단절시키면서 4월에는 점진적으로 입헌정체를 수립하겠다는 천황의 조칙을 공포했다.

그러나 이타가키와 기도가 정부에 합류한 뒤 정국 주도권을 둘러싼 알력은 날로 커졌다. 그 결전장의 하나는 내각과 부처의 분리였고, 주연 배우는 이타가키와 오쿠보였다. 사실상 오쿠보 독재를 떠받친 것은 참의가 부처의 장관인 경을 겸하며 내각의 일원이 되고 내무성이 강력한 권한을 지니게 된 정치 체계 때문이었다. 내각과 부처를 분리함으로써 이타가키는 오쿠보의 견제 세력을 키워내고자 했다. 오쿠보의 오랜 정적이었던 기도 또한 이타가키와 보조를 맞추며 한목소리를 냈다.[35]

양측의 격돌이 치열함을 더해가던 무렵 터진 것이 바로 강화도사건이었다. 10월 8일에 열린 각의에서 승부가 났는데, 이번에도 최종 심판자는 천황이었다. 천황은 조선 문제의 처결을 이유로 내각 분리를 연기하라는 칙명을 내리며 오쿠보의 손을 들어준 것이다. 기도는 참의와 내각의 즉각 분리를 철회함으로써 오쿠보와 손을 잡았고, 민권파에게 배신자라는 비난을 들어야 했다. 10월 27일 이타가키가 사표를 던지는 결말은 정한론 정변과 흡사하다. 다만 왕년의 정한론자가 정한론 종결의 무대에서 내쫓기는 장면은 2년 동안의 정세 변화가 초래한 얄궂은 운명이 아닐까 싶다.

강화도사건을 전후한 여론의 동향도 가벼이 볼 수 없다. 모리야마 사절단의 내한부터 강화도사건 발발에 이르는 여러 소식은 신문과 잡지 등으로 시시각각 열도 전역에 퍼졌다. 특히 10월 내내 매일같이 신중론과 강경론을 부르짖는 사설과 기사가 지면을 장식했다. 강경론 쪽에서는 '국욕' '능욕' 등의 자극적인 문구가 난무했고, "자국의 명예를 보전"하려면 개전도 불사해야 한다는 주장까지 터져 나왔다. 이런 동향을 참작한 듯 이타가키와 연합했던 시마즈 히사미쓰(島津久光, 1817-1887, 사쓰마)는 좌대신을 사직하기 3일 전인 10월 19일, 내각을 분리해 정론을 일치시켜 '외정'을 단행해야 한다는 상소를 올렸다. 12월 7일 기도의 일기에는 시마즈의 정한론에 동조하는 군대와 사족이 적지 않았다는 기록이 있다. 여론을 달래고 정권이 순항하려면 오쿠보는 정한론에 종지부를 찍는 조선의 '응징'에 직접 나설 수밖에 없었다.

한편 강화도사건 1개월 전인 8월 22일, 일본은 도쿄에서 러시아와 오랜 현안을 매듭짓는 조약을 비준했다(조인은 5월 8일). 일본·러시아 양국은 각각 쿠릴열도와 사할린을 차지하는 것으로 국경선을 획정했다. 1874년 2월 2일 오쿠보와 이와쿠라가 결정한 외교 쟁점의 처결 순서에 따르면 이제 남은 것은 조선 문제였다.

조청 관계의 재점검

강화도사건으로 조일 관계는 새로운 국면을 맞았다. 이후의 전개에서 주목해야 할 포인트는 세 가지다.

하나는 사건이 전해지자마자 기도가 적극적으로 움직였다는 점이다. 그는 9월 29일부터 연일 오쿠보를 비롯한 수뇌부에 조선 파견 사절을 자청하고 나섰다. 10월 1일 오쿠보의 동의를 얻자 그는 5일 정부에 건의서를 올렸다. 2년 전의 정한론 정변에서 뒤로 미루자고 한 것은 "내치가 아직 충분치 못하"다는 점과 "조선 또한 아직 명백하게 정벌할 죄가 있는 것도 아니었"기 때문이었는데, "지금은 우리 군함에 흉포한 공격을 가해서 명백히 우리의 적이 됐으니, 우리 내치가 아직 충분치 않더라도 한갓 그 안만 돌보며 밖을 버려둘 수 없"다는 논리였다. 원조 정한론자의 눈에 강화도사건의 뒤처리는 조일 관계의 결정적인 분수령으로 여겨졌다. 그 뒤 기도는 사절로 내정되긴 했으나, 11월 중순 이후 지병이 악화해 거동이 불편해지면서 사퇴하고 말았다.[36]

두 번째로 당초 모리야마의 질의에서도 불투명했던 조선의 국제적 지위 여부를 확정하게 된다는 점이다. 기도는 10월 5일의 건의서에서 조선의 종주국인 청이 책임을 지고 처리하지 않는다면 조선을 직접 다그치고 처분을 내리도록 요구하며, 만약 조선이 받아들이지 않으면 '문책'하는 '용병의 도'를 택해야 한다고 썼다. 조선은 청의 종속국이라는 시각을 전제로 설정했던 것이다. 이타가키와 시마즈가 사직한 10월 27일 오쿠보 정권은 강화도사건을 "불문에 부칠 수 없다고 결정"했으며, 11월 1일에는 기도의 조선 파견을 재확인하고 청에 인원을 파견하기로 했다. 아울러 사건은 조일 간에 처리한다, 다시 말해 조선은 독립국이라는 방침을 확정한다.

세 번째로 이런 국면 전환을 주도한 것은 조슈의 새 영수 자리를 다져가던 이토였다. 물론 프랑스인 법률 고문 귀스타브 E. 보아소나드(Gustave Émile Boissonade, 1825-1910)의 실무적인 조력도 큰 영향을 끼쳤다. 11월 5일과 9일 보아소나드는 이토와 의견 교환을 거친 뒤 제안서를 제출했다. 이토가 던졌던 질문의 요지는 조청 관계의 내실이었다. 과연 조선과 청 어디에 배상을 요구해야 하는지와 더불어 조선의 반응에 따라 청과 갈등 없이도 교전 및 점령을 할

정한론과 조일수호조규

수 있는지가 문제였다. 보아소나드는 국서 수리 거부에 관해 조선에 책임을 물을 근거는 희박하며, 강화도사건의 배상을 구실로 삼아 국교 수립을 모색해야 한다고 정리했다. 또한, 조선의 국제법적 위상은 애매하나 청에 배상을 요구할 수 없으며, 병력을 대동한 사절을 조선에 파견하기 전에 청과 협의하도록 권했다. 이후에도 사절 파견에 따른 제반 작업은 거의 이토의 손을 거쳐 진행됐다.[37]

청의 의중을 타진하는 임무는 외무소보 모리 아리노리(森有禮, 1847-1889, 사쓰마, 정한론 반대를 건의하고 자살한 요코야마 야스타케의 동생)에게 맡겼다. 11월 8일 오쿠보는 모리를 찾아가 "조선 문제를 놓고 중국에 가는 일"을 상의했고, 동 10일 특명전권공사 임명까지 완료했다. 11월 14일 모리는 이와쿠라, 오쿠보, 기도 등의 수뇌부를 상대로 교섭 방침을 설명했는데, 거기에서 조선은 "하나의 독립국"으로 명기돼 있었다. 다음 날 데라시마 외무경이 주청 공사에게 보낸 훈령에도 "조선과의 일은 원래부터 청국에는 상관없다고 간주하는 것이 당연"하다고 돼 있다.

모리는 11월 24일 도쿄에서 출발해 해를 넘겨 1월 5일 베이징에 입성했다. 일본의 탐색전은 총리아문과의 회동 외에 서면 질의와 답신의 형식까지 곁들이면서 전개됐다. 먼저 소개하고 싶은 것은 모리가 총리아문 실무자와 회동한 자리에서 조선이 청에 원병을 구한다는 풍설의 사실 여부를 물었다는 점이다. 청의 즉답은 없었던 듯하나, 일본이 청의 군사 지원 여부에 촉각을 곤두세우고 있었음은 자명하다. 뒤이은 서면 질의는 그 연장선에서 준비됐다.

모리의 질문은 결코 풍설 수준이 아니었다. 상하이 주재 일본 영사관은 12월 14일 일본이 출병하면 청이 원병을 보낼 것이라는

2부 정한론, 사상에서 정책으로 진화하다

청 관리의 언명을 첩보로 보내왔다. 일본 내의 여론도 마찬가지였다. 친정부계였던 《도쿄니치니치東京日日신문》의 주필 후쿠치 겐이치로(福地源一郎, 1841-1906, 나가사키)가 쓴 1875년 9월 30일 자 사설이 그런 정황을 알려준다. 후쿠치는 '빈국'인 조선과 전쟁해서 이겨도 '실익'이 없다는 신중론을 주장하면서 청과 러시아의 개입을 경계했다. 특히 청은 '중립'을 표방하더라도 '정의情誼'로는 조선을 지원할 것이며 임진왜란 때 명이 40만 원병을 보냈듯이 '간접적으로' 식량과 무기 등을 도와줄 것이라고 내다봤다.

청일 양측이 주고받은 서면 문답의 골자는 다음과 같다. 일본은 만국공법상 종주국과 속국은 위기 때 서로 도와야 하는데 아편전쟁이나 병인양요 등에서 왜 청과 조선은 그러지 않았는가를 묻는 한편, 강화도사건의 책임을 지지 않으면서 조선을 속국이라 주장하는 것은 모순이라고 시비를 걸었다. 조선은 독립국이며 강화도사건은 청일수호조규를 위반해 청의 속국을 침범한 것이 아니라는 논리였다. 이에 대해 청의 총리아문은 조선의 내정에는 간섭하지 않으나 청의 속국이자 방토의 일부이므로 소속 방토를 침범하지 않는다는 제1조를 준수해달라는 답변서를 보냈다. 모리는 청일수호조규와 조선이 아무 관련 없다는 답을 보냈다. 이렇듯 총리아문과의 첫 접촉은 평행선을 긋는 데 그쳤다.

총리아문과의 일전을 치른 뒤 모리는 청의 실권자 이홍장의 의중을 확인하고자 1월 말 베이징 서남의 바오딩保定을 찾았다. 두 사람의 환담은 6시간에 이르렀다. 주요 내용은 다음과 같다.

첫 화제는 청일수호조규였다. 이홍장은 청과 일본이 협력해야만 서구에 대항할 수 있으니 청일수호조규를 영원히 준수하자며 말

문을 열었다. 모리는 조약은 무용하고 정세 변화에 맞춰 수정해야 한다며 딴청을 피웠다. 이런 엇갈림은 조선(속국)의 내실과도 맞닿아 있다.

자연스럽게 다음 주제는 조선 문제로 옮아갔다. 사절단과 총리아문 간에 오간 문면이 이홍장에게 전달된 터여서 두 사람은 재차 격돌했다. 모리가 제1조에 소속 방토의 내역을 명기하지 않아 분규가 발생했다고 하자, 이홍장은 분쟁을 초래한 것은 만국공법을 위반해 조선 근해를 침범한 일본 군함이라고 반격했다. 여기서부터 모리의 언변이 빛을 발한다. 문호를 열지 않는 조선은 만국공법과 무관하다고 말한 것을 되받아 이홍장이 조선이 일본과 통교할 의사가 없지는 않다는 답을 던진 것이다.

모리는 조선이 청의 속국이라는 총리아문의 답변을 끄집어냈다. 속국이라면 왜 일본의 사절 파견에 대해 호의적인 중재를 하지 않느냐고 다그친 것이다. 또 일본은 조선에 예의를 다하고 있으며 일본 선원의 구호를 바라는 정도라며 바싹 몸을 낮췄다. 이 전략은 주효했다. 이홍장은 총리아문이 소속 방토의 침범을 거론한 것은 경솔했다는 서신을 총리아문에 내겠다고 언명했다. 강화도사건과 청일수호조규 제1조는 무관하다는 발언이었다. 모리는 "귀국에 도착한 이래 아직 이렇게 유쾌함을 느끼지 못했다"라며 기쁨을 감추지 않았다.

위의 서술은 일본의 사료를 토대로 재구성한 것이다. 중국의 사료에 총리아문의 경솔한 대응 부분은 기록이 없으나, 전체적인 분위기에는 대차가 없다.[38] 눈에 띄는 것은 모리가 이홍장에게 총리아문과 협의해 적절한 방책에 따라 조선에게 일본과 관계를 개선

2부 정한론, 사상에서 정책으로 진화하다

하도록 권유해달라고 요청했다는 것 정도다. 이홍장은 그런 방향으로 나아갈 것이라는 답을 내놓았다.

이홍장이 모리에게 던진 대화의 각본은 미리 짜여 있었다. 모리가 베이징에서 출발하기 전날 이홍장이 총리아문에 의견서를 보냈는데, 그 취지에 따른 발언임이 드러나기 때문이다. 일본이 군함을 대동한 사절을 파견하면 전쟁이 일어날 수 있는데 약한 조선이 감당하기 어렵다, 일본이 조선을 점령하면 동삼성東三省(만주)은 방어막을 잃어 '순망치한의 근심'이 인다, 일본이 가볍게 무력을 사용하지 않는다고 하니 신속히 총리아문이 조선에 밀서를 보내 은인자중하고 일본 사절을 예우하거나 해명 사절을 일본에 보내는 것도 좋다, 조선이 일본과 통상 왕래를 원하는지는 조선의 자주에 맡기고 관여하지 말라 등이 요지였다.

이홍장의 소극적인 태도는 청이 시달리던 변방의 우환과도 무관하지 않았다. 1860년대부터 산시陝西·간쑤甘肅·신장新疆의 이슬람 세력이 반란의 기치를 휘둘렀고, 이에 편승해 러시아는 1871년 이리伊犁 지역을 점령했다. 이홍장 자신은 지난해 버마와의 국경 지대에서 살해된 영국 공사관 직원 문제를 처리해야 했다. 타이완 침공에 즈음에서도 군사적 대응 카드를 접어야 했던 청에게 조선에 대한 원병 파견은 비현실적이었다. 이홍장은 과거의 명처럼 원병을 보내기 어렵다면 차라리 조선과 일본의 수교를 촉구해 일본의 정한을 막아보겠다는 심산이었다.

참고로 이홍장은 운요호의 강화도 침입 자체가 국제법의 영해(10리) 규정을 위반했다고 비판했다. 조선 수군의 발포가 정당했다는 논리이기도 했다. 이에 대해 모리는 조선은 조약을 맺지 않았으

정한론과 조일수호조규

므로 국제법을 인용할 수 없으며 국제법 위반이 아니라는 궤변을 들이댔다.

2월 2일 웨이드 주청 공사는 베이징으로 돌아온 모리를 찾아갔다. 본국에 보낸 전문에서 웨이드는 이홍장과 모리의 회담 결과를 바탕으로 청은 조선 문제에 개입하지 않을 것이라는 판단을 내렸다. 2월 12일 총리아문은 모리에게 서한을 보냈다. 거기에는 속방인 조선과 일본의 관계는 청일수호조규와 연관된다고 하면서도 속국인 조선과 우방인 일본의 분쟁이 평화적으로 해결되기를 바란다고 쓰여 있었다. 이틀 뒤 모리는 만족감에 취한 듯 "이것은 본 대신이 이웃 나라에 바라는 바와 완전히 부합한다"라는 답신을 보냈다.

모리 사절단은 기대했던 만큼의 성과를 충분히 거뒀다. 청은 조일 수교를 방해하지 않을 것이며, 명시적이지는 않으나 청이 조선의 군사적 지원에 소극적이라는 사실을 간파했다. 1월 20일 모리는 외무성에 조선은 '독립국'이라는 점에 착안해 조약을 체결해야 한다고 상신했다. 청의 움직임은 모리의 예상대로였다. 때마침 베이징에 체재하던 조선 사절에게는 '일본과 싸우지 말고 문제를 잘 해결하라'라고 권고했으며, 청일 간의 교섭 과정과 관련 문서는 조일 전권이 담판에 들어가기 직전인 2월 4일 조선 정부에 전달했다.[39] 속국의 개념을 둘러싼 청일 간의 불일치는 평행선을 걸었으나, 청의 불간섭 의사를 확인한 이상 일본으로서는 무력을 동원하더라도 국교 수립을 강행한다는 의지를 명백히 굳혔다.

2월 14일 모리는 담판의 경과를 전신으로 보내왔고, 이를 확인한 이토는 기도뿐 아니라 강화도 현지의 사절단에도 통지했다. 2월 22일에는 시모노세키에 가 있던 야마가타 아리토모에게 조선에서

올 소식을 "일각여삼추의 심정"으로 기다린다는 편지를 보냈다.

조일수호조규의 체결

모리 일행의 베이징 입성보다 하루 늦은 1876년 1월 6일 대표단이 도쿄의 시나가와品川에서 출항했다. 와병 중인 기도를 대신해 12월 9일 사쓰마 출신의 구로다 기요타카가 새로운 전권으로 임명됐다. 독재자 오쿠보는 정한론 정변의 주역으로 가고시마에 웅거하던 사이고를 견제하듯 구로다를 앞세웠고, 삿초의 균형을 맞추는 차원에서 차석 대표로 조슈 출신의 이노우에 가오루(井上馨, 1836-1915, 쇼카손주쿠 출신은 아니다)를 앉혔다. 8일 고베에서 이노우에와 구로다가 합류했다.

전권 일행의 호위 명목으로 군함 3척이 동원됐다. 별도로 경무장을 갖춘 수송선 3척에는 사절단과 함께 의장병 명목으로 해병대 262명이 승선했다. 육군 중장 계급이었던 구로다에게는 호위함과 병력의 진퇴를 결정하는 권한이 주어졌다. 외교 사절단이라기보다 원정군의 위세를 취한 것은 조선의 기세를 꺾으면서 정한의 이미지를 일본 내에 선전하려는 데 목적이 있었다. 사절단의 출발 전날 모리야마가 파크스 영국 공사에게 흘린 정보에 따르면, 필요시에는 조선과 전쟁을 벌이고 서울 점령까지를 감안한 진용이었다는 것을 알 수 있다(겨울철에도 서울로 이어지는 한강을 활용할 수 있다는 작전 계획이 세워져 있었다). 이와 관련해 육군경 야마가타는 이노우에의 요청을 받고 직접 시모노세키에 내려가서 개전에 대비해 출동할 1개 사단의 병력을 점검하고 대기하도록 명령했다.[40] 야마가타는 이토와 같이 쇼카손주쿠 출신으로 육군의 최고 실력자였다.

2월 11일부터 시작한 양국 전권의 교섭은 23일까지 난항을 거듭하면서도 타결에 이르렀고, 2월 27일에 조인까지 완료됐다. 양국의 근대적 관계 수립을 담은 조일수호조규(강화도조약)가 체결됐다. 사절단의 일원으로 참가한 한 외국인은 "이번에 각하(구로다, 인용자)는 개선된 페리의 무기를 구사해 양쪽의 인명 손실 없이 훌륭하게 성공을 거뒀다"라는 평을 남겼다. 쇼인이 통탄해 마지않던 페리의 내항은 23년의 세월이 지난 뒤 구로다 사절단에 의해 일대 역전극으로 탈바꿈했다.

조선과 교섭을 앞두고 일본은 영국과 미국 등의 서양 열강에게 미리 정황을 알리고 양해를 구하는 작업을 게을리하지 않았다. 12월 9일부터 25일까지 데라시마 외무경은 외무대보와 분담해 러시아, 미국, 프랑스, 독일, 이탈리아, 영국 공사를 찾아가서 강화도사건의 경위와 사절 파견을 설명했다. 사절단은 군함을 대동하나 조선을 속국으로 삼을 생각은 없다고 알렸으며, 프랑스 공사와 대담하면서는 조선을 청의 속국이라 간주하지 않는다는 점도 언명했다. 이는 첫 외정인 타이완 침공 때의 실수를 되풀이하지 않으려는 의도라고도 여겨진다.

1874년 4월 19일 오쿠보가 의욕적으로 추진했던 타이완 침공의 일시 중지가 결정됐다. 파병 계획이 수면 위로 오르자 영국과 미국이 잇달아 거세게 항의했기 때문이다. 특히 찰스 드롱의 후임으로 부임한 존 빙엄(John Armor Bingham, 1815-1900) 주일 미국 공사는 타이완 전역이 청의 영토라는 입장을 지녔다. 일본의 출병은 청에 대한 적대 행위이며, 미국의 상선과 장교(2명이 원정군에 포함)를 고용한 데 대해 저지 의사를 분명히 밝혔다. 리젠더라는 카드의 효용 범위를 넘어서는 돌발 사태였다. 외교상의 준비 부족을 절감한 정부는 4월 19일 파병 일시 중지를 결정했다. 하지만 원정군 지휘관인 사이고 쓰구미치는 강행을 외치며 물러서지 않았다. 궁여지책으로 만든 논리는 빙엄의 조치가 개인 견해 또는 단순 조언이라는 해석이었고, 빙엄이 더는 위협적이라 판단되지 않자 침공을 결행했다.

1875년 모리야마의 파견으로 조선과의 수교가 가시화되면서 재차 외교적 회유가 안배됐다. 1875년 2월 이와쿠라는 파크스 영국 공사와 회동했다. 이와쿠라는 모리야마가 얻어낸 성과와 새 사절의 파견에 따른 타결 전망을 자세히 설명했다. 수교 후 일본에 오게 될 조선의 사절은 자신이 이와쿠라 사절단을 이끌면서 경험했던 근대 문명의 학습이 가능하다는 의견을 피력했다. 파크스는 지난해의 타이완 침공보다 조선과 맺은 수교가 훨씬 가치 있는 일이며 러시아의 위협을 막기 위해서도 조선은 고립에서 벗어나야 한다고 맞장구쳤다. 청일 양국의 중재에 열성을 다했던 웨이드 주청 공사와 마찬가지로 조선의 개국이 영국의 통상에 이득을 가져다줄 것이라는 기대도 감추지 않았다. 모리야마 또한 조선으로 출발하기 직전 파크스를 만났다는 것은 앞에서 설명한 바 있다. 역시나 러시아의 남침을 최우선 현안으로 여기던 파크스는 조선 문제의 진전을 관망하겠다고 답했다. 포함외교까지 가미한 조선 개국의 방략은 그렇게 영국의 내락을 얻고 나서 추진됐다.

조일수호조규 체결 직후에 양국 외교 일정에서 챙겨봐야 할 사건은 두 가지, 수신사 파견과 통상 관계 약정이다.

먼저 수신사 파견은 조일수호조규 체결에 즈음한 일본 사절단의 요청으로 실현됐다. 형식은 답례사의 성격을 띤 수신사의 일본 방문이었다. 사절단의 도항을 위해 일본은 기선 제공까지 미리 제안하며 운을 띄웠다. 앞선 서계 교섭 과정에서 일본의 기선 사용이 타결을 가로막은 요인의 하나였다는 사실을 떠올린다면 그야말로 천양지차였다. 또한 '일본의 페리'가 조일수호조규 교섭을 앞두고 비유어로 등장했듯, 그 마무리 장면에서도 일본은 페리의 방식을 차용했다.

수신사는 1811년의 마지막 조선 통신사 도일 이래 65년 만에 현해탄을 건넌 국가 사절단이었다. 그리고 1763년 이래 113년 만에 도쿄를 방문했다. 예조 참의 김기수(金綺秀, 1832-?)를 정사로 한 수신사 76명은 1876년 5월 22일부터 6월 27일까지 체재했다. 6월 1일에는 천황과 만났다. 그리고 조선 통신사와 달리 왕복 여정 모두 해로로 이동했다. 일본 각지에서의 문화 교류는 이제 의미가 없어졌기 때문이었을까? 이후 수신사는 세 차례 더 일본의 문물을 시찰한다.

김기수 일행의 귀국에 맞춰 외무대승 미야모토 고이치가 7월 조선에 파견됐다. 조일수호조규 제11조에 따르면 조약 체결 후 6개월 안에 무역에 관한 세부 협정을 맺어야 했고, 일본 사절의 서울 체류 등의 안건도 매듭지어야 했다. 참고로 미야모토는 고종을 알현한 최초의 일본인이었다.

사실 일본은 무역보다는 수교 자체에 관심이 있었다. 협상이 종결된 뒤인 1876년 4월에 구로다가 제출한 의견서를 보면 앞서 살펴본 에노모토의 의견서(1876년 2월)와 마찬가지로 무역의 필요성을 낮게 평가하고 있다. 조선은 극단적인 빈국으로서 화폐도 귀중한

산물도 없으므로, 조약에서는 개항과 영사 설치를 규정했지만 서로 번잡하며 비용이 소요되므로 서두를 필요 없이 부산 무역의 개혁에 만 집중하자는 의견이었다.

서울에서 벌인 협상에서 공사의 서울 체류는 약간의 논란 끝에 철회됐다. 여기서도 수교 자체가 1차 목적이었음이 재확인된다. 사실 조일수호조규의 제2조에서 이미 아그레망(신임장)이 불가결한 전권공사나 변리공사가 아니라 외교 수장의 합의에 따른 대리공사 파견으로 축소된 터였다. 그 밖의 사안은 순조롭게 진행됐다. 무역 장정의 협의에서는 미곡 수출입 문제 말고는 쟁점이랄 것도 없을 정도였다. 쓰시마만 가능했던 무역은 부산 입항이 허가된 모든 일본인에게로 확대됐고, 조선의 수출입 무역 모두 관세 없이 이뤄지게 됐다.

조일수호조규 제1조와 정한론의 관계

조선의 처지에서 보면 조일수호조규는 영사재판권과 관세 자주권을 상실당한 전형적 불평등조약이었다. 그런데 이후의 침탈 과정을 새롭게 짚어내려면 조선을 '자주지방' 즉 독립국으로 규정한 조일수호조규 제1조를 찬찬히 곱씹어봐야 한다.[41]

협상 테이블에 앉은 조일 대표단은 제1조의 내용을 놓고 별다른 의견 충돌을 보이지 않았다. 조선은 제1조가 조공 책봉의 원리인 자유와 평등을 표현한 것으로서 조청 관계의 틀에는 변함없다고 판단해 그대로 받아들였다. 전권 신헌(申櫶, 1810-1884)은 조일수호조규에 대해 "옛 우호를 중수하기 위한 것이요, 새로 강화하려는 것이 아니었다"라며 '천도天道의 소여所與'인 '선린'을 할 뿐이라고 밝힌 것이 대표적이다(『심행일기沈行日記』). 일본의 기본 방침도 다르지 않았다. 일본 정부는 "오직 조선국과 옛 외교 관계를 계승해 화친을 도모하기를 원"한다는 주장을 펴기로 돼 있었다. 앞서 확인했던 일본 내의 경과를 떠올린다면 제1조는 조선의 독립국 여부를 둘러싼 논의를 최종적으로 매듭짓는 차원에서 제안됐다고 볼 수 있다.

제1조에 담긴 일본의 저의를 놓고 연구자 대부분은 조공 책봉에 입각한 조청 관계의 해체로 설명해왔다. 조선의 '독립' 선언이므로 조선에 대한 청의 종주권이 배격된다는 논리 구조를 띠며, 청의 '속국'으로 간주하던 조선에서 권익을 확보하거나 청이 조일 관계 수립에 개입하지 못하도록 하는 근거로 제1조가 작용했다고 파악했다. 그 결과 조일 관계는 전통적인 조공 책봉 체제(또는 중국 중심의 사대교린 체제)에서 이탈해 근대 국제법 질서로 이행했다는 점이 강조되며, 동아시아의 전통적 국제 질서의 와해라는 표현도 덧붙는다. 실제로 당시 서구 외교관들도 제1조로 조선의 주권과 독립이 승인됐다거나(프랑스), 청에게서 독립했다(영국)고 인식했다.

어떤 연구자는 '자주'라는 단어를 사용한 것이 '우연'이 아니라 일본의 '의도'였다는 해석을 내놓았다. 조청 관계는 '속방자주론'에 입각하므로 종속 관계를 명확히 부정하려면 '자주지방'이 아니라 '독립지방'이어야 했다는 것이다.[42] 여기에 대해서는 독립 대신 자주의 의도적인 사용을 증명하는 사료가 없다는 반론이 제기되기도 했다.

그런데 당시 동아시아에 존재하던 조약문을 보면 '자주지방'과 '독립지방'은 거의 구별 없이 쓰였다. 1858년 영국과 청의 톈진조약

2부 정한론, 사상에서 정책으로 진화하다

제3조에서 영국은 '자주지방'이라고 명기돼 있다. 조선이 제1조에 대해 별다른 문제를 제기하지 않았던 데는 이런 청의 전례를 참조한 것으로 볼 수도 있다.

이렇듯 조일수호조규 제1조를 놓고 조선과 일본은 각기 다른 해석을 내렸다. 일본은 과연 청의 종주권을 잠식하고 조선을 식민지화하는 '결과'를 안배하고자 준비했던 것일까? 제1조의 해석을 둘러싼 견해 차는 이후 20년 동안 조청일과 서구 열강 사이에 분쟁의 씨앗이 됐으며, 나아가 청일전쟁의 발발로 이어졌다. 그렇지만 일본의 침략성을 전제로 내건 이런 물음을 증명하는 일은 사료적으로도 논리적으로도 여의치 않다.

그렇다면 제1조는 무엇일까? 이 책의 문제의식에 입각하자면 제1조의 본질은 메이지유신 이후 10여 년에 걸쳐 정쟁의 불쏘시개가 됐던 정한론의 등장 및 전개와 연계했을 때 시야에 들어온다. 세 가지 포인트를 제기하고자 한다.

먼저 정한론을 더 잘 이해하려면 '역사적인 관점'이 필수적이다. 쇼인이 그랬듯 개국 후의 복잡다단한 시국에서는 진구 황후나 도요토미 히데요시를 들먹이는 신화적 정한론이 창궐했다. 하지만 왕정복고 쿠데타 이후 근대국가의 정상적인 외교 무대에서 신화적 정한론은 설 자리가 좁아졌다. 정한론은 국내 정치 상황과 조일 관계는 물론 국제 질서의 규정력 앞에서 변화를 거듭할 수밖에 없었다. 근대적 개혁의 대상으로 전락한 불평 사족의 대두는 조일 외교의 향배에 커다란 영향을 미쳤다. 러시아의 위협이 점증하자 부산을 개항시켜 근거지로 삼고자 했으며, 청의 정치적·군사적 개입 여부에 촉각을 곤두세웠다. 정한론의 찬반 구도가 아니라 일본 안팎

정한론과 조일수호조규

의 정세와 연동하는 정한론의 '진화'에 주목해야 하는 것이다.

그리고 조일 수교의 성사와 조일수호조규 제1조의 등장은 정한론의 '연착륙'으로 평가돼야 한다. 기도 이후 신정부는 막부 시대의 조선 통신사 외교와 차별되는 새로운 조일 관계의 틀을 구축하고자 애썼다. 1854년 일미화친조약 이후 맺은 서구와의 불평등조약을 바로잡는 '조약 개정'이 대외 관계의 최대 목표였다는 점과도 일맥상통한다. 메이지유신 초기에 신정부의 최고 수뇌부는 포함외교를 빌미로 전쟁 개시를 가시화하는 정한론의 '경착륙'에 정치 생명을 걸다시피 했다. 사족의 반발을 배경으로 촉발된 정한론 정변에서 그 전형을 확인할 수 있었다.

하지만 정한론의 경착륙은 내부 정쟁에 휘말림으로써 좌절로 내몰리고 말았다. 그 대안으로 떠오른 것이 페리 방식의 재연이었고, 전쟁보다는 수교를 우선시하는 쪽으로 선회했다. 사절 파견은 개전의 구실이 아니라 수교를 실현하는 수단으로 자리매김했다. 그 주역 자리를 꿰찬 오쿠보 정권은 포함외교의 한 갈래로 분류해야 할 강화도사건으로 연착륙의 기회를 포착했고 실현했다. 요컨대 제1조는 왕정복고의 명분과 결부해 제창한 정한론의 현실적인 착지점이었으며, 정한론의 자발적 진화가 도달한 성과이기도 했다.

또한, 제1조에서 일본이 품었던 노림수는 정한론 연착륙의 걸림돌이 되는 대청 외교의 틀을 재정립했다는 데서 찾아야 한다. 조일 관계의 근대적 재편은 조청 관계의 변화 없이 불가능하다고 인식했으며, 일본 외교의 중장기 목표 중 하나는 조청일을 아우르는 동아시아 국제 관계에서 청을 배제하는 논리 구축과 힘의 확보로 가닥이 잡혀갔다. 임진왜란 때의 구원병이 다양한 국면에서 상기됐듯이 청의 직접 개입은 조선 침탈을 합리적인 국책으로 결정·수행하는 데 최대의 장애물이었다. 물론 청의 배제라는 목표는 20년 뒤의 청일전쟁과 시모노세키조약 제1조에서 최종적으로 달성된다. 그런 면에서 조일수호조규 제1조는 청을 향한 안배이자 노림수라고 봐야 하며, 구체적으로는 청의 간섭 또는 참전 가능성을 무력화하고 조선 장악의 베이스캠프를 국제 관계의 차원에서 확보한 제1보로 봐야 한다. 일본이 무서운 이유는 바로 이렇게 용의주도하다는 데 있다.

정한론을 놓고 이런 주장을 펼치는 이유는 간단하다. 근대로 뻗는 첫걸음에서 일본은 정한론의 경착륙과 연착륙 말고는 조선 문제 해결의 정책적 선택지를 갖추지 못했다는 점을 강조하려는 것이다. 조선의 쇄국을 방임하자는 방안은 오로지 1870년 5월 외무성의 조선 외교책 중 1안에서만 관찰된다. 메이지유신 이후의 국가 만들기 프로젝트는 국내 정치든 국제 관계든 조선을 끌어들이는 방향으로 구상되고 실현됐다.

조일수호조규 제1조의 함의는 2년 뒤 조일 외교의 현장에서 발현했다. 1875년 말 조선에서 프랑스인 선교사가 체포·감금됐다. 이듬해 5월 이 사건을 접한 일본은 선교사의 석방을 요청하는 서한을 예조판서에게 보냈고, 청을 통해 선교사의 추방이 이뤄졌다는 답신이 건네졌다. 그런데 답신 내용에 '상국上國 예부'와 '상국 지휘' 등의 문구가 있었던 것이 논란을 일으켰다. 6월 하나부사 대리공사는 서계가 "조일수호조규의 취지에 위배되며, 자주국의 체면을 상실하는 것"이라며 수리를 거부했다. 후속 조치 없는 작은 해프닝으로 보이지만 시사점은 절대 작지 않다. 일본은 제1조를 근거로 삼아 조일 관계에 '상국'인 청이 끼어드는 것을 배제하고자 했으며, 조선이 상국을 수용하는 데 일본이 난색을 표하는 모양새에서 '자주'의 내실이 무엇인지를 묻지 않을 수 없다. 제1조를 둘러싼 파란이 실제로 일기 시작한 것이다.

이렇게 조선과의 수교 문제가 마무리됐지만, 재야의 정한파는 여전히 들끓고 있었다. 관련된 주요 동향은 다음과 같았다.

1876년에 들어서자 사족의 반발이 다시 거세졌다. 3월에 칼을 차지 못하게 하는 폐도령이 내려진 데 이어 8월에는 녹봉의 완전 폐지가 단행되면서 사족의 분노가 극에 달했다. 10월 말 잇달아 구마모토, 후쿠오카는 물론 야마구치 곧 조슈에서 사족들이 칼을 들었다.[43] 특히 야마구치의 하기에서는 마에바라 잇세이(前原一誠, 1834-1876)를 비롯해 쇼카손주쿠 출신자들까지 반란 대열에 가세했다(하기의 난). 정한론의 향배는 이미 조일수호조규 체결로 끝났지만, 마에바라는 포승에 묶인 채 정한론을 부르짖었다. "진구 황후가 삼한을 정벌하고 도요토미 태합(太閤, 도요토미의 별칭)이 정한의 전쟁을 벌인 것은 모두 그들(조선)의 잘못을 묻기 위함이었"으며, 1873년에 제기했던 정한론 또한 "상고의 신성한 유훈을 이어 국가의 대계를 세우려는 것"이었다며 정부를 질타했다. 스승이 신화에서 끌어낸 정한론을 마에바라는 뇌리 깊숙이 새기고 있었던 것이다.

해를 넘겨 1877년 2월 사족 정한론의 거두 사이고가 가고시마에서 행동을 개시했다(서남전쟁). 정한론 정변 뒤로 4년 동안 고향에서 머물던 사이고가 구마모토성을 공격한 것이다. 정한(또는 러시아와의 전쟁)에 대비하고자 육성했던 사족 중심의 병력은 징병제를 바탕으로 한 정부군의 총포 앞에 하나둘 스러졌다. 승부가 날 때까지 양측 모두 큰 희생을 치러야 했다. 정부군은 2배 넘는 병력과 압도적인 장비를 동원했으나 사이고 군의 전사자 6765명에 근접하는 6403명이 목숨을 잃었다. 역사의 무대에서 밀려나는 '낡은' 정한론조차 이만큼의 무게감을 지니고 있었다. 4년의 절치부심도 헛되이 메이지유신 3걸의 한 명이었던 사이고는 할복으로 생을 마감했다. 왕정복고의 쿠데타가 성사된 지 10년 만에 찾아온 자중지란의 끝이었다.

　　　　　　　　　　　　　　　　　　　정한론과 조일수호조규

정한론을 반대한
사람들

1874년 2월 건의서 하나가 제출됐다. 작성자는 1870년 11월 사절단 대표로 파견돼 부산에 1년 반을 머물렀던 요시오카 고키였으며, 1873년 9월 외무성을 사직한 상태였다. 1874년 들어 정한을 외치는 사족들의 목소리가 높아지자 요시오카는 정한파의 주장을 통타하는 글을 정부에 올렸다. 이 글에 담긴 의미를 하나씩 곱씹어 보자.

먼저 요시오카는 서계에 대해 회답이 없는 것을 두고 '무례'라 주장하지만, 조선은 일본을 '경모輕侮'하는 것이 아니라 '의구疑懼'할 따름이라고 파악했다. 경모가 아닌 의구를 빌미로 벌이는 전쟁은 대의명분이 없다는 것이 조선 전문가로서 내린 결론이었다.

그는 조선이 일본을 의심하는 이유를 세 가지로 들었다. 도요토미 히데요시의 조선 침략이 첫 번째이며, 교린 관계를 짊어졌던 쓰시마번이 조선을 속여 미곡을 제공하게 했다는 것을 두 번째로 들었다. 마지막으로 일본이 교린 관계와 무관한 '황·칙'을 세계에 사용함으로써 조선을 속국으로 삼으려는 의도를 드러냈다는 것이다. 그래서 조선은 일본이 아무리 부드럽게 얘기해도 "입에 꿀이 있으되 배에는 검이 있다"라고 여긴다고 썼다.

조선이 쇄국을 선택한 것은 메이지유신 전에 일본이 화친 통상을 요구하는 외국을 두려워한 것과 마찬가지이며, 그런 조선을 '무례'하다며 공격하는 것이 옳다면 일본을 공격하는 외국도 옳았다고 봐야 한다. 그러면서 '내가 하기 싫은 일은 남에게도 시키지 말라'라는 공자의 말을 끄집어냈다.

요시오카는 기도·사이고 등 정부 요인들이 정한론을 놓고 무엇을 노리는지에 대해 아래와 같이 적확하게 포착했다.

생각건대, 요즘 사람들이 열심히 용병론을 외치는 연유는 바로 우리 나라의 인심을 고취하고 국세를 떨치려는 데 있다. 이것은 애국심에서 비롯돼 신기하다고 해도 인심을 고취하고 국세를 떨치는 방책은 적지 않다. 어째서 꼭 흉기를 들고 위험한 일을 벌여야 하는가.

즉 일본의 내정 개혁에 이용하고자 한반도 침략을 끌어들였다는 것이며, 이는 조선과의 외교 관계를 도외시한 일방적 자국 중심주의의 발로였다. 이렇듯 '조선 두들기기'에 편승해 일본 내 쟁점을 돌파하려는 정략적 발상은 이후에도 되풀이되며, 그 점이야말로 독선적인 정한론이 뿌린 최대의 독소이자 화근이 아닐까 싶다.

건의서를 제출한 이듬해에 요시오카는 기독교로 개종해 남은 반평생을 목사로서 인도주의를 설파했다. 1882년에는 문명개화의

정한론을 반대한 사람들

전도사 후쿠자와 유키치(福沢諭吉, 1835-1901)에게 일침을 날렸다. 이무렵 후쿠자와가 '지금은 경쟁 사회이니까 비리든 뭐든 신경 쓸 것 없다', '사양할 것 없다, (중국의 땅을, 인용자) 빨리 취하라'며 제국주의의 길을 부추기는 연설을 한 데 대한 비판이었다. 건의서에서와 마찬가지로 요시오카의 글에는 날이 서 있다.

이것은 당당히 우리 일본 제국을 강도국強盜國으로 바꾸겠다는 모의다. 이처럼 불의 부정한 외교 정략은 결코 우리 제국의 실리를 증가시키지 못한다. 단순히 실리를 증가시키지 못할 뿐 아니라 원한을 마구 사방에 뿌리고 만국의 미움을 사서 필시 씻을 수 없는 참화를 장래에 남기게 된다.

8년 전에도 일본 정부는 요시오카의 건의서를 무시했다. 그리고 대일본제국은 '강도국'으로 화해 '원한을 마구 사방에 뿌렸'다. '씻을 수 없는 참화'는 한반도의 강점에서 그치지 않고 태평양전쟁으로 이어졌다.

요시오카를 조금 길게 소개한 것은 정한 반대론의 '현실성'을 제시하고 타진해보기 위해서다. 달리 말하면 메이지유신이라는 일본사의 변곡점에서 조일 관계의 또 다른 '근대화'는 가능했을까를 캐묻는 일이다.

앞서 소개했듯이 요코야마 야스타케는 1870년 8월 22일, 유서인 건의서를 품은 채 자살했다. 정부 관료의 타락을 비롯한 열 가지 폐해를 지적한 뒤 아래와 같이 별도의 서면에서 사다 하쿠보 등이 부르짖는 정한의 무모함을 질타했다.[44] 길지만 전문을 소개한다.

조선 정벌의 주장이 항간에 왕성하게 펼쳐지는 것은 필시 황국의 위축, 부진을 개탄한 나머지 강경론을 토로하는 상황이라고 보인다. 그렇지만 병을 움직이려면 명名이 있고 의義가 있어야 한다. 특히 해외에서 한번 명의를 잃게 되면 대승을 얻어도 천하 만세의 비방을 면하기 어렵다. 병법에 지피지기라 했듯이 조선은 제쳐두고 우리 나라의 사정을 살피자면, 백성은 기갈곤궁에 시달리고, 정령은 얼기설기 지엽적이며, 근본은 아직도 정해지지 않았다. 만사는 명목 허식뿐이고 실행 기반은 매우 약하니, 일신(一新, 메이지유신)을 입에 올리지만 일신의 덕화는 추호도 보이지 않으며, 만민 황망해 조금씩 무너지고 있다. 만약 우리의 국세가 충실하고 성대하다면 구구한 조선이 어떻게 비례를 저지를 수 있겠는가? 다만 조선을 소국으로 얕잡아보고 함부로 명분 없는 군사를 일으켜 만일 차질이 생긴다면 천하에서 어떻게 말하겠는가? 홋카이도 개척조차 백성의 원망을 많이 받는다.

게다가 조선은 근년 이따금 외국과 접전해 꽤 전쟁에 익숙해졌다고 한다. 그렇다면 분로쿠(文祿, 임진왜란)의 시세와 같을 수 없으며, 히데요시의 위력으로서도 수년의 힘을 쏟아부었다. 지금 사다 모 무리는 조선을 손에 넣자고 하는데, 자신을 속이고 남을 속이며 국사를 어지럽힌다는 말이 바로 이것을 가리킨다. 지금의 급무는 먼저 기강을 세우고 정령을 하나로하며 믿음을 천하에 보이며 만민을 안도시키는 데 있다. 당분간 내부의 일을 돌봐야 하니 어떻게 조선을 질책할 틈이 있겠는가?

요코야마는 요시오카와 마찬가지로 정한의 명분과 의를 문제시했으며 내치 우선론의 입장을 견지했다.

다야마 세이추田山正中라는 인물이 있다. 강경 정한론자 사다는 1875년 3월 『정한평론』을 펴냈는데, 거기에 정한을 반대하는 다야마의 글이 수록돼 있다. 이름 외에 생년과 고향 등의 신상 정보는 전혀 알려진 바 없지만, 그의 주장은 정한 반대론의 최고봉이라 불러도 손색없다.

먼저 조선 영유는 러시아의 진출을 저지하기 위해서라는 논리의 허구성을 폭로했다. 조선 공략은 가능해도 조선인의 마음을 얻을 수는 없고 주위에 적을 만들 따름이므로 조선 점령으로 강적 러시아를 막을 수 없다는 것이 그의 결론이었다.

사이고 일파와 같이 불평 사족의 해소 방편으로 정한이 필요하다는 주장도 도마 위에 올렸다. 다야마는 불평 사족을 다루기 힘든 집안의 난폭자에 빗대어 가족이 "난폭자를 속여 이웃집에 보내고 나서야 안심하는 것"이 정한론이라고 봤다. '이웃집에서 이에 대해 무엇이라 하겠는가'는 물음은 정곡을 찌르고 있으며 통렬하기 짝이 없다.

서양과 조선에 대한 이중 잣대 역시 비껴가지 않았다. 서양에 대해서는 대의명분도 자존심도 버린 채 복종하고 배우라고 하면서 이웃인 조선에는 우호를 무시하고 침략하려 한다는 것이다. 그리고 일본이 겪은 개국의 불공평함을 조선에 강요해서는 안 되며 서양과 교제하도록 돕는 것이 일본의 책임이라고 봤다.

다야마는 조선에 대한 호감을 당당하게 드러냈다. "전해 듣건대 조선의 인심은 후하고 신의를 좋아하고 의를 굳게 지키며, 기질의 아름다움은 아시아 중에서도 월등하다"라고 썼으며, 조선은 약소국이지만 "덕을 항상 간직하는 미인"이라고 평했다.

마지막으로 다야마는 신화 속의 진구 황후와 도요토미 히데요시의 조선 침략에 대해 신랄한 비판을 가했다는 점이 특징적이다.

둘 다 '무위의 자랑'에 불과한 '무익한 출병'이었으며, 도요토미의 침략은 "일본의 정의를 더럽히"고 "조선이 일본을 원수로 보"게 하는 사태를 초래했다는 것이다.

이렇듯 다야마의 입론은 독창적인 데다 논리 정연하다. 정한론의 역사적 근거로서 전가의 보도처럼 추어올리던 진구 황후와 도요토미를 신랄하게 비판한 인물은 다야마가 유일하다. 그는 또 일본이 겪었던 불공평한 개국을 강요하지 말고 조선이 외국과 대등하게 교제하도록 도와야 한다고 제언했다. 신정부의 실력자 기도는 메이지유신의 정변 과정에서 배태된 국내적 쟁점을 정한으로 해소하려 했지만, 다야마는 에도 시대의 교린 관계를 '근대화'하는 전망을 제시한 것이다. 나아가 다야마는 전쟁은 인명을 희생하며 전쟁에 드는 재화는 "외국의 교활한 상인의 손에 들어갈" 따름이라고 논파했다. 정복 전쟁의 추악한 본질을 꿰뚫는 혜안이 아닐 수 없다.

그러나 역사의 흐름은 혹독했다. 다야마라는 걸출한 평화주의자는 신상조차 알려지지 않은 채 역사의 뒤안길로 사라졌으며, 조일 관계는 강압적인 개국, 청일전쟁, 러일전쟁을 거쳐 1910년 강제 병합으로 마무리됐다.

정한론을 반대한 사람들

3부

청일전쟁으로 정한론을 완성하다

청일전쟁
뒤집어보기

'조선은 독립국'이라는 것의 진짜 의미

1895년 4월 17일, 조선을 둘러싼 청일 각축전의 막이 조용히 내려지고 있었다. 무대는 일본 혼슈의 서쪽 끝 야마구치현에서 가장 크고 유일한 시였던 아카마가세키赤間關였다. 당시 바칸馬關이라고도 불렸던 시의 명칭은 1902년 시모노세키下關로 바뀌어 지금에 이른다. 3월 30일의 휴전 합의에 이어 청일전쟁을 끝맺는 강화조약, 즉 시모노세키조약(중국은 마관조약이라 부른다)이 일본과 청의 대표인 이토 히로부미와 이홍장 사이에 체결됐다. 양측이 치열한 외교전을 벌였던 장소가 지금도 남아 있다. 복어 요리를 내는 슌판로春帆樓라는 식당이었으며, 현재는 조약 체결 장면과 관련 유물을 전시하는 '일청강화기념관'으로 꾸며져 있다.

슌판로와 복어는 이토를 꼭짓점으로 연결된다. 슌판로는 당대 최고의 권세가이자 복어 애호가였던 이토의 위세에 힘입어 1889년

공인 복어 요릿집 1호로 개업했기 때문이다(슌판로라는 이름도 이토가 지었다).

복어는 맛이 좋으나 독은 치명적이다. 임진왜란 때 규슈에 집결한 무사 중에서 복어를 먹고 사망한 사례가 이어지자 도요토미는 복어의 금식을 명했다. 복어는 이토의 고향 조슈의 명물 중 하나였지만, 번에서는 복어 독으로 죽은 무사의 녹봉을 박탈할 정도로 엄하게 통제했다. 당시 요리책에도 씌어 있을 정도로 복어 내장의 위험성은 이미 널리 알려져 있었다. 그 점에서 책망의 대상이 된 것은 복어를 먹는 행위 자체가 아니라 복어의 독을 가려 먹지 못하는 어리석음이었는지도 모른다. 메이지 정부도 1882년 복어 금식령을 내렸으나, 슌판로에서 복어 요리를 먹은 이토의 명령에 따라 1888년 야마구치현만 한정해 식용을 허용했다(이후 다른 지역으로 확산).

이홍장이 슌판로의 복어를 먹었을 가능성은 없는 것 같다. 기록에 없거니와 중국에서 복어는 위험한 생선으로 여겼기 때문이다. 공교롭게도 이홍장의 목숨을 노린 것은 복어가 아니라 일본인 청년 고야마 도요타로(小山豊太郎, 1869-1947)였다. 고야마가 쏜 권총 탄환을 빼내지 못한 채 교섭은 속개됐다. 열강의 비난을 저어한 일본은 협상 조건을 완화했고, 일주일 만에 타결에 이르렀다. 이홍장이 머물렀던 절 인조지引接寺는 에도 시대에 조선 통신사 일행이 유숙한 곳이기도 하다.[45] 통신사가 밟았던 평화와 공존의 길은 이제 식민지로의 길로 탈바꿈했다. 조청일 삼국의 어긋난 운명은 여기에서도 거듭된다.

무릇 조약의 성격은 제1조에서 명시되는 법이다. 시모노세키 조약의 첫째 조문은 다음과 같다.

청은 조선이 완전무결한 독립 자주의 나라임을 확인하고, 조선의 자주독립을 훼손하는 청에 대한 공물, 헌상, 전례 등은 영원히 폐지한다.

위 내용은 20년 전의 조일수호조규, 즉 강화도조약 제1조와 겹쳐 보인다. "조선은 자주의 나라이며 일본과 평등한 권리를 갖는 국가라고 인정한다"를 떠올려보자. 많은 연구자가 이구동성으로 지적하듯이 시모노세키조약 제1조는 강화도조약 제1조의 연장선 위에 입안됐으며, 그 '완성'이었다(그런 의미에서 이하에서는 조일수호조규 대신 강화도조약으로 표기한다).

강화도조약에서 시모노세키조약으로 이어지는 독립국 조선의 천명은 청일 양국이 전쟁의 이유를 밝힌 선전포고문과도 맞닿아 있다. 청의 선전포고문은 "조선은 200여 년 이래 우리 대청의 번속"이라는 구절로 시작한다. 그리고 메이지 천황이 외친 '청국에 대한 선전 조칙'의 키워드는 조선 독립과 동양 평화다. 주요 내용은 다음과 같다.

조선은 제국이 처음부터 깨우치고 이끌어서 열국의 대열에 앉힌 독립된 일국이다. 그러나 청국은 언제나 조선을 속방이라 칭하며 음으로 양으로 내정을 간섭했고, 내란이 일자 속방의 위기를 구원한다는 구실로 병력을 조선에 보냈다.

짐은 1882년의 조약(제물포조약, 인용자)에 따라 병력을 내어 변란에 대비하게 하고, 나아가 조선이 화란에서 벗어나고 앞으로도 치안을 유지함으로써 동양 전체의 평화를 유지하고자 해서 먼저 청국에 협력해 처리하자고 알렸으나, 청국은 태도를 계속 바꿔 여러 핑계를 대며 우리의 제안

　　　　　　　　　　　　　　청일전쟁 뒤집어보기

을 거부했다.

　제국은 그런 정세 아래 조선에 대해 악정을 개혁해 국내에서는 치안의 기반을 다지고 대외적으로는 독립국의 권리와 의무를 온전히 할 것을 권했으며 조선은 이미 권유를 긍정적으로 수락했다. 그런데도 청국은 시종 뒤에서 여러 방면에서 그런 목적을 방해했으며, 이리저리 얼버무리고 구실을 만들며 시간을 지체하면서 수륙의 군비를 정비했다. 준비가 되자 곧바로 군사력으로 욕망을 달성하려 했고, 나아가 대군을 한반도에 파병해 우리 해군 함선을 서해에서 요격했지만 거의 궤멸했다.

　요컨대 청국의 계략은 노골적으로 조선국 치안의 책무를 짊어진 제국의 존재를 부정하고 제국이 솔선해 독립국의 반열에 서게 한 조선의 지위를, 그것을 명기한 조약(톈진조약, 인용자)과 함께 어둠 속으로 내치고 제국의 권리와 이익을 손상시킴으로써 동양 평화를 영구히 담보하지 못하도록 하는 데 있으며, 이는 의심의 여지가 없다. 차분히 청국의 소행이 무엇을 꾸미려 하는지 살피면 실로 처음부터 평화를 희생하더라도 자신의 야욕을 실현하려 했다고 볼 수밖에 없다.

　'속방'과 '독립국'이 대조를 이루며, 조선의 '치안 유지'는 곧 동양 평화로 연결된다는 논리 틀을 지닌다. 당시 외상 무쓰 무네미쓰(陸奥宗光, 1844-1897)는 자신의 외교 비망록(『건건록蹇蹇録』)에서 "이번 전쟁은 그 뜻이 오로지 조선이 독립국답게 하는 데 있다"라고 밝힌 것과 같은 맥락이다. 독립국, 그것은 조선의 운명과 연관해 사용할 때만 특수한 의미를 띤다. 청의 간섭 없이 일본이 자유롭게 침탈할 수 있는 국가, 그것이 독립국의 진의였다. 물론 주어는 일본 외에 다른 서구 열강도 들어갈 수 있겠지만 말이다.

또한, 갑신정변을 계기로 체결한 톈진조약을 청이 짓밟은 것이 전쟁을 결심하게 된 또 하나의 명분이었다고 밝히고 있다. 조선의 유사시에 청일 양국은 서로 사전에 통지하고 군대를 보내기로 했는데, 그 약속이 깨졌다는 것이다.

청일전쟁이라는 명칭이 가린 전쟁의 진실

지금까지 살펴본 것에서 짐작할 수 있듯 청일전쟁은 기묘한 전쟁이다. 여기서 곱씹어봐야 할 쟁점을 몇 가지 짚어보려 한다.

먼저 청일전쟁이라는 명칭은 과연 합당한지를 되묻지 않을 수 없다. 한국과 일본에서 통용되는 일반적인 설명은 '청과 일본이 조선의 지배권을 놓고 다툰 전쟁'이라는 정도다. 하지만 청일전쟁이라 불렀을 때는 조선 문제, 더 직접적으로는 동학농민혁명이 청과 일본이 격돌하게 된 핵심 원인이었다는 사실을 누락하고 만다. 무엇보다 군사적인 면에서 이의를 제기할 수 있다. 청일전쟁이라고만 하면 한반도에 상륙한 일본군이 청군 외에 동학농민군을 상대하는 '두 개의 전선'을 형성했다는 사실이 시야에서 사라지기 때문이다.

게다가 일본의 선전포고문 초안은 여러 종류가 준비됐다. 전쟁 상대국에 조선을 포함할 것인가를 놓고 논의가 벌어졌으나, 청에 국한하는 것으로 최종 결정했다. 중국 문헌에는 그런 역사적 사실이 조금이나마 반영된 명칭과 해설을 찾을 수 있다. '일본이 중국과 조선을 침략한 전쟁'(중국 포털 바이두百度 백과사전 인용)이라는 기술이 있으며, '갑오甲午전쟁' 또는 '중일갑오전쟁'이라 명명했다.

일본이 주창한 전쟁의 명분은 지극히 편의적이었다. 정한론을

　　　　　　　　　　　　　　　청일전쟁 뒤집어보기

주장할 때의 조선은 정벌해야 할 나쁜 나라였으나, 선전포고문에서는 청과 일전을 벌여서라도 독립을 지켜줘야 할 선량한 이웃으로 묘사한다. 일본은 조선 독립을 지키려 청과 전쟁한다고 외쳤으나, 강화조약에서는 거액의 배상금에 더해 청의 영토인 랴오둥遼東반도는 물론 타이완과 펑후제도까지 할양받고자 했다(랴오둥반도는 삼국 간섭으로 반환). 영토 할양과 배상금 요구는 제국주의 국가의 상투적 수법이며, "조선이라는 나라의 국제적인 지위를 둘러싼 다툼"이라는 일본 연구자의 서술은 단선적이고 표면적이다. 청일전쟁은 시작과 마무리가 다른 모순적인 전쟁이었다.

전쟁으로 입은 세 나라의 인명 손실 규모와 내역도 대단히 기형적이다. 일본군이 공식 집계한 인적 피해는 전사 1132명, 전병사 285명, 병사 1만 1894명(각기병, 말라리아, 콜레라 등), 부상 3758명으로 총 1만 7069명이었다. 청과 전투를 벌이며 전사한 일본군은 736명(부상자를 합치면 2647명)에 지나지 않는다. 뒤에서 청일전쟁을 다루며 확인하겠지만 타이완 정복에 투입된 일본군을 죽음으로 내몬 것은 총포탄이 아니라 풍토병이었다. 청의 공식적인 인명 손실은 불명확하다. 중국에서는 전사자를 3만 1500명(포털 바이두 백과사전 인용)으로 추정하며, 일본에서는 전상자를 합쳐 3만 5000명이라는 수치를 제시한다. 이에 비해 동학농민전쟁에서 희생된 조선인은 우금치 전투의 1만 명을 비롯해 무려 30-40만 명에 육박한다(일본 연구자는 3-5만 명으로 추산). 3-5만 명이라고 하더라도 희생자의 규모는 너무나 크다. 물론 동학농민군은 일본군뿐 아니라 조선 관군과 민병(민보군)과도 싸웠지만 말이다. 청일 양군의 희생보다 동학농민군의 희생이 컸다는 점은 분명 다른 각도에서 짚을 필요가 있다.

왕정복고의 쿠데타 직후 신정부군은 막부군과 무진전쟁에 돌입했고, 정한론 정변으로 하야한 사이고는 추종 세력을 결집해 1877년 오쿠보 정권에 반기를 드는 서남전쟁을 벌였다. 무진전쟁에서는 신정부군 3550명, 막부 측 4690명 총 8420명이 목숨을 잃었는데, 서남전쟁의 전사자는 정부군 6403명에 사이고군 6765명 등 총 1만 3168명에 이르렀다. 쇼군 대신 천황을 옹립하는 최고 권력자의 교체도 피를 불렀지만, 시대의 변화를 거스르면서 몰락해가는 무사(사족)의 비명과 저항 쪽이 더욱 격렬하고 처절했다.

역사의 냉혹함과 엄숙함은 폐정개혁과 '척왜척양'을 외쳤던 동학농민군의 결말에서도 어김없이 작동한다. 부패한 권력자를 갈아치우고 신분제를 철폐하며 토지제도를 개혁하라는 농민의 목소리는 아래로부터 부르짖은 새 시대를 향한 절규이자 혁명이었다. 그런 면에서 '청과 일본이 조선의 지배권을 놓고 다툰 전쟁'이라는 청일전쟁의 정의에서 누락된 조선의 운명은 우금치의 참상과 겹쳐 보인다. 동학농민전쟁은 '내전'인 동시에 일본과 청이 개입한 실질적인 '국제전'의 측면까지 겸비했다. 30-40만 또는 3-5만의 죽음은 자발적인 변혁을 압살하려는 일본(청과 조선 정부도 예외일 수 없다)의 학살극이었으며, 시모노세키에서 맺은 강화조약은 그들의 주검 위에서 체결됐다.

이렇듯 청일전쟁은 여러 관점에서 새롭게 조망해야 할 지점이 적지 않다. 일본의 근대국가 만들기 과정에 초점을 맞추면 청일전쟁은 메이지유신, 아니 그 앞의 쇼인과 쇼카손주쿠에서 발원한 정한론을 완성하는 전쟁이었고, 승리함으로써 명실상부하게 대일본제국이라는 간판을 내걸 수 있게 됐다. 따라서 명칭 차원에서는 조선을 첨가한 '조청일전쟁' 또는 '갑오전쟁' 등의 새로운 명칭을 쓰는 것이 마땅하다. 일본 경제사 연구의 원로 격인 하라 아키라原朗는 최근의 저서에서 청일전쟁을 '제1차 조선전쟁'으로, 러일전쟁을 '제2차 조선전쟁'으로 고쳐 부르길 제안한 바 있다. 마땅히 한국에서도 새로운 이름을 부여하는 작업에 힘을 쏟아야 한다.

이제부터는 강화도조약 체결 뒤의 조일 관계, 청의 적극 대응, 임오군란과 갑신정변 등의 움직임을 훑고 청일전쟁으로 이어지는 상황과 그 함의를 파헤쳐보기로 한다. 전체를 관통하는 일본 측 주역을 한 사람만 꼽으라면 단연 이토다. 농민의 아들로 태어나 재상에 오른 이토의 출세 드라마는 근대 일본의 발자취와 흡사하다.

이토는 일찍이 쇼카손주쿠에서 쇼인의 가르침을 받았으나, 신분이 낮은 탓에 문밖에서 청강해야 하는 처지였다. 기도 밑에서 존왕양이 지사로 활동했으며, 1863년 이노우에 등과 함께 영국에 유학하면서 근대 문명의 위력을 절감한다.[46]

메이지유신 3걸에 가려졌던 이토는 오쿠보의 암살로 무주공산이 된 정권의 차기 주자로 급부상했다. 쇼군을 밀어내고 천황이 권좌에 복귀하는 근대로의 이행기는 기도와 사이고가 지휘봉을 잡았고 오쿠보가 권력의 중심에 머무르면서 신정부의 기반을 공고히 했다면, 이토는 대일본제국 헌법 제정(1889년)을 비롯해 근대적인 헌정 체제의 수립을 이끄는 한편 청일전쟁을 계기로 일본을 명실상부한 제국주의 국가의 반열에 올린 최고의 공로자였다. 그 과정은 조선 침탈 즉 정한론의 최종적 실현과 궤를 같이한다.

조선과 류큐,
속국과 독립국의 갈림길

수교 후의 조일 관계

앞서 확인했듯 조선과 일본의 수교는 그동안 첨예했던 갈등과 대립이 무색할 정도로 '싱겁게' 마무리됐다. 싱겁다고 표현한 데는 두 가지 이유가 있다. 하나는 강화도조약 체결 뒤 몇 년 동안 양국 관계가 비교적 평온했기 때문이다. 또 하나는 앞에서 강화도조약 제1조의 본질에 대해 서술했듯 조일 수교는 서계 문제로 촉발한 '과거'의 매듭이 아니라 '미래'를 겨냥한 봉합이자 포석이었다. 정한론의 끝이 아니라 새로운 시작이라는 데 주목함으로써 청일전쟁 발발의 필연성을 포착하는 실마리를 얻을 수 있으며, 이것이 이 장을 관통하는 문제의식이기도 하다.

강화도에서 조일 교섭이 긴장감을 더해가던 1876년 2월, 주러 공사 에노모토는 공사관의 하나부사 서기관을 조선에 부임하도록 데라시마 외무경에게 추천했다. 앞에서 소개했듯 하나부사는 일찍이 1872년 이래 조선 외교의 현장을 경험했던 인물이며, 하나부사의 추천은 조선의 정치적·전략적 가치에 주목해 부산을 손에 넣어야 한다는 에노모토의 건의와도 맥락이 통한다. 외무성의 귀국 명령이 떨어진 하나부사는 10월 말 조선 파견의 사령장을 받았고, 이듬해인 1877년 9월에 대리공사로 임명됐다.[47]

하나부사는 조선의 개항 방안을 논의하는 한편 공사의 서울 주재를 타진했으나, 두 안건 모두 합의에 이르지 못했다. 특히 공사의 서울 상주에 대한 조선의 거부감은 매우 컸다. 1878년 9월 하순 조선은 부산의 두모포에 세관을 설치하고 수입업자에게 관세를 징수하기 시작했다. 이것을 알게 된 일본은 재차 포함외교를 가동했다. 하나부사는 군함을 거느리고 위력 시위를 거듭하면서 세관 철폐를 성사했다. 해가 바뀌어 1879년 3월 하나부사는 조선 정부를 압박해 1880년 5월에 원산을 개항한다는 약속을 받았다. 강화도조약 체결은 양국 관계 진전에 거의 효력을 미치지 못했다.

1880년 1월 하나부사는 조선에 총기나 군함을 제공할 필요가 있다는 건의를 상신했다. 조일 양국이 수교했음에도 "간친懇親의 이름 있되 그 실질 없다"라는 현실을 타개하려는 것이었다. 총기나 군함을 제공함으로써 실질적 관계 개선의 물꼬를 트려는 의도였다.

이렇듯 강화도조약 이후 관찰되는 양국 관계의 싱거움은 외부(청)에서 유입된 자극으로 변화를 겪는다. 이홍장이 조선의 영의정 이유원(李裕元, 1814-1888)에게 보낸 두 차례의 서한(1878년 9월과 1879년 2월)은 그런 변화를 암시한다. 청의 실력자 이홍장은 강화도조약 체결 뒤에도 양국 관계가 순조롭지 않은 것을 놓고 만국공법을 바탕으로 조약을 준수함으로써 대일 관계를 개선하라고 조언했다. 이런 인식은 이리 지방을 놓고 러시아와 대립하던 청의 정황과 연결된다. 청은 러시아의 위협에서 조선을 지켜내기 위해서도 일본과 근대적 외교 관계를 구축하게 하는 이른바 '반러연일' 전략을 구사했다. 하지만 류큐 문제를 둘러싼 청일 양국의 충돌과 대립이 날로 고조되면서 청은 조선을 구미 열강에 개국시켜 러시아뿐 아니라 일본까지 견제하는 전략으로 조금씩 선회한다.

조선의 운명과 류큐 문제가 맞물리는 사태와 더불어 이 무렵 일본에서는 권력 지형이 격변했다. 1877년과 1878년 사이 꼭 1년 사이에 메이지유신 3걸이 잇달아 유명을 달리하고 이토가 새로운 주자로 부상했다.

1877년 2월 서남전쟁이 터졌다. 교토에서 요양하던 기도는 자신이 사이고를 만나 투항을 설득하겠다는 의견을 올리기도 했다. 하지만 5월 들어 병세가 더 악화했고, 기도의 일기장 또한 6일이 마지막이었다. 5월 26일 교토에서 기도는 위암으로 만 44세에 생을 마감했다. 그리고 9월 24일 사이고는 남은 병력과 함께 가고시마시 중앙부의 시로야마城山에서 최후를 맞았다. 정부군이 총공격하자 사이고는 부하에게 가이샤쿠(介錯, 목을 베는 것)를 당부하며 할복했다. 만 49세의 파란만장한 삶이었다. 해를 넘겨 1878년 5월 14일 사족 6명이 출근하던 오쿠보의 마차가 습격당했다. 만 47세의 오쿠보는 16곳의 자상을 입고 말 그대로 참살당했다. 암살자들은 오쿠보의 독재를 비판하는 참간장斬奸狀[48]을 지참하고 있었다. 정한론의 신봉자이기도 했던 이들의 행동은 속인들에게 사이고의 복수극으로 비치기도 했다.

기도와 사이고의 죽음에 이은 오쿠보 암살은 이토에게 천재일

조선과 류큐, 속국과 독립국의 갈림길

우의 기회로 작용했다. 오쿠보의 사망 바로 다음 날 이토는 내무경을 승계했다. 경찰을 포함해 행정 전반을 주무르는 내무경은 내각제 시행 전의 정국에서 실질적으로 총리나 다름없었다. 이후 이토는 메이지 정부의 지도자로 승승장구한다. 정말 억세게 관운 좋은 운명을 타고났다고 할까.

류큐 병합과 청의 대응

강화도조약 체결 후의 조일 관계, 아니 이 책의 문제의식에 따르면 조청일 관계는 어떻게 됐을까? 이를 규명할 실마리는 타이완 침공에 대한 청의 반응에서 찾을 수 있다.

1874년 일본군이 '소속 방토'인 타이완에 발을 들인 사건은 청조정에 엄청난 충격을 줬다. 대외 관계의 위기의식은 한층 높아졌고 군비 강화를 요구하는 목소리가 힘을 얻었다. 이홍장은 러시아와 국경을 접하는 신장 지역을 포기하고 일본을 가상적국으로 간주해 해군력을 키우자는 주장을 내놓았다. 조정의 정쟁으로까지 비화한 이른바 해방海方·새방塞防 논쟁[49]은 1875년까지 이어졌는데, 양쪽의 채택이라는 절충안으로 마무리됐다.

이홍장은 누구보다 적극적으로 움직였다. 그는 북양北洋 해군 건설에 박차를 가해 자력 건조 대신 영국에 순양함 2척, 독일에 전함 2척을 각각 발주하는 쪽으로 방향을 틀었다. 영국제 순양함과 독일제 전함은 각각 1881년과 1885년에 인수됐는데, 특히 전함 정원定遠과 진원鎭遠은 7000톤이 넘는 배수량을 자랑하며 당시 동아시아에서 가장 큰 최신예 함정이었다.[50] 바야흐로 시대의 파고는 랴

3부 청일전쟁으로 정한론을 완성하다

오둥반도 끝자락의 한적한 어촌 뤼순旅順에도 들이닥쳤다. 1887년 북양 함대의 거점으로 탈바꿈한 것이다. 1888년 산둥山東반도의 웨이하이威海를 모항으로 북양 함대의 진용은 일단 완비되지만, 함대 운용 능력은 물론 승무원의 숙련도를 충분히 확보하지 못한 채 청일전쟁에 돌입하고 두 함정 또한 비운을 맞는다.

타이완에 이은 파란은 곧바로 남국 류큐에 다다랐다. 청과 교섭을 마치고 귀국한 오쿠보 내무경은 1874년 12월 류큐 병합의 점진적인 진행을 상신해 승인을 얻었다. 해가 바뀌어 1월 청에서는 동치제(同治帝, 재위 1861-1875)가 요절하고 사촌 동생 광서제(光緖帝, 재위 1875-1908)가 보위에 올랐다. 새 황제를 축하하는 류큐의 사절 파견은 필지였고, 이를 묵과한다면 일본의 영향력이 줄어들 수밖에 없다고 판단한 일본 정부는 류큐와 청의 관계를 단절하는 작업에 착수했다.

7월 나하那覇에 도착한 내무대승 마쓰다 미치유키(松田道之, 1839-1882)는 청과의 조공 책봉 관계 폐지, 조공 및 축하 사절 금지 등을 강제했다. 지난해의 타이완 침공을 수습하는 과정에서 청은 일본의 파병을 '민을 지키는 의거'로 평가하는 데 동의했는데, 오쿠보 정권은 이 점을 발판으로 삼아 류큐 병합을 서둘렀다. 류큐 왕부는 항변과 탄원을 곁들이며 끈질기게 저항했고, 1876년 12월에는 밀사를 청에 보내 구원을 요청했다.

1878년 11월 마쓰다는 오쿠보의 후임 내무경인 이토의 명에 따라 류큐 '처분'에 관한 안을 제출했다. 이후의 전개는 마쓰다의 안을 토대로 이뤄졌다. 1879년 1월 마쓰다는 류큐를 찾아 청과의 단교를 압박했지만, 확답을 얻지 못했다. 3월 25일 나하에 나타난 마쓰다는

조선과 류큐, 속국과 독립국의 갈림길

군대 400여 명과 경찰 160여 명을 거느리고 있었다. 나흘 뒤인 29일 류큐 왕부는 수백 년 동안 자리했던 슈리首里성에서 내쫓겼다. 4월 4일에는 류큐번을 없애고 오키나와현을 설치한다는 포고가 내려졌다.

청은 조공선 파견이 지체되면서 일본의 류큐 병합 움직임을 파악하게 된다. 1877년 2월 류큐 왕부의 밀사를 접견하고 보고를 받은 뒤 대책 마련에 나섰다. 그해 말 도쿄에 착임한 초대 주일 공사 하여장은 류큐 문제의 실태를 조사한 뒤 1878년 5월 이홍장과 총리아문에 서신을 보냈다. 이홍장에게 보낸 서신에는 일본의 움직임에 대한 강한 경계심이 담겨 있다.

(일본은) 조공을 저지하는 데서 그치지 않고 반드시 류큐를 멸망시킬 것이다. 류큐가 망하면 뒤이어 조선에 미칠 것이다. (……) 하물며 류큐는 타이완과 가깝다. (……) 류큐 대책은 타이완을 위해 세우지만, 지금 이것을 다투는 화는 허용될 수 있다. 이것을 버리는 화는 실로 깊다.

타이완과 조선까지 상실하는 '도미노 현상'을 막으려면 류큐를 구해야 한다는 주장이었다. 거기에는 일본이 전쟁을 치를 여유가 없다는 판단도 첨부돼 있었다.

그러나 외교 책임자로서 이홍장은 소극적인 태도를 보였다. 하여장에게 내린 지시는 외교 채널을 활용한 항의와 교섭 정도였다. 그런데 그 저변에는 흥미로운 인식이 있다.

청일수호조규 제1조에 "양국의 소속 방토는 서로 예의를 가지고 존중하고 침략하지 않는다"라고 적혀 있다. 류큐와 같은 변방은 있어도 그만 없어도 그만이지만, 만일 이 사례가 조선에도 영향을 미치면 우리도 가만있을 수 없다.

류큐는 포기할 수 있지만, 조선은 절대 사수하겠다는 인식을 표명하면서도 실제 대책으로서는 청일수호조규 제1조를 버팀목으로 한 외교 교섭을 견지하려는 것이었다.

하여장은 1878년 9월부터 일본 외무성과 접촉하기 시작했다. 요구 사항은 조공 금지 명령의 철회였다. 하여장이 명분으로서 전통적인 조공 책봉 관계를 원한다는 류큐인의 '의향'을 거론한 데 비해 데라시마는 류큐가 일본의 '속지屬地'이며 세금을 걷으며 실질적으로 지배한다는 논리를 들어 반박했다. 10월 들어 하여장은 일본이 "조약을 파기하고 소방小邦을 압제"한다는 항의 서한을 발송했다. 데라시마는 하여장의 서한이 "가상의 폭언"이고 "우호를 보존하지 않겠다는 것과 같다"라며 강경한 문구로 맞받아쳤다. 분위기는 전쟁 일보 직전인 듯 험악했다.

이렇게 류큐를 둘러싼 청의 압박이 점차 거세지자 일본은 청과 협상을 일체 중단하는 한편 전격적으로 류큐 병합의 시책을 염출하고 실행에 옮겼다. 그 결과는 1879년 3월 마지막 폐번치현의 단행이었다.

4월 오키나와현 출범이 공포되고 나서도 청일 양국의 분쟁은 수그러들지 않았다. 청의 목표는 이제 조공 부활이 아니라 폐번치현의 철회였으므로 더 강경한 기세로 나왔다. 그 자세한 경과를 짚어볼 필요는 없으나, 조일 관계의 측면에서 결코 간과해서는 안 될 논의가 이뤄졌다는 점은 언급하고 싶다. 이때 일본과 서면 공방전을 통해 조공 책봉 관계 또는 종속의 내실에 대한 새로운 논리가 제기됐기 때문이다.

1879년 5월 10일 총리아문은 베이징 주재 일본 공사에게 조회문을 보냈다. 류큐가 청과 수백 년 동안 조공 책봉 관계를 맺어온 것은 각국이 알고 있다면서 다음의 문장이 이어진다.

> 중국은 류큐가 스스로 일국—國임을 명확히 인정했으며, 중국 및 귀국(일본)과 조약을 맺은 각국도 또한 류큐와 조약을 맺었으니 각국도 또한 류큐를 스스로 일국을 이룬다고 인정한 것이다. (……) 류큐가 이미 중국 및 각국에서 스스로 일국을 이룬다는 것을 인정한 것이라면, 귀국이 갑자기 남의 나라를 멸망하고 남의 사직을 끊는 것은 중국 및 각국을 멸시하는 것이다.

류큐는 속국이면서도 하나의 독립국이며, 류큐와 조약을 맺은 각국도 이것을 인정한다는 것이 요지다. 조공 책봉을 단순히 근대 이전의 전통적 관계에 지나지 않으며 만국공법과 무관하므로 효력이 없다는 주장은 너무나 일면적이라는 논리를 내세운 것이다. 청으로서는 속방(조공국)과 수교(조선)는 묵인할 수 있어도 분리·이탈(류큐)은 결코 묵과할 수 없는 사태였다.

바로 이 때문에 미국 18대 대통령 율리시스 그랜트(Ulysses Simpson Grant, 1822-1885)[51]의 중개가 급속도로 진전됐다. 큰 흐름의 가닥은 1879년 5월부터 7월에 걸쳐 그랜트가 중국과 일본을 잇달아 방문하면서 갖춰졌다. 1880년 4월 이후 청일 양국은 전권을 임명했으며, 8월부터 교섭에 들어가서 10월에 일단 합의안을 도출했다. 류큐의 섬 일부를 청에 할양하고 청일수호조규를 일본에 유리하도록 개정하는 맞교환 방식이자 류큐 분할안이었다. 하지만 최종 조인은 이홍장의 이의 제기 때문에 실현하지 못했다. 1881년 1월 일본은 베이징의 협상단을 철수하고 류큐 문제가 종료됐다는 태도를 보였다.

하지만 류큐 문제는 1880년대 내내 독자적으로 또는 조선 문제와 결부돼 청일 간의 외교 안건 중 하나로 부침을 거듭했다. 기선을 제압당한 청은 만회하고자 다방면으로 노력했으나 반전의 결정적 계기를 거머쥐지 못했다. 반면에 일본은 청의 간섭을 물리치며 오키나와현의 장악을 가속화했고, 청일전쟁 뒤로 류큐는 사실상 일본 영토로 굳어진 채 일본 지도의 최남단에 표기돼 있었다.

조선 '개국'에 이어 류큐의 '병합'까지 밀어붙이는 일본의 거침없는 행보 앞에 1871년의 청일수호조규 제1조는 사실상 사문화된 것이나 진배없었다. 청은 이제 조선에 대한 영향력을 유지하려 새로운 장치의 마련에 나서야 했다. 강화도사건에 이어 한반도의 운명을 좌우하는 소용돌이가 다시금 높아지기 시작했다.

러시아와 조청일 관계

일본이 류큐 병합을 단행함으로써 청의 조선 정책은 중대한 변곡점을 맞는다. 그 시작은 전 푸젠福建 순무로서 남양 함대를 지휘하던 정일창(丁日昌, 1823-1882)의 상소문에서 읽을 수 있다. 류큐 대신 오키나와현이 설치되고 2개월이 지난 1879년 6월 15일의 일

조선과 류큐, 속국과 독립국의 갈림길

이다.

> 만일 일본과 러시아가 (한반도의, 인용자) 잠식을 꾀한다면, 우리는 온 힘
> 을 다해 막을 뿐 아니라, 조선과 조약을 맺은 모든 나라와 협력해 그 부당함
> 을 알리며 공격할 수 있기에, 조선은 류큐와 같은 전철을 밟지 않을 것이다.
> 그렇지 않다면 조선은 멸망하고, 조선이 망하면 일본과 러시아가 우리 동
> 삼성과 근접하게 된다. 이것은 명백히 배에 칼날을 숨기고 있는 형상으로
> 우환이 될 것이다. 취하든 버리든 이해관계에 아무 영향이 없는 류큐와 차
> 원이 다르다.

　　일본과 러시아가 조선을 침략할 것이라는 판단 아래, 정일창은
조선이 서양과 조약을 맺도록 하자는 방침을 처음으로 제기했다.[52]
　　청 정부의 판단도 다르지 않았다. 총리아문은 8월 21일 조선이
각국과 통교하도록 유도함으로써 류큐와 같은 사태를 되풀이하지
않아야 한다는 상주를 올렸다. 8월 26일에는 이홍장이 이유원에게
서한을 보내 군비를 강화하고 서양 각국과 조약을 체결해 러시아와
일본의 침입을 막아내도록 주문했다. 하지만 이유원도 조선 정부도
당장은 서양에 문호를 개방할 생각도 없었고 준비도 하지 않았다.
　　이 무렵 일본에 주재한 청의 외교 공관 쪽에서는 조선 정책을
뒤흔들 최대 변수를 일본이 아니라 러시아로 간주했다. 도쿄 주재
청국 공사관은 기회 있을 때마다 러시아 대책의 시급성을 강조했
다. 1880년 5월 하여장은 총리아문에 보낸 보고서에 하나부사와 면
담한 내용을 실었다. 조선의 위기는 일본이 아니라 러시아의 침략
에서 기인하며, 해결책으로서는 조선이 서양 각국과 통상하는 것밖

에 없다는 얘기를 나눴다는 것이다. 11월 중순의 보고서에서는 "만약 청과 러시아가 전쟁한다면 일본은 러시아의 물자 지원 요청도 거절하는 엄격한 의미의 중립 정책을 실시할 것"이라 예측했다. 요컨대 러시아의 저지는 청의 외교 정책에서 최우선 목표로 설정돼 있었다. 그랜트가 중재했던 류큐 분할 문제가 흐지부지되는 맥락도 그런 연장선에서 이해할 수 있다.

일본의 경우는 어떠했을까? 답은 1879년 9월부터 1887년 9월까지 꼬박 8년 동안 외교 부처의 수장을 지낸 이노우에의 행적 속에서 찾을 수 있다. 유서 깊은 무사 가문에서 태어난 그는 쇼인에게 배운 적은 없었지만, 쇼카손주쿠 출신 인물들과 어울리며 막부 타도와 왕정복고의 길을 열어갔다. 특히 신분도 나이도 다른 이토와 평생 동지였다고 한다.

제5대 외무경 이노우에가 이끌던 일본 외교의 최대 현안은 '조약 개정'이었다. 페리가 내항한 이래 서양과 맺어야 했던 불평등조약을 바꾸는 일이었다. 그리고 이웃한 조선과 외교 관계를 맺을 때 지향하던 바는 다음의 두 가지였다.

하나는 조선이 서양 각국과 조약을 체결하도록 유도하는 방향이었다. 근거로 내세운 것은 메이지유신 이래로 일본의 안전 보장을 위해 러시아가 조선을 차지하게 해서는 안 된다는 논리, 즉 러시아 위협론이었다. 예를 들어 취임 직후 이노우에는 파크스 영국 공사와 만난 자리에서 부동항인 원산을 손에 넣고자 혈안이 된 러시아의 위협을 강조하면서 일본으로서는 조선이 국제조약을 체결해 국제법상의 지위를 강화하길 바란다고 밝히기도 했다. 하지만 일본은 이를 실행할 의지도 방안도 없었다.

조선과 류큐, 속국과 독립국의 갈림길

다른 하나는 지지부진한 강화도조약의 실행에 박차를 가하는 일이었다. 당면한 목표는 인천의 개항과 공사의 서울 주재였다. 그 방안으로 1880년 2월 이노우에는 이른바 '은위병행' 쪽으로 가닥을 잡았다. '은'은 앞서 하나부사가 제안했던 총기와 군함의 제공이고 '위'는 포함외교였다. 3월 하나부사에게 내려진 교섭 지령은 총기 등의 '선물'로써 '주전론主戰論(척화파)'을 견제하고 '개진론改進論(개화파)'의 마음을 얻어 '조선 군정 변혁'의 계기를 마련하라는 것이었다.[53] 4월 들어 일본은 하나부사를 변리공사로 보임하는 동시에 공사의 서울 주재를 독단적으로 결정했다.

임오군란과
조청일 관계

조선 개국 제2막의 전야

1880년대에 들어서는 시점에서 러시아의 견제는 청일뿐 아니라 영국까지 공유한 동북아 국제 관계의 '프로토콜'로 간주되고 있었다. 그 연장선에서 조선의 대외 관계는 미국과 수교하는 제2의 개국 쪽으로 떼밀려 갔다. 하지만 똑같이 러시아 문제를 조선과 엮는 모양새를 취하면서도 청과 일본 사이에는 묵과할 수 없는 '차이'가 있었다. 이제부터 제2차 수신사의 도일과 미국의 조선 수교 움직임을 놓고 청일 양국 간에 조금씩 엇박자가 관찰되기 시작한다는 점을 살피고자 한다.

3월부터 조선이 일본에 사절을 보낼 것이라는 풍문이 돌았다. 얼마 후 부산 주재 영사 곤도 마스키(近藤眞鋤, 1840-1892)가 수신사 파견에 관한 상세 정보를 전해왔다. 예조 참의 김홍집(金弘集, 1842-1896)이 이끄는 제2차 수신사는 제1차 때와 사뭇 달랐다. 조선 정부는 직접 비용을 댈 만큼 적극적으로 추진했으며, 이는 친정을 강화한 고종의 개화 노선 채택과 직결되는 행보이기도 했다. 일본 정부로서도 수신사의 환대에 힘을 쏟음으로써 현안 해결의 발판을 마련하려 했다.

8월 초부터 일본에 한 달을 머무른 제2차 수신사 일행을 향해 청과 일본은 각각 향후의 대조선 정책에 관한 포석을 깔았다. 주일 청국 공사관의 서기관 황준헌(黃遵憲, 1848-1905)은 하여장의 명을 받아 정리한 『조선책략』을 건넸고, 이노우에는 러시아의 위협을 거론하며 '한정적' 개국을 권고했다.

먼저 청의 움직임을 좇아가 보자. 본래 수신사의 일정에는 청 공사관의 방문이 없었다. 즉 황준헌이 수신사 일행을 먼저 찾았고, 만남의 경위부터 청이 적극적이었다고 짐작할 수 있다. 그 뒤 하여장이 동석하며 총 여섯 차례의 상호 방문과 면담이 이뤄졌다. 조일 관계에 관해 수신사 일행이 들었던 조언은 일본과 우호적 외교 관계를 유지하고 러시아의 남하에 대비해야 한다는 것 등이었다.

『조선책략』의 요점은 러시아의 위협을 막아야 한다는 대전제 아래 친親중국, 결結일본, 연聯미국을 역설한 데 있었다. 구장舊章을 변경하는 것이 친중국, 조규를 지키는 것이 결일본, 선약善約을 체결하는 것이 연미국이었다. 일본과 우호를 깊이 한다는 데 대해 조선이 반신반의하겠지만, 일본이 러시아의 위협 때문에 조선과 진심으로 교류하기를 원하므로 이를 받아들여야 한다는 논리를 펼쳤다.

일본의 주장도 청과 별반 다르지 않았다. 러시아의 위협을 내세우며 조선의 개국을 권했다. 9월 7일 이노우에는 수신사 일행을 자택에서 접견한 자리에서 부동항을 절실히 원하는 러시아가 조선을 침공할 것이므로 미국·독일 등과 통교하도록 촉구했다. 4, 5년은 통상 없이 수호 관계만 맺으면 된다는 세세한 방향까지 제시했다.

청일의 외교 당국자는 김홍집과 만난 자리에서 입을 모아 러시아를 막기 위한 개국을 거론했다. 그런데 이미 미국은 조선과 수교하려 움직이고 있었다. 3월 12일 미국 공사 빙엄이 이노우에에게 보낸 서한이 도착했다. 미국은 조선과 통교하려 해군 제독 로버트 슈펠트(Robert W. Shufeldt, 1822-1895)를 부산에 파견하므로 서신 접수에 관해 일본이 도와줄 것을 의뢰했다. 강화도조약 체결에 고무된 미국은 조선과 통상조약을 체결한다는 방침을 세우고 슈펠트에게 그 임무를 맡긴 터였다.

일본의 대답은 그리 긍정적이지 않았다. 앞서 언급한 하나부사에 대한 교섭 지령에서 외무성은 미국이나 조선 어느 쪽에서 요청하든 난민 구조 등에 관해서는 돕겠지만 통상에 대해서는 신중하게 접근하도록 지시했다. 4월 7일 빙엄에게 보낸 답신에서 이노우에는 일본조차 조약 실행이 지지부진하다는 이유를 들어 거부하는 한편, 곤도에게 최대한 협조하라는 지시를 내렸다는 사실도 전했다. 나가사키를 거쳐 5월 4일 부산을 찾은 슈펠트는 동래 부사에게 사실상 문전박대를 당했다.

미국은 포기하지 않고 5월 21일 재차 협조를 요청했다. 빙엄의 편지를 읽은 이노우에는 미국의 의향이 통상이 아니라 수호에 있다는 것을 확인했다. 수뇌부에게 허가받은 이노우에는 5월 29일 곤도에게 협조를 지시했다. 그러나 이번에도 조선의 태도는 수리 거부였다. 격분한 빙엄은 9월 11일 일본에 협조를 요청했지만, 18일 이노우에는 서신 수령 여부는 조선의 선택이라면서 응하지 않았다.

이노우에가 미국의 협조 요구에 소극적으로 대응한 이유는 두 가지로 추측된다. 하나는 이 무렵 제2차 수신사 일행이 조선으로 귀국했다는 사실을 고려하면 굳이 조선의 반감을 사는 행동을 취할 필요가 없었다는 점이다. 다른 하나는 개항을 비롯한 조선과의 통상 문제를 매듭지으려던 시점에서 협상에 혼선을 초래할지 모른다는 판단도 있었을 것 같다. 10월 하나부사의 파견에 앞서 새로 내린 훈령이 이를 짐작하게 한다. 구미 각국이 사절을 파견해 조선과 조약을 체결하려 하므로 "유해한 조문을 피하고 무해한 조약을 맺"도록 조선 정부에 충고하는 한편 통상 분야에는 미치지 않도록 힘쓸 것을 지시했다.

청과 일본은 러시아라는 공동의 적을 저지하려면 조선이 개국해야 한다는 언설을 폈다. 하지만 일본이 조선의 위협이 될 것으로 판단했던 청은 일본보다 빠르게 적극적으로 움직였다. 나가사키에 주재하던 청 영사의 보고를 받은 이홍장이 슈펠트를 텐진으로 초청한 것이다. 두 사람은 8월 26일 회담했다. 청의 실력자는 조선과 우호조약을 체결하는 데 청이 영향력을 행사해달라는 해군 제독의 요청에 긍정적인 태도로 임했다. 일본에서는 하여장이 엄호사격에 나섰다. 수신사의 귀국 직전인 9월 6일, 황준헌을 시켜 『조선책략』을 전달하게 했다.

수신사가 돌아온 뒤 고종은 대미 수교를 추진하기로 한다. 10월 중순 도쿄를 찾은 밀사 이동인(李東仁, ?-1881)[54]은 하여장 등에게 미국과 수교할 뜻이 있다고 밝혔다. 11월 18일 하여장은 총리아문에 보고서(『주지조선외교의主持朝鮮外交議』)를 올렸다. 거기에서는 "조선이 스스로 남들과 조약을 맺도록 놔두면 다른 나라들은 모두 조선의 자주를 인정할 것이며 중국의 속국이라는 것은 홀연히 그 이름을 잃게 된다"라고 적시돼 있었다. 이홍장에게 보낸 별도의 보고서(『논주지조선통상서論主持朝鮮通商書』, 『재론조선통상서再論朝鮮通商書』)에서는 청이 조선을 보호하는 행동을 보여줌으로써 일본의 야심까지 막을 수 있다고 조언했다.

애초에 외교를 전담하는 총리아문은 신중히 처리하자는 의견을 내세웠다. 12월 2일 하여장에게 청이 조선의 개국에 직접 관여하지 않도록 하라는 전문을 내린 것이다. 어디까지나 조선의 '자주'에 맡기며 청은 '비공식적으로' 돕는 모양을 취하라고 돼 있었다. 해를 넘겨 1881년 1월 조선 정부는 이홍장에게 미국과 수교할 방침이라고 통고했다.

일본 외무성은 이런 정황을 감지하고 있었다. 곤도는 조선의 개국을 놓고 청이 한 발짝 앞서고 있다는 정보를 상신했다. "이번에 조선이 다소 개혁의 색채를 나타낸 것은 황준헌의 논책에 따른 것이라는 이동인의 얘기"가 있었으며, "조선의 각국 교제가 청의 손에 의해 이뤄진다면 우리의 체면은 매우 손상"될 것이라고 보고했다.

하지만 외무성은 원래의 계획대로 하나부사 파견을 실행에 옮겼다. 12월 17일 하나부사는 군함 아마기天城를 타고 조선에 부임해 이듬해 7월까지 머물면서 아래와 같은 기조 아래서 교섭에 임했다.

우리(일본)로서는 그(조선)를 도와 완전히 독립하게 만드는 것이 가장 긴요하며, 만약 가능하지 않다면 오히려 다소의 보호와 교육을 베풀고 도와서 국정의 주축과 외교의 방략에 간여해 그(조선)가 완전히 타국의 종속이 되지 않도록 뒷받침해야 한다는 각하의 정견定見 (……) (1881년 2월 20일

임오군란과 조청일 관계

하나부사가 상신한 문서)

여기서 각하는 이노우에를 가리키며, 타국은 청 외에 생각할 수 없다. 조선은 독립국이라는 대전제 아래 은위병행해 교섭한다고 했지만, 협상 자리에서는 곤도가 인정했듯 포함외교가 난무했다. 독립국이라는 단어가 무색하지 않을 수 없다.

최대 목표였던 인천 개항(1882년 실시)은 달성됐고, 신식 군대로 창설한 별기군의 교관은 일본인(호리모토 레이조堀本禮造)이 맡았다. 하지만 그 대가는 작지 않았다. 일찌감치 이동인은 목숨을 잃었고 중간파였던 김홍집은 일본에 반감을 품게 됐다. 무엇보다 척화파의 기세가 날로 강해지고 있었다.

조선, 독립국과 속국의 간극

조미 수교를 향한 실무 작업은 비밀리에 이뤄졌고 철두철미하게 청이 주도했다. 조선 정부로서는 척사斥邪운동 같은 국내 반발을 피하기 위해서도 청에 위임했다. 북양 대신인 이홍장은 조선을 구미 열강과 조약을 맺도록 함으로써 러시아와 일본의 조선 병탄을 저지하고 조선이 청의 속국임을 열강에게 인정받고자 했다.

작업 진행의 틀은 1881년 초에 마련됐다. 이홍장이 하여장과 함께 전체를 총괄했다. 하여장은 2월 21일 조선과 미국이 체결할 조약에 '중국 속국'이라는 단어를 명기하도록 건의했다. 미국 측 파트너로 초청한 슈펠트는 6월 상하이에 도착했다.

1882년 5월 22일 제물포 바닷가의 임시 장막에서 조미수호통상조약이 조인됐다. 이홍장과 슈펠트는 톈진에서 네 차례나 회동하며 조약문을 조율했으나, 조선의 대표 격이던 김윤식(金允植, 1835-1922)은 슈펠트와 얼굴을 맞댄 적도 없었다.

사실상 조선의 전권 대표였던 이홍장은 조약문에 조선이 청의 속방임을 명기하려 최대한 노력했다. 조선 정부의 공식적인 양해는 1882년 1월 17일 김윤식에게서 얻어놓은 터였다. 김윤식은 고종에게 보낸 보고서에서 조선이 중국의 보호를 받더라도 자주할 수 있으니 염려 없으며, 오히려 감사해야 한다고 썼다.

아이러니하게도 반대는 미국 쪽에서 나왔다. 미국은 협상 초부터 청의 의도를 짐작하고 있었다. 1881년 12월 19일 주청 공사는 청이 조선에 대한 종주권Suzerainty을 유지하려 한다는 보고를 올렸다. 마지막 회동 직전인 1882년 3월 11일 이홍장은 조선이 청의 속국Dependence이라는 점을 조약에서 명문화하고자 했으나, 슈펠트는 이를 받아들이지 않았다. 조선이 청의 속국이든 아니든 미국은 상관할 바 아니며, 하물며 그런 내용을 미국과 조선이 체결하는 조약에 기재할 필요는 없다는 것이 슈펠트의 생각이었다.

미국은 청의 종주권을 부인하지 않았으나 조약에 삽입하는 것은 거부했다. 결국 4월 28일 합의된 조약문에서 속국 조항은 삭제되고 말았다. 대신에 청은 두 가지 보완책을 안배했다.

하나는 조선이 스스로 청의 속방임을 밝히는 문서를 미국에 제출하도록 한 것이다. 5월 22일 조선은 미국과 조약을 체결하자마자 관련 문서를 슈펠트에게 수교했다. 속방 문서의 초안은 슈펠트와 함께 조선에 온 이홍장의 막료 마건충(馬建忠, 1845-1899)이 잡았고, 조약문과 함께 청에도 전달됐다. 조선은 연달아 영국(6월 6일), 독일

임오군란과 조청일 관계

(6월 30일), 러시아(1884년 7월), 프랑스(1886년 6월) 등과 조약을 맺게 되는데, 마찬가지로 청의 속방이라는 문서를 딸려 보냈다.

다른 하나는 조선이 청의 속방임을 명시하는 무역장정의 체결이었다. 처음 통상 협상을 제안한 것은 조선이었고, 이홍장과 슈펠트의 협상과 맞물리며 추진됐다. 일본과의 무역이 확대일로에 이르면서 대비책의 하나로 통상의 다변화를 꾀하려 했던 것이다. 하지만 얼마 후 터진 임오군란을 계기로 청의 간섭이 노골화한 것과 맞물리듯 10월 4일 조청상민수륙무역장정이 체결됐다. "조선은 오랫동안 번봉藩封"이었다는 구절로 시작되는 전문에서 조선은 청의 속방임이 명시됐다.

속방의 명문화에 집착했던 청의 원래 의도가 무엇이었는가는 앞서 기술한 대로다. 그런데 조선 개국 후 전개된 사태는 청과 조선의 예상을 비껴갔다. 속방의 내실화는 지지부진했고 조청 관계의 불협화음은 잦아졌고 심각해졌다. 조선의 관점에 서자면, 만국공법 질서에 능동적으로 대처하기 위한 개국은 자주를 제약하는 멍에로 화하고 말았다.

이런 현실을 놓고 기존 연구는 크게 조공 체제(전근대 또는 전통)와 조약 체제(근대)의 '공존', 조공 관계의 와해와 근대적 식민 지배 시도 등의 도식으로 설명해왔다. 어느 쪽이든 청의 의도를 밝혀내는 설득력은 갖췄지만, 조청일 관계의 지평까지 아우르는 확장성은 부족해 보인다. 조선을 둘러싼 청일의 경합·대립이 청일전쟁으로 귀결되는 흐름을 풍부하고 생동감 있게 그려주지 못하는 것이다.

조청일 관계 또는 동북아 전반의 국제 질서라는 넓은 시야에서 일본의 세력 확장을 접근·해부할 필요가 있다. 그 점에서 12년 뒤에 벌어진 청일 양국의 격돌은 이웃 나라를 손에 넣으려는 침략성의 발로이긴 하지만, 전쟁 발발을 억제해왔던 조청일 관계 또는 체계의 파탄이기도 했다. 결론부터 말하자면 그 본질은 '모호함'이다.

예를 들어 서구 열강의 관점에서 조선과 청이 새롭게 맺은 조약의 이해는 쉽지 않았다. 조영수호통상조약이 체결된 직후인 6월 21일, 파크스는 조선이 보낸 속방 조회를 받아들고는 난처함을 금치 못했다. 어떻게 '종속적'인 조선 왕이 영국 여왕과 동등한 지위가 될 수 있느냐가 당혹감의 핵심이었다. "이렇게 선언된 종주권은 러시아와 일본을 짜증 나게 할 것"이라는 파크스의 진단은 슈펠트가 이홍장의 속방 명기를 거부했던 것과 같은 맥락이다. 조약에 의해 창출되는 새로운 관계의 내실과 효력에 대한 불확실성, 이것이 모호함의 실체였다.

조선과 미국의 조약 체결은 일본으로서도 결코 가벼이 넘길 수 없는 사안이었다. 기회 있을 때마다 조선의 개국을 지지하는 언명을 내놓긴 했지만, 막상 성사된 현실을 바라보는 시선에서는 불편한 기색이 묻어난다.

7월 8일 이와쿠라는 외유 중이던 이토에게 아래의 서한을 보냈다. 이토는 헌법 제정을 위한 기초 조사의 임무를 띠고 1882년 3월부터 독일, 오스트리아, 영국, 벨기에 등을 순방한 뒤 1883년 8월 귀국했다.

조선이 일본과는 독립국으로 체약하고 미국 등과는 청의 속국으로 체약한 것은 꽤 골치 아픈 일이다. 또 이홍장은 류큐 문제로 일본에게 깊이 원한을 품고서 외국과 친밀하게 지내는 데 힘쓰는 한편 조선의 조약 체결을 예로 삼아 류큐 문제를 걸고넘어질 작정이 아닌가?

이와쿠라의 인식은 파크스의 예측과 일치한다. '골치 아픈 일'의 세부는 언급하지 않았지만, 최고 수뇌부의 일원인 이와쿠라가 명백히 독립국(강화도조약)과 속국(조미수호통상조약)의 간극에 주목하고 있었다는 점이 중요하다. 아울러 조미수호통상조약의 체결로 류큐 문제에 새로운 파문이 일지 모른다고 예측했다. 조청 관계의 변화가 류큐 문제와 조일 관계에까지 영향을 미친다는 점을 여기서도 확인할 수 있다. 일본으로서는 당분간 사태를 관망하는 수밖에 없었겠지만, 곧바로 터진 임오군란이 논란을 키웠다.

이와쿠라의 걱정은 충분히 근거가 있었다. 1881년 중순부터 이홍장을 중심으로 조미 수교를 향한 노력이 구체화하는 한편, 청일 간에는 조선과 류큐가 연계된 외교 쟁점화가 한창이었다. 1881년 6월 청은 주청 독일 공사의 서신을 빌려 일본 정부에 류큐 분할 논의를 재촉했고, 일본은 영국 외교관을 중재자로 삼아 맞대응하려 했다. 별도로 이홍장은 톈진 영사 다케조에 신이치로(竹添進一郞, 1842-1917, 구마모토)를 상대로 교섭을 이어갔다.

하여장의 뒤를 이은 2대 일본 주재 공사 여서창(黎庶昌, 1837-1897)은 이런 조청일 관계의 흐름 속에서 대일 외교의 최전선에 발을 들였다. 공사 임명은 1881년 4월이었고 도쿄에 착임한 것은 이듬해 2월이었다.

부임 준비에 한창이던 1881년 11월 여서창은 어윤중과 상하이에서 만나 대화를 나눴다. 어윤중이 류큐 문제에 관한 청의 대책을 물었으나 하여장은 해결책을 얼버무리면서 명확한 방침을 보여주지 못했다. 조선에서도 류큐 문제의 동향에 관심 있었던 것이다.

신임 공사에게 부과된 첫 과제는 조선과 류큐 문제의 대응이었다. 부하인 요문동(姚文棟, 1853-1929)은 "조선의 시세는 류큐보다도 급하다"라고 진언했다. 전쟁하지 않는 한 류큐 탈환은 불가능하므로 조선을 보전하는 데 전념하자는 것이었다. 조선 보전에 관한 방안은 완전 식민지화, 파병 주둔, 개국과 통상 등의 세 가지였다. 물론 현실에서는 개국과 통상하는 방안을 선택했으나, 임오군란이라는 돌발 사태의 해법은 만만찮았다.

임오군란 이후 청과 일본이 어떤 외교 행태를 보였는가는 뒤에서 상세히 논의하겠지만, 군란은 새삼 조미수호통상조약의 성격에 관해 의문을 촉발했다. 이노우에 고와시(井上毅, 1844-1895, 구마모토, 이노우에 가오루와 구분하려 고와시로 칭한다)와 법률 고문 귀스타브 E. 보아소나드가 했던 문답이 그러하다. 고와시의 의문은 두 가지였다. '반속국'은 외국과 조약을 체결할 수 있는가? 또는 외국과 조약을 체결하면 자주의 증거로 봐야 하는가? 외국과 조약을 맺은 반속국이 체약국과 분란이 생겼을 때 보호국이 간섭할 권한이 있는가? 고와시는 강화도조약 제1조의 효력이 무엇인지를 짚어보고자 했다.

8월 13일 자로 기록된 보아소나드의 답변은 그다지 명쾌하지 않았다. 먼저 종주국의 관할권을 상실할 수 있는 화친조약의 체결은 불가능하지만, 반속국의 조약 체결권에는 확정된 법칙이 없다는 것이 그의 결론이었다. 또한, 보호국의 간섭은 허용되지 않으나 조청일의 상황에 맞춰 참조할 수 있는 전례는 없다고 마무리했다. 누구보다 빨리 이런 모호성을 깨달은 고와시는 임오군란 수습 직후인

9월 17일 조선의 중립국화 방안을 내놓는다.

1881년 2월, 일본에서 초상을 새긴 지폐를 처음으로 발행했다. 1엔 지폐를 장식한 인물은 조선 정벌 신화의 주인공인 진구 황후였다. 국가 권력의 상징물인 지폐를 장식할 첫 번째 인물로는 원래 메이지 천황이 예정돼 있었는데, 천황 자신의 지시에 따라 진구 황후로 바뀌었다. 지폐의 초상은 당시 지폐국에 근무하던 이탈리아인 조각가가 담당해 서양풍으로 그려 넣었다. 1엔에 이어 5엔(1882년 7월 발행), 10엔(1883년 9월 발행)에도 진구 황후가 등장했다. 당시 일본 정부의 조선관과 조선 외교의 방향을 암시한다고 보면 너무 과장일까?[55]

임오군란의 발발, 조선은 속국인가 독립국인가

조미수호통상조약을 체결하고 두 달이 지난 7월 23일 임오군란이 터졌다. 일본인 14명이 목숨을 잃었고,[56] 하나부사는 인천으로 피신해 영국의 측량함을 타고 7월 29일 나가사키로 귀환했다. 사태는 일단 8월 30일의 제물포조약 조인으로 일단락됐다. 일본이 얻은 가장 큰 성과는 공사관 호위를 명목으로 군대를 주둔할 수 있게 된 것이었다.

7월 29일 하나부사는 사건 보고와 함께 충분한 호위함과 병력 파견을 요청했다. 이튿날 정부 요인이 회동해 숙의에 들어갔으나 심야까지 격론을 거듭했을 뿐 결정을 내리지 못했다. 7월 31일 아침부터 천황이 임석해 긴급 각의를 열었다. 소에지마 다네오미, 구로다 기요타카 등은 전쟁을 상정한 문책 사절 파견을 주장했으나[57]

메디치미디어
Best

도서목록

피렌체의 식탁
MEDICI FORUM
앳워크
비타베아타
무등학교
www.medicimedia.co.kr

독학은 어떻게 삶의 무기가 되는가

야마구치 슈 지음 | 김지영 옮김 | 268쪽 | 값 15,000원

나는 가치 있는 모든 것을 독학으로 배웠다!

학교에서 배운 지식만으로는 부족한 시대가 되었다. 사회는 빠르게 변하고 있으며, 이 변화에 적응하기 위해서는 새로운 지식을 배울 필요가 있다. 하지만 학교로 돌아가 배울 수 없는 어른들을 위한 공부법이 바로 '독학'이다. 이 책에서 저자가 알려주는 독학의 기술을 배워보자.

천천히 재생

정석 지음 | 272쪽 | 값 15,000원

공간을 넘어 삶을 바꾸는 도시 재생 이야기

개발에서 재생으로, 도시의 패러다임이 바뀌고 있다. 경쟁과 효율 같은 개발 시대의 논리에서 벗어나 재생 시대에 걸맞은 새로운 논리와 철학을 제시하는 책. 개발의 흔적에 허덕이는 도시를 치유하고, 소멸 위기의 마을을 살리는 다양한 비법을 담았다.

중국을 빚어낸 여섯 도읍지 이야기

이유진 지음 | 524쪽 | 값 18,000원

한 권으로 읽는 중국사 3천 년

중국사와 '공간'이 만난 국내 최초의 중국 도읍지 이야기다. 천년 고도 시안에서 시작해, 《삼국지연의》 낙양으로 잘 알려진 뤄양, 송나라의 카이펑, 소동파의 고장 항저우, 근현대사 비극을 간직한 난징에서 베이징까지, 이 한 권에 중국 3천 년 역사 전체를 품었다.

논쟁으로 읽는 한국 현대사

김호기, 박태균 지음 | 344쪽 | 값 16,000원

역사의 분수령에서 우리는 어떤 논쟁을 벌였고, 어떤 역사를 선택했는가?

고난과 영광의 시대가 교차하는 한국 역사에서, 한국인들은 늘 논쟁을 통해 쟁점을 분명히 하고 간혹 퇴보하되 마침내 해법을 찾곤 했다. 작금의 한국사회는 여러 난제에 직면했고 시민들 역시 '논쟁의 광장'으로 초대되었다. 이 책은 시민들이 '미래의 길'을 모색하는 데 큰 도움을 줄 것이다.

경제, 알아야 바꾼다

주진형 지음 | 408쪽 | 값 15,000원

새 사회의 주역이 들어야 할 필수 경제 강의
부동산과 일자리, 조세와 금융, 구조조정과 연금 등 나의 삶을 돌보고, 우리 모두의 삶을 정비하기 위해서는 경제를 알아야 한다. 현장 경험과 이론을 겸비한 저자의 이야기를 듣고 있으면 조각조각 불분명했던 경제라는 이름의 퍼즐이 선명하게 맞춰진다.

제가 좀 숫자에 약해서

윤정용 지음 | 284쪽 | 값 13,800원

편안한 회사생활을 위해 알아야 할 숫자의 모든 것
직장 생활이 길어질수록, 직급이 올라갈수록 숫자의 중요성은 점점 커지는데 직장인들에게 숫자는 너무 어렵다. 문과생이었던 저자는 재무팀에 발령을 받으면서 숫자에 대한 상식을 몸으로 깨우치게 된다. 이때 배운 것을 바탕으로 '직장인들이 꼭 알아야 할 숫자 사용법'에 대해 알려준다.

숲에서 경영을 가꾸다

최재천 지음 | 216쪽 | 값 14,000원

'한국의 대표적인 과학자' 최재천 최초의 경영서
한국 사회에 '통섭'을 널리 알린 최재천 교수가 생태학과 통섭을 삶과 일에 있어 지혜의 장으로 옮겨와 최재천의 경영 십계명을 제안한다. 이 책에는 대학에서 학장 보직도 피해왔던 천생 학자가 500여 명의 조직을 성공적으로 이끈 과정과 경영철학이 담겨 있다.

나는 왜 영양제를 처방하는 의사가 되었나

여에스더 지음 | 240쪽 | 값 14,000원

열량 과잉과 영양 결핍에 시달리는 바쁜 현대인을 위한 맞춤 건강 해법!
영양제는 질도 가격도 천차만별이다. 저자는 영양제의 올바른 가치와 알맞은 사용법을 과학적 근거를 바탕으로 명쾌하게 제시한다. 10가지 증상 및 질병에 따른 영양제를 추천하며 만성 피로, 다이어트, 임신, 치매 예방 등 특수한 상황에서 도움이 되는 영양제까지 꼼꼼하게 일러준다.

"일본인도 모르는
일본 이야기"

일본인 이야기 1
—전쟁과 바다

김시덕 지음 | 436쪽 | 값 20,000원

일본사 최종판! 250여 점의 생생한 도판 수록

일본을 제대로 이해하기 위해서는 그 역사와 문화를 이해해야 한다는 문제의식 아래 기획한 《일본인 이야기》 시리즈의 첫 권. 16세기 일본은 어떻게 조선, 중국과 다른 길을 걷게 되었는가? 격동의 16세기 역사에 대한 저자의 명쾌하고 참신한 해석이 왜 일본의 근세를 알면 현대의 일본을 알 수 있는지를 보여준다.

"예술을 이해하기 위해 우리에겐
예술가의 삶이 필요하다"

천년의 화가
김홍도

이충렬 지음 | 480쪽 | 값 22,000원

편견과 신화를 벗어던진 위대한 예술가의 생애

단원 김홍도의 일생을 기록한 첫 번째 전기. 가난한 바닷가 마을 소년이 임금을 그리는 어용화사가 되고, 조선의 새로운 경지라는 찬사를 듣는 화원으로 성장하기까지, 그 파란만장한 일대기가 드라마틱하게 펼쳐진다. 대표작을 포함한 100점의 도판을 실어 대화가의 삶과 예술적 성취를 온전히 느낄 수 있다.

천황은 이노우에의 손을 들어줬다. 외무경이 사태 수습의 전권을 맡으며, 육·해군 파견을 결정했다.

7월 31일 공사관이 습격당했다는 뉴스가 신문에 실렸다. 일본인의 피해 여부가 확인되지 않았지만, 여론은 강화도사건을 방불케 하듯 들끓었다. 예를 들어 7월 31일《지지신보時事新報》는 첫 칼럼부터 전권 대신을 임명해 "하나부사 공사의 귀경을 기다려 함께 군함과 육군을 인솔하고 신속히 서울로 나아가야 한다"라는 즉시 출병론을 강조했다.[58] 과열 양상을 보이던 신문사는 급기야 8월 7일 대원군이 명성황후 일족을 독살했다는 오보까지 냈다.

8월 2일 이노우에는 시모노세키로 내려갔다(18일 귀경). 같은 날 하나부사에게는 사죄와 배상에 더해 조선의 책임이 중할 때는 거제도나 울릉도의 할양까지 언급하는 훈령을 내렸다. 8월 7일 이노우에는 시모노세키에서 하나부사와 만나 상세 보고를 받았다. 8월 9일에는 개항장 확대와 자유로운 활동 보장 등까지 요구 사항에 추가했다. 일본은 임오군란을 계기로 강화도조약 후의 현안을 일거에 해결하려는 심산이었다.

긴급 각의가 열린 7월 31일, 외무성은 임오군란 발발을 도쿄 주재 외교 공관에 통고했다. 8월 2일에는 하나부사의 파견과 호위 병력(군함 3척과 육군 300명) 출동을 담화문으로 알리고 3일 이후 순차적으로 각국 공사관에 서신을 발송했다.

일본이 자국의 대응책 공개를 서두른 이유로는 두 가지를 생각할 수 있다. 하나는 청의 간섭을 막으려는 사전 포석의 의미였다. 8월 2일 자 훈령에서 이노우에는 하나부사에게 청이나 타국이 중재를 제안하면 분명하게 거절하도록 지시했다. 또한, 일본이 조선을

임오군란과 조청일 관계

'정복征伏'하고 '약탈'할 것이라는 청 및 청 주재 외교관의 우려를 잠 재울 필요가 있었다. 이노우에가 직접 나서서 이른바 '조약 개정'에 힘을 쏟던 상황인 만큼 일본은 만국공법을 준수하는 문명국에 어울 리는 행동을 보여줘야 했다.

일본의 병력 동원 상황은 다음과 같다. 8월 7일 곤도 부산 영사 가 이끄는 선발대(군함 2척, 수송선 1척, 육군 300명)가 제물포에 도착했 다. 하나부사를 태운 기선은 8월 12일 제물포에 입항했고, 뒤이어 군함 2척과 수송선 2척과 보병 1개 대대가 도착했다. 조선과 전면 전이 벌어질 것에 대비해 야마가타 육군경 대리는 별도로 혼성여단 을 편성해 출동 준비까지 갖췄다. 1878년 참모본부 창설 이래 첫 번 째로 육군을 동원한 사례였다.

조선의 변란은 당시 오스트리아의 빈에 체재하던 이토와도 정 보 교환을 했을 정도로 중대사였다. 8월 2일 이토는 사건 발생과 대 처에 대해 이노우에에게 보고받았고, 8월 14일에는 러시아와 청 어 느 쪽이 사건에 관여했는지 알려달라는 전보를 빈에서 보냈다. 보 아소나드의 의견도 이토에게 전해졌다. 러시아의 동향에 촉각을 곤 두세웠던 외무성은 8월 7일 직원을 파견해 러시아의 동향을 살피는 한편, 이토의 협력을 구하기도 했다.

한편 일본 외무성의 통보를 접한 여서창 주일 공사는 8월 1일 사태의 요지를 알리는 전보를 본국에 보냈다. 같은 날의 제2보에서 는 일본의 출병 결정을 전하면서 청의 군함 파견을 건의했다. 여서 창은 일본이 조선과 전쟁을 벌일 생각이 없음을 알게 되자 대책을 상신했다. 일본과 마찬가지로 청도 파병해 난을 진압한 뒤 조선을 압박해 범인을 처벌하고 일본에 사죄하도록 한다는 내용이었다. 여서창의 제안에 더해 설복성(薛福成, 1838-1894)도 파병을 주장했는데 그 논리가 흥미롭다. 일본이 조선에 병력을 보내 국왕을 포로로 잡고 서울에 눌러앉으면 류큐의 '전례'를 답습할 수도 있다는 것이었다.

파병 결정권은 모친상으로 고향에 내려간 이홍장의 대리자인 장수성(張樹聲, 1824-1884)에게 있었다. 그는 톈진에 와 있던 김윤식과 어윤중에게도 청의 파병과 조일 간의 중재를 요청받았다. 즉각 파병의 결심은 굳어졌고, 8월 7일 베이징의 재가가 떨어졌다. 마건충과 어윤중을 태운 북양 함대 소속 군함 3척이 제물포에 입항한 것은 8월 10일이었다. 마건충은 정보 수집과 더불어 조일 양국의 관리와 접촉했고, 베이징에 병력의 증파를 상신했다. 8월 20일 광둥 총독인 오장경(吳長慶, 1834-1884)이 병력 3000명과 군함 3척을 이끌고 남양만에 상륙했다.

임오군란을 둘러싼 청일 외교전의 서막은 도쿄에서 벌어졌다. 이노우에의 출장에 따른 외무경 대리 요시다 기요나리(吉田淸成, 1845-1891, 사쓰마)와 여서창 사이에 오간 서신이 그 전초전이었다. 여기에서 강화도조약 제1조의 함의가 도마 위에 올랐다.

총리아문의 훈령에 따라 8월 5일 여서창은 마건충을 파견해 일본을 위해 '조정'할 의향이 있다고 밝혔다. 종주국인 청이 주도해 사태를 수습하겠다는 의사 표시였다. 바로 다음 날 요시다는 청의 '우의'에 감사하지만 스스로 처리하겠다고 밝혔다. 이로써 청의 간섭을 배제하려는 태도를 공식화했다.

8월 6일 각의에서는 청을 배제하고 독자적으로 사태를 처리한다는 방침을 결의했다. 관련 내용은 야마가타가 출장 중인 이노우에에게 전보로 알렸다. 예상되는 청의 대응책은 세 종류로 예상됐다. 조선이 속국이므로 청이 담판을 책임지겠다는 것, 일본과 조선 사이의 중재를 제안하는 것, 간접적으로 조선에 충고와 사죄를 재촉하는 것. 첫 번째는 당연히 거절해야 하는데, 그 '대의'로 내건 것이 강화도조약에 "기명한 쌍방 외 타국과는 관계없"다는 논리였다. 두 번째는 중재를 거절할 권리가 공법상에 있다는 점이 근거였다. 세 번째에 관해서는 일본이 승인한다고 언명할 필요가 없다는 것이 결론이었다. 청이 조선에 충고하고 진력하는 것은 "우리의 관계 밖에 있어 장애가 되지 않"기 때문이라는 것이다. 이노우에 또한 앞의 8월 2일 자 훈령을 바꿀 필요가 없다고 판단했다. 다만 하나부사에게 마건충의 파견 사실을 전하면서 조정 제의는 거절하고 별도로 교섭하지 말도록 지시했다.

그러나 파병 방침을 굳힌 청은 더 적극적으로 나왔다. 8월 9일 여서창은 총리아문의 훈령을 받아 청은 "조선을 보전하고 일본을 호위"하려 파병한다는 서신을 보냈다. 사실상의 공식 통고였다. 8월 9일과 10일 이노우에는 시모노세키에서 요시다에게 '조선 속방론'을 놓고 청의 총리아문과 담판을 벌이는 상황을 가정하며 다각적인 준비를 지시했다. 8월 10일의 각의에서는 속방론을 계기로 청과 전쟁을 벌이는 것까지 거론하는 형국이었다.

8월 11일 요시다는 일본이 조선을 '자주국'으로 대하고 있으며 조선과 맺은 조약에 따라 처리할 것이라는 답신을 보냈다. 8월 12일 청은 속내를 노골적으로 드러냈다. "조선이 우리의 속방임은 모두가 아는바"이고 이번 파병은 "속방에 병란이 생겨 스스로 자기 일을 처리"하려는 것이라고 단언하며 "다른 사람이 자제의 집에 물건을 맡겼는데 혹 도둑을 맞았다면 가장이 사문查問하지 않을 수 없는 이치와 같"다고 비유했다. 이에 당일로 요시다는 청과 전혀 상관없는 일이라면서 사실상 논의 중단을 통보했다.

8월에 제출했다는 이와쿠라의 각서도 외무성의 입장과 일맥상통했다. "청과 직접 논쟁하지 않는 것이 득책"이라면서 그 이유를 조선의 개국과 연계해 설명했다.

그 이유는 근일 조선과 새로 조약을 체결한 영국·미국·프랑스·독일 4개국이 조선을 독립국으로 공인한다면, 우리 나라는 청과 병력으로 그 여부를 다투지 않아도 될 뿐 아니라 앉아서 큰 승리를 얻었다고 할 것인바, 조선 속방 운운하는 논의부터 류큐 사안까지도 불언 중에 소멸할 것이다.

류큐와 조선이 연결된다는 관점에서 이와쿠라는 임오군란 직전의 잇따른 조약 체결이 강화도조약 제1조의 강화에 기여할 수 있다고 기대했다. 마찬가지로 이노우에는 8월 말과 9월 초에 걸쳐 파크스와 네 차례 접촉했는데, 조선 문제에 관해서는 조영수호통상조약을 빨리 비준함으로써 조선을 독립국으로 인정해달라고 요청했다.

이렇듯 일본 정부 상층부가 공유했던 조선 독립국론은 보아소나드의 검토에 따라서도 뒷받침됐다. 8월 9일 접수된 여서창의 서신을 놓고 고와시는 일본이 취해야 할 방향을 물었다. 보아소나드의 답은 강화도조약 제1조를 최대 근거로 삼고 있다. "일본은 조선을 독립국으로 인정하고 현재의 조약도 청의 손을 거치지 않고 온전히 조선을 상대로 체결"했으므로 "청과 조선 사이에 상의해 처리할 일 있으면 우리(일본, 인용자)는 관여하지 않"는 것과 마찬가지로 "청 정부가 우리 나라와 조선 사이에 끼어드는 것은 허용될 수 없다"라는 결론을 제시했다.[59]

8월 13일 이노우에는 주청 임시 대리공사 다나베 다이치(田邊太一, 1831-1915)에게 지시해 총리아문이 조선 속국론을 거론해도 일절 상대하지 않도록 했다. 8월 20일에는 하나부사에게 속국론의 최종 결정은 사건 처리를 끝낸 뒤에 해도 늦지 않다고 훈령을 보냈다. 요컨대 이노우에와 외무성은 조선 독립국론에 근거해 청의 간섭을 배제한다는 것을 대원칙으로 삼아 임오군란을 수습하려 했다.

하지만 현실에서는 공식적으로도 비공식적으로도 청의 조정 또는 중재로 마무리됐다. 주요 흐름만 짚자면 다음과 같다.

8월 16일 다케조에가 마건충을 찾아왔다. 두 사람은 구면이었으므로 비공식적인 회담이 이뤄졌다. 마건충은 일본의 요구 사항이 예상보다 무리하지 않다고 판단하자 배상금 감액 쪽으로 논의의 가닥을 잡았다. 그 뒤 조일 양국의 교섭은 난항을 거듭했다. 정권을 잡은 대원군은 지연작전으로 일관했다. 8월 23일 과천에서의 교섭이 결렬되자 하나부사는 아예 서울에서 철수했다.

이 대목에서 마건충이 나섰다. 8월 24일 인천에서 하나부사를 만난 마건충은 타결의 걸림돌로 여겨지던 대원군을 축출할 뜻을 내비치면서 중재자를 자임했다. 8월 26일 대원군은 납치돼 남양만을 거쳐 톈진으로 호송됐고, 다음 날 조선 정부는 하나부사에게 교섭을 재개하겠다는 의사를 전했다. 그 사이 하나부사의 요구 사항은 마건충이 하나하나 점검을 마쳤고, 난의 주모자를 체포하는 일도 청군이 도맡았다. 8월 28일 제물포에 정박한 일본 군함 히에이比叡

3부 청일전쟁으로 정한론을 완성하다

에서 속개된 협의는 이틀 만에 조인까지 이르렀다. 약간의 수정을 거친 협상안을 전달하려 고와시를 8월 28일 제물포로 파견했으나, 실제 조문에 수정이 반영되지는 않았다.

9월 2일 하나부사는 이노우에 앞으로 "대만족스럽게 조약을 체결했다"라는 보고를 타전했다. 조선과 일본의 조약이라는 형태를 띤 만큼 조선 독립국론의 틀은 훼손되지 않았다고 본 것이다. 《지지신보》의 칼럼에서도 "일본 국민의 희망을 만족"시켰으며 "세계 문명국의 외교관에 뒤지지 않는다는 점을 기뻐한"다고 칭찬했다.

하지만 청의 개입 없이 사태 수습은 불가능했고, 최대 공로자는 마건충이었다. 9월 30일 청은 일본을 포함한 각국 공사관에 임오군란의 경위를 알리는 문서를 보내면서 "조선은 우리 대청大淸의 속국"이라고 명기했다. 임오군란 수습 과정을 현지에서 지켜본 곤도는 일본 외교의 득실을 냉철하게 평가했다. 9월 25일 하나부사에게 조선 공사의 후임으로 미야모토 고이치를 추천하는 편지에서, 곤도는 조선이 "독립국임을 인정받도록 하는 귀하의 뜻은 완성되지 못했"으며, "조선의 개명을 유도"하는 것은 '작은 일'이라고 썼다.

청과 일본의 후속 조치

임오군란 발발과 제물포조약 체결은 조청일 관계를 결정짓는 중요한 분수령이었다. 과정과 결말로 나눠 그 의미와 반향을 점검해보면 다음과 같다.

과정에서 주목할 점은 과거 정한론에서 보이던 상투적 문구가

임오군란과 조청일 관계

되살아났다는 사실이다. 이와쿠라는 8월 2일 이노우에에게 서한을 보냈다. 사절을 파견해 도요토미 히데요시 이래의 '구원舊怨'을 풀어야 하며, 호위 과정에서 조선과 전투가 벌어지더라도 군율을 엄수하는 일본군이라면 구미 열강의 긍정적인 반응을 얻고 일본의 국위가 빛날 것이라는 내용이었다.

육군을 이끌던 야마가타에게 조선에서 일어난 변란은 군사력을 증강할 절호의 기회로 여겨졌다. 8월 15일 「군비 확장 의견서」에서 제국의 독립을 유지하고 부강해지려면 육·해군 확장이 급선무라는 주장을 펼쳤다. 8월 19일에는 청과의 전쟁을 건의했는데, 그 논리가 정한론과 비슷했다. 조선은 "히데요시 정토 후 우리를 오래 원수로 여겼"으며, 청은 "타이완·류큐 사건에서부터 우리를 깊이 질투"하므로, 청의 군사력이 강해지기 전에 메이지유신 전후의 싸움을 경험한 상무적 기풍이 남아 있는 지금 개전해야 한다는 것이었다. 9월 3일 이와쿠라가 육·해군의 전력 부족 시정을 천황에게 상주함으로써 군비 확장의 주장은 정부 내에서 확고한 위치를 다진다.

그러면 제물포조약 체결은 일본이 얻어낼 수 있는 최대치의 성과였을까? 사실 조약의 내실만 보자면 실패와 거리가 멀었다. 국익이라는 관점뿐 아니라 외교 면에서도 그랬다. 그러나 성과보다도 새롭게 대두한 과제의 무게감이 더 컸다. 무엇보다 강화도조약을 바탕으로 한 조선 독립을 계속 밀고 나갈 것인지 재검토해야 할 시점에 이르렀다. 또한, 임오군란의 주도적 해결로 자신감을 얻은 청은 조선의 종주권 강화와 더불어 류큐 문제를 다시금 외교 테이블에 올렸다.

먼저 류큐 문제부터 짚어보자. 청과 일본의 외교 현장에서 류큐 문제라는 불씨가 되살아났다. 임오군란 직전까지 청일 간의 최대 외교 현안은 바로 류큐 쟁탈전이었다.

앞서 소개한 대로 여서창 주일 공사는 요시다와 서한을 주고받으며 일본 외교의 진면목을 접한다. 그 과정에서 일본에 대한 여서창의 불신감은 커졌다. 제물포조약을 체결한 이튿날인 8월 31일 그는 총리아문에 서한을 보냈다. 임오군란의 경과를 통해 일본은 "국권을 지켜낸다는 원칙에 따라 어떤 패려궂음도 감수"하는 모습으로 비쳤다. 그래서 그는 영국이 인도를 처리했듯 곧바로 조선 왕을 폐하고 군현으로 만들어야 한다는 병합론을 제안했다. 앞서 소개한 요문동의 견해 쪽으로 기우는 모양새다. 9월 6일 자 서한에서도 일본은 조선이 청의 속국임을 인정하지 않는다고 보고했다.

그런데 20일 뒤의 보고서에서는 정반대로 바뀌어 일본을 호의적으로 평가했다. 9월 28일 자 서한에서 "일본인은 애초에 청의 조선 파병을 전해 듣고 구래의 류큐 문제를 둘러싼 의심을 증폭해 필시 청이 일조 간에 들어와 곤란을 일으킬 것이라 우려했던바, 청군의 도착 후에는 서로 예절로 응대하고 조선에 대해서도 무리한 요구를 하지 않았으며, 청이 화평을 주로 한다는 것을 알고 의심도 점차 해소된 것 같다"라고 썼다.

여서창의 변화는 청의 내부 상황과 연계해 생각할 필요가 있다. 임오군란을 수습한 뒤 자신감을 얻은 청의 일부 그룹은 류큐 문제를 해결하는 방편의 차원에서도 조선의 점령 지배와 일본 원정을 주장했다.[60] 10월에는 장패륜(張佩綸, 1848-1903)이 조선의 외교 정책 관장과 일본에 낼 배상금 50만 원을 청이 부담해 일본의 간섭을

임오군란과 조청일 관계

물리치자는 건의를 올렸다(「조선선후사의육책朝鮮善後事宜六策」). 곧바로 청 조정은 장패륜의 상주를 이홍장이 검토하도록 지시했다. 11월 17일 이홍장은 내정 간섭을 강화하면 서구와 분쟁이 생긴다며 소극적인 답변서를 제출했다(그러나 이홍장은 2년 뒤 갑신정변 뒤에 노골적인 속국화 정책으로 방향을 틀게 된다). 정책 논의와는 거리가 멀었지만, 전쟁을 불사해야 한다는 이들의 기세는 만만치 않았다.

외교관으로서 여서창은 이홍장에 동조해 군사력보다는 외교 담판에 따른 타결을 선호했고, 그 전망을 직접 도출하고자 일본 정부와 접촉했다. 10월 중순 공사관을 방문한 대장경 마쓰카타 마사요시(松方正義, 1835-1924, 사쓰마)에게 류큐 문제를 타결해야 한다는 언질을 던졌다. 10월 25일 다시 회동한 자리에서 여서창은 류큐를 분할하는 안을 끄집어냈다. 전격적인 해결책이 나올 리는 없었지만 일본 정부의 실력자인 마쓰카타와의 협의는 계속됐다.

이듬해 2월 초 여서창과 마쓰카타는 논의를 거듭하며 합의안의 골격을 다듬었다. 골자는 류큐 '복봉' 곧 전통적 양속兩屬 관계 복원이었다. 마지막 왕인 쇼타이尚泰가 현령縣令 또는 도사島司를 맡아 세습하며 청에 조공하도록 손질한 것이다. 참고로 마쓰카타는 류큐가 일본의 전속專屬임을 명기하도록 요구했다.

청의 톈진에서도 이미 비슷한 논의를 한 적 있었다. 1881년 12월부터 이듬해 3월까지 다케조에는 이노우에의 훈령을 받으며 류큐 문제를 놓고 이홍장과 세 차례 회담했다. 두 사람의 절충안도 류큐의 복봉과 분할이 핵심이었다.

결과적으로 청의 총리아문도 이노우에도 류큐 복봉을 받아들이지 않았다. 그중에서 이노우에가 다케조에의 제안을 거부한 이유가 흥미롭다. 외교 책임자로서 이노우에는 "동양 전국全局의 보전이라는 관점에서 논하자면 일청 제휴는 필요하지만, 국가의 면목을 손상해가며 평화를 유지할 수는 없다"라는 논지를 내세웠다. 평화 또는 대립의 선택이 아니라 '국가의 면목'에서 읽히는 국내 정치의 맥락이 외교적 해법의 적부를 결정하는 '기준'으로 고려되고 있다. 그 점에서 이노우에와 고와시 등이 빈번하게 거론했던 '청일 제휴론'은 국권 확립과 조약 개정을 포함하는 국가 전략과 목표를 달성하려는 전술이자 수단에 지나지 않았다.

두 번째로 조선 정책의 기조에 대한 전면 재검토가 불가피해졌다는 점이다. 앞서 서술했듯 9월 30일 자로 청은 조선이 속국임을 선언하는 한편, 10월 4일 톈진에서 조선이 속국임을 명기한 조청수륙무역장정을 맺었다. 이노우에는 "청 정부의 저의는 과거 일본 정부가 류큐에 대한 청의 이론異論을 무릅쓰고 폐번치현의 처분을 단행한 것과 같으며, 이번에 조선에 대해서도 같은 처분을 내리려는 것"이라고 파악했다. 조일 관계의 현재와 미래는 류큐 문제와 뗄 수 없는 관계였다는 점이 드러난다.

9월 하순 박영효와 김옥균을 비롯한 사절단이 하나부사와 함께 일본으로 건너가 제물포조약을 이행하려 했다. 10월 10일 도쿄로 향하는 배 안에서 박영효와 만난 이노우에는 고종이 독립을 열망한다는 것을 확인하자 천황에게 상주하도록 권유했다. 10월 19일 천황을 알현한 자리에서 박영효는 조선 독립의 방조와 재정 원조를 정식 요청했다. 이로써 임오군란으로 헝클어진 조선 정책을 재정비하는 계기가 마련됐다.

이노우에는 조선 정책의 선택지를 셋으로 정리해 각의의 심의

임오군란과 조청일 관계

에 부쳤다. 첫째는 관계 열강과 협의해 조선 독립을 승인시키는 것, 둘째는 청과 직접 속방 문제를 담판하는 것, 셋째는 조선을 원조해 자발적으로 독립의 실체를 갖추게 하는 것이었다. 유럽의 이토에게도 전신으로 의견을 구했다.

이와쿠라와 야마가타는 약간의 차이가 있으나, 청일 간의 충돌을 피한다는 견지에서 3안을 지지했다. 반면에 11월 10일 당도한 이토의 답변은 대단히 적극적이었다. 조선 독립은 시급하므로 도움을 줘야 하며, 조선이 공식적으로 독립을 선언해 청의 속국임을 선언한 조회를 철회하도록 유도해야 한다는 것이었다. 여기에 해군력 확장에 착수하자는 주문까지 곁들였다.

이노우에는 정권 수뇌부와 서신을 주고받고 몇 차례 각의를 거쳐 결론을 내렸다. 3안의 실시를 유보하고 1안을 실현하도록 조선을 적절히 '지도'한다는 것이었다. 청의 반발을 사지 않도록 하는 것과 미국이 조만간 조미수호통상조약을 비준할 것이라는 전망을 근거로 제시했다. 군사력이나 재정 면에서도 일본이 주도적으로 조선 독립의 성취에 적극 가담하는 것은 득책이 아니라고 봤던 것이다.

이상과 같이 박영효 사절단의 일본 방문을 계기로 삼아 일본 정부는 대조선 정책 재편에 착수했고, 성안된 방침은 천황에게 상주해 12월 22일 재가를 얻었다. 그리고 당일로 내려진 조칙에는 '동양 전국全局의 태평'과 일본의 국익을 지키기 위한 세 가지 방향이 담겼다. 조선이 독립국임을 '국제적'으로 인정받게 하는 것, 그 '하위' 방책으로 조선을 원조할 것, 청의 반발을 상정해 군비를 확장할 것 등이었다.

이렇듯 임오군란 전후 조선 정책의 결정권은 사실상 이노우에의 손에 들어갔다. '이노우에 외교'라고도 일컫는 조선 정책의 새 기조는 조선 독립과 청일 협조로 정해졌다. 하지만 조선 독립은 청의 속국화 방침과 충돌할 수밖에 없으므로, 기존 연구에서도 모순되고 파탄 나기 쉬운 과제를 목표로 설정했다고 평가된다.

분명 조선 독립과 청일 협조는 공존할 수 없다. 그렇다면 천황까지 등장시켜 조칙을 내린 진정한 의미는 무엇이었을까? 바꿔 말하면 조칙의 본질은 어떻게 이해해야 할까? 그 실마리는 청일 관계가 아닌 조청일 관계의 지평에 섰을 때 비로소 눈에 들어온다.

조칙의 세 항목은 공통으로 조선의 속국화를 강화하는 청의 움직임에 초점을 맞추고 있다. 당면한 지향점은 조선 독립의 국제적·외교적 실현에 있고 이에 따른 청의 반발, 조칙 원문으로는 "이웃 나라의 사정 또는 예상치 못한 변고에 대비"해 군비(특히 해군 확장)를 충실히 하라는 것이 천황의 주문이었다. 조칙의 마지막 문장은 "그(해군, 인용자) 확장의 순서, 착수 방법을 놓고 각의에서 논의를 다해 짐의 뜻을 편하게 하라"다. 즉 조칙의 취지는 '철칙'으로서의 조선 독립과 군비 강화다.

조선 독립의 최대 근거는 강화도조약 제1조다. 임오군란 후 내려진 조칙에서는 조선 독립을 위한 군사력 증강이 거론됐다. 뒤에서 서술하듯 1894년 천황은 조선 독립을 내걸고 청에 선전포고를 했으며, 시모노세키조약 제1조에는 조선이 독립국이라고 적시했다. 따라서 1882년의 조칙은 강화도조약과 청일전쟁을 잇는 역사적 징검다리였으며, 외교적 노력을 앞세운 것은 군비 완성에 필요한 시간을 벌려는 방책이었다고 봐야 한다.

이노우에는 다케조에를 2대 조선 공사로 파견함으로써 외교

진용을 재정비했다. 하지만 앞날은 그리 밝지 않았다. 여기서는 조선 독립의 국제 공인이 난항을 거듭했다는 점만 짚어두자. 외무성은 조선과 조약 체결을 완료한 미국·영국·독일을 대상으로 해당국 주재 공사를 움직여 조선 독립국화를 다지는 작업을 폈다. 하지만 외교 수장조차 낙관하지 못하는 상황이었다. 1883년 1월 19일 이노우에가 아오키 슈조(青木周藏, 1844-1914, 조슈) 주독 공사에게 보낸 서신을 보면 "조선의 속국 비속국 문제에 관해 서양 제국과 우리 동양 특히 조선에 인접한 우리 나라와는 이해를 공유하지 않는 것이 자연스러운 정세"라는 구절이 나온다. 7월 김옥균과 나눈 대담에서 이노우에는 급진적인 방법이 아니라 "각국에서 조금씩 독립의 조력을 이끌어내 순수하고 무결점의 독립을 도모"하라고 조언했다.

세계 최강국 영국은 조선 독립보다는 경제적 이익 실현에 더 무게를 뒀다. 1883년 10월 에노모토와 파크스 주청 공사의 환담이 전형적이다. 파크스는 조선이 독립국이라는 일본의 주장에 찬동하면서도 조영수호통상조약으로 저율 관세가 보장되지 않으면 종주국인 청의 위력에 의존하겠다는 생각을 감추지 않았다.

한편 조선이 열강에게 독립국 지위를 인정받더라도 청의 종주권 배격은 쉽지 않은 과제였다. 그런 답보 상태를 타개할 방안으로 구상하고 실천하려던 것이 바로 조선 중립화론이다.

조선 중립화론과
청프전쟁

조선 중립화론의 등장

조선을 중립국으로 만들자는 체계적인 안은 임오군란을 계기로 일본이 처음 제기했다. 이후 청일 양국의 침탈이 가시화하는 현실 아래, 조선에서 박영효와 김옥균 등이 중립국을 향한 전망을 그려냈다. 20세기에 들어와 대한제국은 러일전쟁 때 공식적으로 국외 중립을 선언했으나 일본이 묵살해 성사되지 못했다. 이렇듯 중립국 논의의 대두와 무산 모두에 일본이 깊숙이 관여했다.

역사적으로 중립국이 어떻게 만들어졌는지 자세히 짚어볼 필요는 없겠지만, '완충 국가buffer state'라는 개념을 떠올리면 쉽게 이미지가 그려질 것이다. 조선은 한편에서 청·일·러 3국과 국경(바다 포함)을 접하며 다른 한편에서 조선에 대한 이익(통상 포함)을 추구하는 서구 열강과 상대해야 한다. 이런 국제 정세 속에서 조선은 여러 이해관계가 충돌하는 '각축장'이 아니라 분쟁을 경감하는 '완충재'

역할을 짊어짐으로써 독립을 유지하고 독자적 발전을 추구할 수 있게 된다. 19세기 말 동북아에서 조선의 중립국화가 지니는 긍정적 의미와 전망은 이런 차원에서 상정할 수 있다. 그렇다면 일본은 어떤 복안을 지녔을까?

1880년대 초의 시점에서 일본은 조선이 청의 속국이거나 화이 질서의 체계 안에 머무르면 외침을 받기 쉽다고 판단했다. 타국이 조선을 점령하면 일본의 안보가 위기에 빠지며, 조선을 침략할 가능성이 큰 나라로 지목된 것이 러시아였다.

일본에서 조선 중립화론이 싹튼 데는 고와시를 빼놓고 말할 수 없다. 그는 메이지 정부 내에서 손꼽히는 법률 전문가로, 외국과 협상할 때 조언자 역할을 도맡다시피 했다.[61] 1874년 9월 타이완 침공을 외교적으로 수습하고자 오쿠보가 베이징을 찾았을 때는 보아소나드와 함께 만국공법의 식견을 유감없이 펼쳤다. 강화도사건이 일어난 직후에는 기도의 사절 파견 건의안을 기초했고, 구로다 기요타카가 지참했던 조약 초안의 작성에 관여했다. 1881년 10월 고와시는 신설된 참사원(법제처에 해당하며 초대 의장은 이토)으로 자리를 옮겼다.

임오군란 발발에 즈음한 고와시의 목소리에서는 국제법적 감각이 짙게 배어 있었다. 8월 12일 그는 요시다에게 "조선은 류큐와는 다르다. 조선은 공법상의 반독립국으로서 속방, 비속방 논의를 끄집어내는 것은 득책이 아니다. 조약에 따라 처리한다는 주의를 취해야 한다"라고 건의했다. 여기서 조약은 곧 강화도조약을 가리킨다. 제물포조약 체결 직전 인천에서 조청일 관계의 현장을 목도한 다음인 8월 31일의 제언에서는 속국을 부인해야 한다는 주장을 폈다. 제물포조약에서 청의 속방론을 묵인한 흔적이 있으므로 이를 허용하지 않는다는 의사 표시가 필요하다는 것이었다. 이런 문제의식을 바탕으로 그는 조선 중립화 방안을 다듬었다.

이렇듯 고와시의 조선 중립화론은 임오군란의 경과 및 결말과 떼어놓고 볼 수 없다. 고와시는 조선에서 돌아온 뒤 9월 17일 「조선 정략 의견안」을 정부에 제출했는데, 골자인 5개 조항은 다음과 같다.

1. 일·청·미·영·독 5개국이 서로 회동해 조선의 일을 논의해 조선을 중립국으로 삼는다. 벨기에·스위스의 예에 따라 남을 침략하지 않고 남의 침략을 받지 않는 나라로 삼아 5개국이 같이 보호한다.
1. 5개국 중 만약 이 약속을 깨는 나라가 있으면 다른 나라들이 죄를 물어야 한다.
   만약 5개국 외에 조선을 침략하는 일이 있으면 5개국은 동맹해 방어해야 한다.
1. 청은 조선에 대해 상국上國이다. 조선은 청에 대해 공국(貢國, tributary)이긴 해도 속국dependency 관계는 아니다. 조선이 독립국임을 훼손할 수 없다. 그래서 청은 다른 4개국과 함께 보호국protector으로서 4개국의 협동을 얻지 않고 홀로 조선의 내정에 간섭하는 일이 없어야 한다.

중립국 형태로 조선을 '보전'하고자 일·청·미·영·독 다섯 나라가 보호국으로서 역할을 짊어진다는 내용이다.

위 5개 항목을 읽고 나서 제일 먼저 드는 의문은 이것이다. 과연 어느 나라가 조선을 침략할 것으로 예상했을까? 다섯 보호국에 러시아가 제외된 점을 들어 고와시가 점찍은 것은 러시아라고 간주하며, 관련 연구자도 대체로 동의한다.

　보호국 구성에서 읽히는 것은 메이지유신 이래의 러시아 위협론이 아닐까 싶다. 가령 임오군란 직후 보아소나드는 자신의 의견서에서 러시아가 잠재적 조선의 침략국이라는 점을 부각했다. 8월 14일 그는 러시아가 조선을 취하면 "일본 제국의 독립을 훼손"하게 된다고 경고했다. 제3국이 조선을 일본 공격의 거점으로 삼지 못하도록 해야 하며, 조선이 독립국으로 존재해야 일본의 이익이 보호된다는 발상이 부가돼 있다. 나아가 그는 청과 일본이 함께 조선의 독립을 보호하고 러시아의 남침을 막자는 차원에서 조청일 삼국동맹을 주창하기도 했다.

　그렇다면 고와시도 러시아의 위협에 대항한다는 차원에서 조선 중립화론을 제기했을까? 그렇지 않다. 그는 보아소나드의 삼국동맹론을 염두에 두면서도 조준선 끝에 러시아와 함께 조청 관계를 올려놓았다. 정확한 맥락은 다음과 같다.

　고와시는 동북아 안보 불안의 '진앙'이 조선이라고 판단했다. "조선의 일은 장래 동양 교제 정략의 커다란 문제가 돼 강대국 두셋 간에 또는 이 나라(조선, 인용자) 때문에 전쟁이 일어나게 될 것"이라고 진단했다. 구체적으로는 러시아가 임오군란 같은 외국인 배척을 빌미로 요충지를 점령하거나 내정에 간섭해 베트남과 버마처럼 만들려 한다고 본 것이다. 고와시의 예상은 적중했다. 실제로 전쟁을 주도한 '강대국 두셋'은 1894년이 청과 일본, 1904년이 러시아와 일본이었다는 점만 차이가 날 따름이다.

　여기까지는 러시아 위협론이 작동하지만, 문제는 그다음이다.

이런 사태를 앞두고 청은 어떤 해결책을 내놓을 수 있는가? 답은 아래와 같이 비관적이다.

> 청은 속국이라는 명분으로 여기(조선의 점령·간섭, 인용자)에 간섭하고 일일이 조선을 위해 사죄 처분을 실행하게 함으로써 외국에 기회와 명분을 내주지 않을 것인가, 또는 충분한 보호를 가함으로써 응원할 것인가, 그 어느 쪽도 약속하기 어렵다.

요컨대 고와시의 방책은 조선이 청의 속방이라는 현실로 인해 러시아의 조선 침략을 저지할 수 없다는 인식을 전제로 삼고 있다. 정책의 우선순위는 어디까지나 조청 관계의 현상을 타파하는 데 뒀던 것이다.

조청 관계가 조선을 포함한 일본의 대외 관계를 교란하는 요인이라는 인식은 고와시의 전매특허가 아니었다. 임오군란의 와중에 청의 군사 개입이 노리는 바를 놓고 이노우에는 "이 틈을 타서 보한保韓을 명목으로 우리를 향해 개전을 도발해 하나는 속방을 보호하고 다른 하나는 적분積憤을 풀려고 한다"라고 파악했다. 8월 20일 하나부사에게 보낸 훈령 속 구절이다. '적분'은 류큐 문제를 가리킨다고 여겨지며, 그로 인해 "조선을 공개리에 청의 번속으로 삼고 청으로부터 포대를 쌓고 병함을 연결해 우리에게 밀어닥치는 형세가 된다면 우리로서는 그 피해가 최대"가 된다는 판단을 내리게 된다. 다시금 청일 관계의 범주에 조선뿐 아니라 류큐까지 포함했다는 점을 기억하자.

아울러 청의 조선 속방론이 러시아의 위협을 현실화하는 매개가 될 수 있다고도 여겼다. "조선을 청의 속방으로 내버려 두면 가령 중앙아시아에서 청나라 사람이 러시아 말 1필을 죽이더라도 그 대가를 조선의 토지로써 배상하도록 하는 것 같은 지극히 음험한 정략"을 러시아가 취하게 된다는 것이다.

결과적으로 조선 중립화론의 핵심 공략 대상은 조청 관계의 변화였으며, 러시아 위협론은 부차적이었다고 봐야 한다. 청일의 협조나 제휴에 무관심했던 고와시는 청의 조선 속방론에 대한 대항적 비전을 제시하려 했던 것이며, 러시아 위협론은 조선에 대한 청의 우위를 흔들기 위한 근거로 차용한 소재에 지나지 않았다. 자연히 고와시에게 삼국동맹은 "하나의 꿈을 꾼 데 지나지 않"는다며 회의적으로 볼 수밖에 없었다. "조선의 실태를 목격하니 도저히 동맹으로 힘을 합칠 나라가 아니었"으며, 청은 "같이 상의하기에 부족"하다고 여겨졌기 때문이다.

고와시가 정리한 중립국 방안의 득실은 그런 본질을 적나라하게 보여준다. 일본은 "동양의 정략에서 다소 안전한 길을 얻"게 되는데, 이는 일본만의 이익이 아니다. "조선을 위해서는 영구중립의 지위를 얻고 나아가 청의 굴레를 벗어나"며, "청을 위해서는 조공국의 명의를 온전히 함으로써 허명과 실력이 상충하는 우환이 없"어진다는 것이다. '허명과 실력이 상충하는 우환'은 고와시의 머릿속에서나 존재했을 궁색한 상상에 지나지 않겠지만.

그런 틀 위에서 고와시는 중립화 방안의 5개 항 중 마지막에 자신의 의도를 직설적으로 담았다. 조선과 청은 공국-상국의 관계임을 거론하며 조선이 속국임을 부정했다. 그래서 "조선이 독립국임을 훼손할 수 없"으므로 청은 "홀로 조선의 내정에 간섭하는 일이 없어야 한다"라고 단언했다. 일본은 청과 조선의 종속 관계를 조공에 한정하고 국제법에 입각한 조선의 중립국 논의를 끌어들임으로써 조선의 실질적 독립을 확보하고자 했던 것이다. 이렇듯 중립화론은 강화도조약 제1조의 틀을 조청일 관계에 적용하는 발판으로 동원됐다고 봐야 한다.

구상도 구상이지만 문제는 조선 중립화론의 실현 방안이었다. 고와시 자신도 '탁상공론'으로 여겼을 정도로 녹록잖은 목표였다. 보아소나드에게 중립화에 관한 국제법적 자문을 구하면서 고와시는 행동을 개시했다. 유럽의 이토에게는 보아소나드의 삼국동맹론과 자신의 방안을 함께 보내 이해를 구했다. 참사원 의장이던 야마가타에게는 9월 23일 "청의 조선 간섭의 정도는 알기 어려우나, 어쨌든 장래 우리 나라는 청의 의표를 찌르는 원대한 계책을 필요"로 한다며 검토를 촉구했다.

조선 중립화론의 실현 움직임

고와시의 방책을 받아들인 것인지는 불확실하나, 얼마 안 돼 일본은 조선 중립화 카드를 지참하고 미국 외교 공관을 찾았다. 창구는 베이징 주재 미국 공사 존 영(John Russell Young, 1840-1899)[62]이었다. 1882년 12월 21일과 28일 자로 영은 국무부에 주청 일본 공사(1882년 8월-1885년 8월) 에노모토가 영국, 독일, 러시아, 프랑스, 미국과 일본의 대표단이 도쿄에서 모여 벨기에의 방식대로 조선 독립과 중립을 보장하는 국제회의를 열자고 제안했음을 보고했다. 그안에는 에노모토가 이미 파크스에게도 관련 내용을 제시해 긍정적

조선 중립화론과 청프전쟁

인 반응을 얻었다는 내용도 들어 있었다.

영이 국무부에 보낸 보고서는 조선 중립화를 둘러싼 몇 가지 정보를 제공해준다. 먼저 외무성이 미국과 접촉에 들어간 시기로 봤을 때 조선 중립화의 추진은 앞서 소개한 12월 22일의 조칙과 연결되는 행동이라고 봐야 한다. 그리고 국제회의 참가국 중에 청이 제외되고 프랑스와 러시아를 포함했는데, 청을 제외한 것이 영은 의아스럽다는 판단을 내렸다. 당시 프랑스도 러시아도 청과 국경 문제로 대립 중이었다는 사실까지 곁들인다면 조선 중립화론의 조준점은 청이었다는 쪽에 더 무게가 실린다.

마지막으로 영은 일본이 도쿄에서 국제회의를 개최함으로써 서구 열강과 동등한 지위를 얻고 싶어 한다는 관측을 전했다. '문명국'임을 인정받으려는 태도는 어제오늘의 일이 아니지만, 이 시기에 한정해서 보자면 두 가지 이유를 생각할 수 있다. 무엇보다 일본은 이제 동아시아 안정을 시야에 두고 조선 문제를 거론할 정도의 국력을 갖췄음을 인정받으려는 것이 아니었을까 싶다. 그와 함께 메이지유신 이래의 국가적 과제인 조약 개정에 유리한 환경을 조성하려는 심산도 읽힌다. 그런 면에서 조선은 일본의 국가 위상을 드높이는 디딤돌의 하나로 여겨졌다.

하지만 미국의 반응은 탐탁잖았다. 에노모토는 파크스를 끌어들여 호의적인 대응을 유도했지만, 영은 개인적이라고 한정하면서도 부정적인 견해를 표했다. 미 본국의 반응도 냉담했다. 국무부는 조미조약에서 확보한 권리의 보전 말고는 특별한 관심이 없었다.

조선 중립화 논의는 조선에서도 펼쳐졌다. 이홍장의 추천으로 조선 정부의 외교 고문이 된 묄렌도르프(Möllendorff, 1848-1901)와

3부 청일전쟁으로 정한론을 완성하다

다케조에는 조선 중립화를 둘러싼 의견을 교환했다.

1883년 6월 21일의 회담에서 묄렌도르프는 청프전쟁에서 청의 패배는 확실하며 이홍장의 실각으로 이어질 것이라고 하면서 다케조에와 나눴던 얘기대로 "조선 보호를 위한 일청의 조약을 되도록 빨리 실행하고 싶다"라고 밝혔다. 또한, 미국이나 러시아의 중재도 염두에 두고 있었다. 그러나 묄렌도르프의 제안을 놓고 다케조에는 현재 시점에서 청이 담판에 돌입할 여유가 없을 것이라면서 신중론을 폈다고 한다.

뒤에 공개된 자료이긴 하지만, 1885년 1월 14일 조선 주재 독일 부영사 부들러Budler는 조선 중립화론의 원안을 묄렌도르프가 구상했다고 밝힌 바 있다. 묄렌도르프는 벨기에를 모델로 삼아 청·일·러가 참가하는 국제조약을 바탕으로 조선을 중립화하려 했으며, 이노우에도 묄렌도르프의 안에 긍정적이었다고 전한다.

이노우에는 조선 외교의 선봉으로 다케조에를 파견했지만, 조선 중립화론을 설파하는 활동을 한 흔적은 별로 없다. 사실 다케조에는 청 주재 외교관을 거쳐 조선에 착임한 경력 탓인지 조청일 관계에 관해 흥미로운 견해를 지녔다. 조청 관계의 역사성을 고려하자는 것이 그의 취지였다.

공사 부임을 전후해 일본 내에서는 1882년 10월에 체결된 조청수륙무역장정을 성토하는 목소리가 강했다. 그러나 다케조에는 1883년 2월 13일 이노우에에게 보낸 기밀 서신에서 "300년 이래의 일정한 주속主屬의 명분을 근거로 제정됐으며, 갑자기 독립국의 예를 들어 이를 평가해서는 안 된다"라고 주장했다. 청 전문가로서 다케조에는 조청 관계의 특수한 역사성을 인정하고 일본이 현실적으로 대응해야 한다는 주문을 단 것이다.

같은 달 15일의 기밀 서신에서 다케조에는 일본에서 청의 조선 속국화를 우려하는 일본 내의 목소리에 일침을 가했다. 그는 청이 부산에 포대를 세우거나 함정을 배치하면 큰 위협이 된다는 주장이 '과려過慮'라고 비판했다. 국내조차 지키기에 버거운 청에게는 외국에 군대를 배치할 여유가 없고, 배치하더라도 막대한 비용을 감당할 수 없다는 진단이었다. 또한, 마건충의 행동을 예로 들며 청은 조선에 비교적 자주권을 부여하고 있다고 봤다.

다케조에는 이홍장과 마건충의 조선 인식은 기본적으로 '자주'론이라고 파악했다. 조선의 속방 규정과 같은 간섭은 일본의 침탈을 막고자 추진됐으나, 간섭 또한 조선의 '자주권'을 인정한 위에서 이뤄졌다고 본 것이다. 부임 직후 다케조에는 조선 주둔 청군을 지휘하던 오장경과 러시아 위협론 및 조선의 '공동 보호'에 관한 얘기를 나눴다고 보고했다.

그런 다케조에는 조청일 관계를 남녀 관계 즉 갑을 두 남자가 기녀를 차지하려는 다툼에 비유했다. 언짢기는 하지만 새겨볼 필요는 충분히 있다. 갑은 교분이 있던 기녀를 을에게 뺏길까 봐 두려워하고, 을은 새로 알게 된 기녀를 갑이 낙적(落籍, 기적에서 빼냄)할까 봐 두려워한다. 갑을은 서로 경쟁하듯 기녀의 마음을 얻고자 애쓴다. 하지만 사실 기녀의 미모는 푹 빠질 정도가 아니었다. 그래서 지금 을의 마음이 식어 갑의 의향에 맡긴 채 전혀 괘념치 않게 되면, 갑도 경쟁심이 없어져서 자신의 어리석음을 깨달으며 기녀를 낙적하려는 망상이 어쩌면 사라질지 모른다고 결론지었다. 온건파에 가까운 다케조에는 을이 일본이라 생각했다. 하지만 그의 비유에는 을이 전혀 기녀를 포기할 생각이 없다는 기초적인 사실이 빠져 있다.

사실 다케조에가 2대 조선 공사로 활동한 기간은 짧았다. 1883년 12월부터 이듬해 10월 말까지 휴가차 도쿄에 머물렀기 때문이다. 이후 일본 공사관은 김옥균 일파의 쿠데타 계획에 급속도로 휘말렸다.

한편 서울에 복귀한 다케조에는 청프전쟁과 결부시켜 중립 논의를 거론하기도 했다. 청과 프랑스가 전쟁에 돌입하면 조선은 전시 국외 중립을 선언하는 것이 좋겠다는 제안을 고종에게 한 것이다. 하지만 고종은 "국외 중립은 대단히 곤란"하다며 소극적이었다. 김옥균도 네덜란드, 벨기에, 스위스를 열거하며 중립과 독립을 거론했지만, 명성황후에게는 구체성 없는 얘기로 비쳤을 따름이었다. 조선의 수뇌부로서는 청이라는 뒷배를 이탈한다는 발상이 쉽지 않았을 것이다. 조선 중립화론이 받아들여질 여지는 더 좁았다고 봐야 한다.

청·프랑스 갈등과 조선 중립화론의 재부상

조선 중립화론이 제기될 무렵 청은 베트남을 노리던 프랑스와 충돌을 빚고 있었다. 베트남 또한 청의 오랜 속국 중 하나다. 청과 프랑스의 갈등 속에 언급되는 베트남의 국제법적 지위는 조선과도 무관할 수 없었으며, 관련된 경과를 좇다 보면 조선 중립화론의 저의가 더 분명해진다.

1882년 후반 이후 청과 프랑스의 긴장이 고조되자 이홍장은 주청 프랑스 공사와 교섭에 들어갔고, 12월 두 사람은 베트남 북부의 분할과 공동 보호를 담은 각서에 서명했다. 하지만 1883년 2월에 전달된 프랑스 본국의 명령은 공사의 해임과 각서의 폐기 및 재교섭이었다. 결정적 지점은 문안의 차이였다. 완충지로 설정된 베트남 북부를 놓고 청은 '보호'로, 프랑스는 '감시'로 표기했다. 청은 '상국' 또는 '속국'을 앞세워 자신들의 간섭을 실체화·정당화하려 했지만, 프랑스는 보호 문구를 허용한 공사를 해임함으로써 청의 키드를 물리쳤다.[63]

청과 프랑스 간의 알력은 일본의 조선 외교에도 변수로 작용했다. 먼저 이노우에는 청을 압박하려 프랑스와의 협력을 강조했다. 1883년 2월 2일 에노모토에게 내린 훈령이 그런 속내를 담고 있다.

> 일청 양국은 조만간 병란이 없음을 보장할 수 없다. 어찌 됐든 지금의 급무는 조선의 독립을 확보하는 데 있다. 따라서 청국의 속방 정략을 배격하려면 프랑스와 정책의 기맥이 통하도록 해야 한다.

4월 중순 이노우에는 도쿄의 프랑스 공사를 방문했다. 그 자리에서 "청의 조선에 대한 행태 및 류큐의 미해결 사태 등"을 거론하며 일본으로서는 "도저히 무력에 호소할 수밖에 없다"라고 한 뒤, 청에 관한 대책에서 일본과 프랑스가 보조를 맞추자며 탐색전을 펼쳤다.

그러면 이노우에가 언급한 프랑스와 일본의 공조는 어느 정도까지였을까? 결론부터 말하면 동맹 체결은 아니었다. 5월 들어 그런 기색이 농후해진다. 이노우에가 프랑스와의 동맹에 소극적이라는 얘기를 들은 이토는 프랑스와 제휴해 청을 공격해야 한다는 주장을 계속 폈으나, 이노우에는 전쟁이 필요하지 않다는 의견을 굽히지 않았다. 7월 14일에 프랑스 주재 일본 공사에게 보낸 전신에서는 류큐와 조선 문제로 청과 불화인 상태에서 프랑스와 연합하면 청이 일본을 공격하는 구실이 될 것이라고 지적했다. 물론 "비공식적으로 청의 속방주의를 배척하고 프랑스의 논지를 찬성"할 필요성은 유지한다고 밝혔다. 프랑스와의 협조는 일차적으로 청의 속국론을 무너뜨리는 외교 수단이었다는 점이 드러난다.

청과 프랑스 간에 전운이 감돌자 외교 수뇌부는 신중한 태도를 보였지만 일선 외교관은 정반대의 관점을 보였다. 양국의 격돌은 일본에 유리하게 작용할 것이라고 본 것이다.

주청 공사 에노모토는 5월 29일 이노우에게 보낸 보고서에 자신의 생각을 담았다. 프랑스에게 패배한 청은 "속방을 연호하던 미몽에게 깨어"나 베트남의 전철을 밟지 않고 조선이 '국외 중립국'이 될 수 있도록 일본과 협력하게 될지 모른다고 전망했다. 청 주재 서구 외교관을 상대로 조선 중립화를 타진했던 에노모토의 판단이었다.

텐진 총영사는 7월 5일 에노모토에게 서한을 보냈다. 이홍장은 자신의 조선 대책이 실패한 탓에 일본에 화풀이하고 있으며, 프랑스와 전쟁을 벌여 패한다면 일본과 화해하게 되리라 예측했다. 부산 총영사는 7월 17일 이노우에게 "청프전쟁 개전은 도리어 우리나라의 희망"이라면서 일본이 양국의 중재자 역할에 나서도록 제언했다. 조선 중립화에 협력적인 청의 창구는 이홍장 외에 없었으므로, 이홍장이 권력을 잃지 않도록 청프전쟁의 수습에 적극 임해

조선 중립화론과 청프전쟁

야 한다는 논리였다.

9월 1일 도쿄의 외무성에서 프랑스 대리공사와 이노우에가 만났다. 청프전쟁을 필두로 조약 개정까지 언급되는 두 나라 외교관의 대담 속에는 당시 일본 외교의 과제가 압축적으로 개진돼 있다. 두 사람은 청이 속방 특히 조선에 대한 '주권'을 외치면서도 의무를 등한시한다는 데 견해를 같이 했다. 뒤이어 프랑스 공사는 베트남과 류큐 문제를 놓고 일본과의 연대를 넌지시 제안했으나, 이노우에는 류큐가 이미 일본의 속도屬島이며 '담판 완료'라는 점을 들면서 소극적으로 응대했다. 그러자 프랑스 공사는 일본이 염원하는 조약 개정에 관해 본국이 힘써 노력 중이라는 공치사를 했다. 당시 일본 외교의 관심사는 조약 개정의 성취를 위한 서구와의 협조 관계 유지, 류큐의 쟁점화 회피에 더해 청의 조선 속방론이 지닌 문제점의 부각 등이었다는 것을 알 수 있다.

한편 고와시는 청과 프랑스 간에 고조되던 전운을 조선 중립화의 적기로 간주했다. 이홍장이 프랑스에 베트남의 공동 보호를 제안했다는 점이 호재로 비쳤다. 고와시는 1883년 5월부터 7월에 걸쳐 야마가타를 통해 로비 활동을 재가동했다. 여서창과 마쓰카타의 합의안 불발로 좌초된 류큐 문제를 새롭게 가미함으로써 청의 관심도를 높일 수 있도록 했다.

5월 12일 야마가타에게 제출한 의견서에서 고와시는 "청은 결단코 서양 각국에 대해 속국을 보호할 힘이 없으며 조만간 베트남은 프랑스 손에 들어가며, 조선이 러시아 땅이 되는 것은 명약관화"하다면서 청 정부에게 권유해 조선을 공법상의 중립국으로 삼고 청일 양국 또는 다른 조약국이 공동으로 보호하자고 하면 청은 받아들일 것이라고 주장했다. 조선 중립화는 임오군란 이후의 조선에서의 열세를 만회하는 방안이 되고, "우리 나라와 청 사이의 오랜 원한도 풀리"며, "동양의 대국에서 영원한 장계"가 될 것이라고 강조했다. "형세에 밝"은 이홍장이 조선 중립화에 호의적일 것이라고도 적시했다.

고와시는 6월 14일 류큐 문제에 대한 해결책을 야마가타에게 제시했다. 류큐 문제의 해결 없이 청일의 친교는 없다고 주장하는 청의 체면을 세워주고자 류큐 왕을 도사島司로 삼는 양보안을 제시하는 한편, 일·청·미 3국이 조선을 공동으로 보호하는 안을 타결하자는 내용이었다. 조선과 류큐를 맞교환하는 일종의 '빅 딜'이었다.

고와시는 중립화론을 퍼뜨리려 안팎의 경로를 총동원했다. 하나는 유럽 시찰을 마친 이토가 돌아오는 길에 톈진이나 상하이에서 이홍장과 만나 담판을 짓는 것이었다. 아울러 군부를 틀어쥔 야마가타와 가와무라 스미요시(川村純義, 1836-1904, 사쓰마) 해군경에게 빈번히 제안해 찬성을 얻어내고자 했다. 거기에서는 부대조건으로 "만약 이홍장이 류큐 복봉을 고집해 협의가 진척되지 않으면 청에 전의가 있다고 인정해 장래의 침로를 전비戰備로 정한다"라는 것까지 제시하고 있었다.

고와시의 중립화론은 결코 소극적인 방안이 아니었다. 6월 14일의 제안서가 그런 정황을 알려준다. 중립화를 앞세워 청과 절충하지 않고 통상 수단으로 한발 양보하면 청은 일본이 약체라고 오해해 대일 압박을 강화하고 나아가 양국의 충돌을 낳게 된다고 경고했다. 즉 중립화론은 적극적이며 공세적인 조선 문제 해결책으로 구상됐다.

　　　　　　　　　　　　　　　조선 중립화론과 청프전쟁

안팎의 정황으로 보건대 고와시의 복안은 성사 가능성이 크지 않았다. 앞서 밝혔듯 청의 총리아문은 여서창-마쓰카타 합의안조차 검토할 생각이 없었다. 7월 11일 야마가타는 고와시에게 「조선 정략 의견안」을 반환함으로써 거부 의사를 분명히 밝혔다.

그럼에도 일본 내에서는 류큐 문제를 '양보'하더라도 조선 독립을 진척시키는 돌파구 또는 지렛대가 필요하다는 전략적 인식이 만만찮게 있었다. 일본 외교는 류큐와 베트남까지 시야에 넣으면서 조청 관계의 현실을 바꾸겠다는 강한 '동기'를 지녔다. 그것을 국제 관계 속에서 펼쳐나가는 지렛대의 하나가 조선 중립화였다.

청과 프랑스 간에 전운이 드리우며 도쿄를 무대로 한 청일의 외교전도 긴박해졌다. 그 과정에서 재차 조선과 류큐의 연결성이 수면 위로 오른다.

8월 16일 여서창은 주청 임시 대리공사를 역임한 다나베 다이치와 면담했다. 주제는 베트남과 조선의 관계였다. 다나베는 조선을 청과 일본의 보호로 전환하고(조공은 유지) 스위스·벨기에처럼 영구중립국으로 만든다면 러시아 침탈이라는 화근을 끊을 수 있다고 주장했지만, 여서창은 조선이 베트남보다 더 중요하므로 전력을 다해 지킬 것이라고 답했다. 여서창은 청일 양국이 조선 문제를 협의하려 해도 류큐 문제가 걸림돌이라고 반격했다. 다나베는 류큐와 조선은 별개라며 맞섰다.

두 사람의 논의는 평행선을 걸었으나 효과는 작지 않았다. 10월 4일 여서창은 다나베의 주장을 거론하면서 조선의 공동 보호를 받아들이자는 보고서를 총리아문에 올렸다. 일본이 류큐 반환을 약속한다면 조선 직할을 포기하고 청일의 공동 보호로 선회하자는 것이 핵심이었다. 거기에는 조선과 조약을 체결한 구미 각국이 조선 진출을 가속화하면 청의 '관할권'이 약해진다는 인식도 들어 있다. 청의 일선 외교관조차도, 일본의 침탈을 저지하려 추진한 조선 개국은 결과적으로 역효과를 낳았다고 평가했다.

사실 여서창이 조선 직할론을 거둬들인 직접적 이유는 청과 프랑스의 관계가 악화했기 때문이었다. 양국의 갈등에 편승해 퍼지던 일본·프랑스 동맹 소문에 대한 맞불 작전이기도 했다. 물론 일본의 공식 입장은 중립과 청일 우호였다. 의심의 눈길을 보내는 청을 향해 "일본과 청은 교분이 원래 깊었던 만큼 단연코 프랑스와 함께 청을 도모할 리가 없다"라고 강조했다.

이렇듯 여서창은 일본 현지에서 본국의 외교력 저하를 절감하며 타개책을 고민하고 있었다. 그렇다면 대일 외교의 사령탑인 이홍장은 어떤 인식과 판단을 갖고 있었을까? 1883년 8월 8일 이홍장과 영의 대담에서 그 실마리를 찾을 수 있다.

이홍장과 영은 타이완, 조선, 류큐를 둘러싼 청일의 대립을 놓고 얘기를 나눴다. 청은 류큐를 차지할 생각이 없으며 왕의 복위를 바랄 따름이라는 이홍장을 향해 영은 다음과 같이 추궁했다.

그런 문제에는 별도의 측면이 있음을 생각하셔야죠. 청은 그런 불명확한 정책 때문에 스스로 논쟁과 공격을 자초한 것이 아닐까요? 왜 청의 황제는 국경을 획정해 '여기야말로 우리 영토다. 지켜내겠다'라고 세계에 선언하지 않습니까? 그런 선언이 있다면, 세계는 존중할 것입니다. 그럼에도 청은 속국이라 하면서도 이후 통치 책임을 포기하고 있습니다.

조선 중립화론과 청프전쟁

이홍장이 청과 자주적인 조공국을 포함해 "청의 판도는 확정돼 있다"라고 반박하자, 영은 근대와 문명에서 조공국은 존재할 수 없으므로 문명국의 규칙에 따라 판도를 일원화해야 한다고 제안했다. 뒤이어 이홍장의 탄식이 터져 나온다.

어째서 외국은 청과 주변 각국 사이에 오랫동안 이어져온 관계를 파괴하려 하는가? 이유를 모르겠다. 잘 운영해왔는데 (……)

미국 외교관과 청의 고관 사이의 인식 차는 매워질 것 같지 않았다. 그보다 더 중요한 것은 이홍장에게 새로운 전망은커녕 적확한 인식과 그에 따른 위기감마저 미약했다는 사실이다. 이홍장의 갑갑함은 해소될 기미가 없었고, 청의 국제적 위상은 더 실추돼 갔다.

청프전쟁과 조청일 3국의 동상이몽

이후 청과 프랑스의 분쟁은 격화일로를 걸었다. 1883년 12월과 이듬해 3월 북베트남에서 벌어진 전투에서 청군은 잇달아 고배를 마셨다. 군사력의 열세에 더해 프랑스와 일본이 결탁하는 사태가 벌어지면 최악이 아닐 수 없었다. 관련 상소가 빗발치자 섭정 서태후(西太后, 1835-1908)는 화평파 이홍장에게 외교적 타결을 지시했다. 5월 11일 조인된 협정에서는 북베트남에서 청군이 철수하고 통킹을 분할한다는 등의 조건이 명기됐다.

하지만 청군의 철수를 둘러싼 양측의 불협화음으로 협정의 효력은 오래가지 못했다. 청 조정에서는 강경론이 재차 기세를 회복했다. 장패륜은 일본이 류큐를 침탈하고 타이완과 펑후제도까지 넘본다고 주장했다. 연이은 교섭이 성과를 내지 못하자 8월 말 양국은 전면전에 돌입했다. 8월 23일 당시 최강이라 일컬어지던 푸젠 함대가 괴멸했다. 사령관 장패륜과 직속 상관 하여장을 비롯한 지휘간부 전원이 면직됐다.

청프전쟁이 벌어지면서 청의 대일 외교 목표는 일본·프랑스 동맹 저지로 좁혀졌다. 그와 함께 악화하는 전황 속에서 류큐 문제의 처리는 청일 제휴의 종속변수로 격하돼갔다. 8월 30일 여서창은 이노우에게 프랑스와 개전했다는 사실을 통보하며 일본의 중립을 요청했다. 일본 내에 일던 프랑스 편들기 논조에 쐐기를 박으려는 의도이기도 했다.

일본은 표면적으로 중립을 유지하면서도 류큐 문제의 담판을 짓고자 다각도로 움직였다. 8월 26일과 27일에 이뤄진 이홍장과 에노모토의 회동도 그 일환이었다. 서구의 아시아 침략에 맞서 청일이 연계해야 한다는 에노모토의 주장에 맞장구치듯 이홍장은 청과 일본이 "서로 힘을 합쳐 외해를 막아야 하"며 류큐 문제는 '일소사一小事'에 지나지 않는다고 화답했다. 당연한 얘기지만 이홍장은 일본에 대한 경계심을 풀지 않았다. 9월 9일 "일본은 군함을 정비해 나가사키에 대기시켜 때를 봐서 류큐 문제를 해결하려 한다"라는 여서창의 보고가 있었는데, 이를 총리아문에 전달하면서 연관된 정보가 외교가와 언론에 퍼져 있다는 점을 추가했다.

유리한 고지를 선점했다고 판단한 일본은 군사력을 동원해 류큐 문제를 해결하려는 속내를 내비치는 한편 제3국의 외교관을 개

201　　　　　　　　　　　　　　　　　　　　조선 중립화론과 청프전쟁

재해 외교적 타결을 유도하는 양동작전을 펼쳤다. 10월 에노모토는 영과 회동했다. 청은 일본과 동맹조약을 체결하고 류큐를 포기하는 것이 상책임을 에노모토가 피력하자 영도 찬성했다고 한다.

10월 23일 프랑스는 3일 동안 유예했던 타이완의 봉쇄에 돌입했다. 프랑스의 타이완 영유는 류큐 문제에도 영향을 미칠 수밖에 없다고 판단한 러시아 주재 일본 공사 하나부사는 자신의 방책을 상신했다. 프랑스가 타이완을 점령하게 할까, 청을 도와 타이완이 프랑스에 넘어가지 않도록 할 것인가. 둘 다 불가능하다면 일본이 직접 타이완을 점령해야 한다는 것이 핵심이었다. 이어서 그는 일본의 타이완 점령을 향후의 외교 방략과 맞춰 추진해야 한다는 차원에서 두 가지 질문을 던졌다. 먼저 서구가 아시아에서 더욱 발호할 때 아시아 동쪽의 일본 혼자서 제압할 수 있는가? 그리고 아시아에서 최고로 개명한 일본이 아시아의 미개지〔蕃地〕를 개척하고 주민〔蕃民〕 계도 사업을 서구와 협력해서 할 것인가? 외무성이 내놓을 해답이 있을 리 없지만, 물음 자체는 일본의 위상이 바뀌었음을 실감케 한다. 조청일 관계의 현장을 누볐던 외교관에게 1884년 말의 일본은 이제 아시아의 변방이 아니었으며, 그의 뇌리에서 청일 제휴나 아시아 연대라는 관점은 전혀 존재하지 않았다. 실제로 일본은 청프전쟁의 동향과 더불어 타이완 문제의 향배에 관해서도 촉각을 곤두세웠다. 11월 23일 총리아문을 찾은 에노모토는 "아시아 전 국면에 끼치는 영향이 심대"하므로 타이완을 포기해서는 안 된다는 점을 역설했다.

이렇듯 류큐 문제에 관한 청의 응집력은 청프전쟁의 발발 이후 급속도로 무너지기 시작했다. 이홍장은 류큐를 '소사'로 여기면서

　　　　3부　청일전쟁으로 정한론을 완성하다

까지 청일 제휴를 모색했으나 조정의 승인이라는 난관을 돌파하기는 어려웠다. 류큐의 포기는 곧 책봉 이념의 포기와 직결하는 만큼, 조선과 베트남까지 얽혀 있는 대외 관계의 큰 재편을 주체적으로 선택하고 실행할 가능성은 크지 않았다. 청 스스로 마련하지 못한 변화의 계기는 전쟁 중이던 베트남이 아닌 조선에서 날아들었다. 이어지는 갑신정변 부분에서 이를 자세히 살펴볼 것이다.

조선에서 날아온 정변의 급보는 여서창의 인식을 뒤흔들었다. 그의 임기는 1884년 10월로 5일 자에 만료했으나, 11월 27일 일본에 도착한 후임 서승조(徐承祖, 1842-1909)와 함께 갑신정변의 뒤처리를 도맡았다. 여서창은 1885년 1월 6일 친분이 두터웠던 미야지마 세이이치로(宮島誠一郎, 1838-1911)와 나눈 필담에서 자신의 흉중을 토로했다. 청의 류큐 포기와 일본의 조선 불간섭을 교환해 류큐와 조선 문제를 일거에 해결함으로써 조청일 3국의 화합·제휴 관계를 창출하자는 구상이었다.

1월 21일 여서창은 이홍장에게 보고서를 올렸다. 일본은 조선의 독립 인정을 요구해올 것이라며, 프랑스와 전쟁 중임을 참작해 양국의 분쟁에 종지부를 찍는다는 차원에서 2개의 방안을 제안했다. 1안은 류큐 포기와 조선에 대한 불간섭이었다. 청은 류큐를 포기하는 협정을 일본과 맺고 향후 일본의 조선 간섭을 불허하고 청도 굳이 병력을 주둔하지 않는다는 것이었다. 2안은 1883년 10월의 보고서와 마찬가지로 류큐와 조선의 공동 보호였다. 청일 양국은 조약으로 복봉한 류큐를 보호함과 아울러 조선의 공동 보호를 인정하는 것이었다. 위에서 소개한 미야지마와의 필담을 고려하면 여서창의 본심은 1안이었다고 추정되지만, 핵심은 "제갈공명이 어쩔 수

조선 중립화론과 청프전쟁

없이 오吳와 화합한 상황과 같"다면서 전망한 청일 동맹이었다. 여서창은 2월 2일 도쿄를 떠나 상하이로 향했다.

갑신정변과
조청일 관계

갑신정변, 한성조약, 그리고 청일 담판

프랑스군이 타이완을 봉쇄한 지 한 달이 지난 12월 4일, 김옥균이 이끄는 개화파의 쿠데타 즉 갑신정변이 일어났다. 민영목을 비롯한 주요 대신 6명이 참살됐고, 고종은 명성황후와 함께 창덕궁 인근의 경우궁으로 피신했다. 다케조에는 김옥균과 약조한 대로 일본군을 동원해 경우궁의 경비를 맡았다. 신정부는 책봉 관계 해소, 인재 등용, 정부 기구 개편 등을 선포했으나 붓의 물기가 마르기도 전에 권좌에서 내려와야 했다. '삼일천하'의 막은 굵고도 짧게 내려졌다.

12월 6일 민씨 정권의 요청으로 진격한 청군과 일본군 사이에 교전이 벌어졌고, 수적으로 밀린 일본군은 사상자를 낸 채 공사관으로 퇴각했다. 이튿날 성난 군중이 일본 공사관을 에워싸자 다케조에는 거류민과 함께 인천으로 피신해 본국에 사건 경위를 보고했다. 김옥균과 박영효 등 총 9명은 인천에 정박해 있던 일본 선박 지토세마루千歲丸에 올라타서 나가사키로 향했다.[64] 김옥균 일행은 일본이 받아들인 첫 정치 망명 사례로 기록된다.

일본 정부가 사건 발생을 인지한 것은 12월 12일이었다(쿠데타에 관한 문의는 사전에 있었지만, 답신이 도착하기 전에 사건이 발생해 파악이 늦었다). 고베에 머물던 이노우에를 대신해 요시다 외무대보와 이토가 즉각 대응했다. 이토는 담당관을 인천에 급파해 사태 파악에 나서는 한편 고와시를 조선에 보냈다. 12월 말 고와시는 사건의 재발과 청의 조선 지배를 방지하고 강화도조약 이래의 조선 독립을 완성하려면 조선에서 국지전도 감수해야 한다는 강경책을 이노우에와 이토를 비롯한 정부 수뇌부에 상신했다.

서울에서 청일 양군이 충돌했다는 소식이 전해지자 일본에서는 청과 일전을 불사해야 한다는 강경론이 들끓었다. 다케조에와 일본군이 정변에 직접 개입했다는 사실은 전혀 알려지지 않았기에 신문의 논조는 하나같이 청을 무력으로 '유린'해야 한다는 주장 일색이었다. 군부와 사쓰마 쪽에서는 파병과 개전을 부르짖고 나왔다.

한편 동북아의 국제 관계를 사실상 '관장'하는 영국으로서는 이권 보호를 우선시했으며, 파크스는 청일이 충돌을 피해야 한다고 역설했다. 조선 주재 영국 총영사에게 보낸 편지에서는 일본이 청과 전쟁을 일으키지 않도록 충고하라고 지시했다. 일본·프랑스 동맹의 움직임에 대해서도 영국은 미국과 함께 부정적이었다.

이노우에가 귀경하고 12월 19일 각의가 열렸다. 결론은 이노우에의 특사 파견이었다. 12월 20일 이노우에는 에노모토에게 일본은 청 및 조선과 교섭을 별도로 추진할 것임을 청에 통고하도록 했으며, 이튿날에는 청일 양국의 병력 철수가 대청 교섭의 목표로 제시됐다. 정변을 기화로 조선 '독립'의 지반을 다지려는 심산이었다. 12월 22일 도쿄에서 출발한 이노우에 일행은 군함 3척과 병력 2개 대대와 함께 12월 30일 제물포에 도착했다.

다음 해 1월 3일 이노우에는 전 병력을 대동하고 서울로 향했다. 처음으로 조선의 수도에 발을 들인 외교 책임자는 좌의정 김홍집과 직접 담판을 벌였다. 이노우에는 외교 정보와 고와시의 의견을 종합해 다케조에의 정변 관여를 부정하면서 논의 대상을 일본인 살해와 공사관 소실로 국한해 타결을 시도했다. 3일 동안 4차에 걸친 논의 끝에 1월 9일 이노우에와 김홍집은 5개 항의 한성조약을 체결했다.

일본은 피해자라는 입장을 관철했으며, 김옥균 일파의 송환 요구도 받아들이지 않았다. 다케조에에 대해 조선은 경질 처분으로 책임을 묻지 않겠다는 태도를 보였다. '소환' 명령이 내려진 다케조에는 귀국한 뒤에 공사뿐만 아니라 외무성까지 사직했다. 후임은 부산과 인천의 초대 영사를 지낸 곤도가 맡았다.

남은 것은 청일 양군의 충돌을 정리하는 일이었다. 쿠데타가 수습된 직후인 12월 12일, 베이징에서는 총리아문 관계자와 에노모토가 접촉했다. 양측 모두 진상 파악이 충분하지 못한 탓에 분위기는 딱딱하지 않았다. 12월 23일의 협의에서도 조선의 속국 여부로 약간의 언쟁이 있었으나 원만히 수습하는 데는 공감하는 분위기였다.

일본에서는 서승조와 이노우에가 정식 교섭을 향한 물밑 접촉

갑신정변과 조청일 관계

을 했다. 1885년 1월 22일 이노우에는 서승조와 회담하는 자리에서 청일 제휴를 앞세우며 "조선 및 류큐의 두 안건을 완전히 처리하지 않으면 양국의 성실한 교류가 곤란"함을 강조했지만, 청군의 철수 외에 구체안은 내놓지 않았다. 이튿날 이노우에는 청국 공사관을 방문한 자리에서 양국의 공식 담판을 제안했고, 서승조는 전문으로 본국에 전달했다. 이로써 청일 교섭의 장이 마련됐다.

1월 30일 서승조는 이홍장에게 일본·프랑스 동맹에 따른 타이완 침공을 우려하면서 일본이 고집하는 동시 철병을 받아들일 수밖에 없다고 보고했다. 이홍장 또한 3월 1일 총리아문에 파병 군대의 노고를 고려해 철수하는 대신 독일 교관을 채용해 훈련시키고 군함을 보내 순시하게 하면 조선의 지배권을 유지할 수 있다는 의견서를 제출했다. 3월 11일 총리아문은 이홍장을 전권으로 임명하고 철병 문제에 관한 결정권까지 넘겼다.

1월 28일 일본 정부는 청과의 담판 방침을 논의했다. '천재일우의 호기'인 청프전쟁까지 겨냥해 청과 개전을 불사해야 한다는 사쓰마파에 맞서, 이노우에와 이토를 주축으로 조슈파는 교섭을 통한 해결로 맞섰다. 대청 교섭의 틀이 정해진 것은 2월 7일의 각의에서였다. 주요 내용은 일본인을 살상한 청의 지휘관 처벌, 청일 양군의 조선 철수 요구 등이었다. 1월 24일에는 이토를 전권으로 하는 사절 파견이 결정됐다. 사쓰마파와의 제휴를 과시하고자 농상무경 사이고 쓰구미치를 일행에 참가시켰다.

일본은 청이 공동 철병을 받아들이지 않을까 봐 염려하며 영국까지 동원했다. 주일 영국 공사를 통해 파크스에게 지원을 요청한 것이다. 3월 들어 파크스는 여러 차례 총리아문을 찾았다. 영국과 러시아의 대립이 심각한 상황에서 일본이 분노해 프랑스와 동맹을 맺으면 영국은 러시아에 저항하는 동맹국을 잃게 된다고 청을 압박했다. 청일의 담판을 놓고서도 양국의 공동 철병은 물론 청군 지휘관의 처벌까지 받아들이도록 요구했다.

톈진조약의 체결과 그 의미

3월 7일 나가사키를 출항한 이토 일행은 3월 14일 톈진에 도착했다. 전쟁이 한창이던 청의 상황을 고려해 회담 장소는 베이징이 아니라 톈진으로 정했다. 청일의 실력자가 회동한 담판은 총 여섯 차례 이뤄졌다. 두 사람은 신장 차이(이토는 160센티미터인데, 이홍장은 180센티미터의 거구)만큼 시각차 또한 매우 컸으나, 의외로 4월 3일의 첫 만남에서 큰 가닥이 잡혔다.

담판 중에 조선의 속국 문제가 화제에 올랐다. 이홍장이 "조선은 여태껏 일본의 속국이었던 적이 없다. 이에 비해 조선이 우리의 속국이라는 사실의 유래는 실로 오래됐다"라는 주장을 폈다. 이를 받아 이토는 "조선이 과거 우리 속국이었던 적이 있다. 옛날 우리 진구 황후, 삼한을 정복한 뒤 조선을 속국으로 삼은 일은 각하가 아직 듣지 못했는가"라며 반론했다.

청일 양군이 충돌한 책임의 소재도 격론의 연속이었다. 이토는 일본군에게 40명이나 사망자가 나온 것은 청의 책임이라며 포문을 열었다. 이홍장은 첫 발포자가 일본인이고 일본인 살해는 조선인 폭도의 짓이며, 애초부터 일본이 개화파와 결탁한 것이 화근이라며 맞받았다.

여기서 이토는 논점을 비튼다. 양군이 충돌한 원인은 군대가 서울에 주둔했기 때문이라고 주장한 것이다. 군대 철수를 제안하자 이홍장은 일본군의 확실한 철수를 조건으로 찬성했다. 고와시는 "오늘 청국에 철병을 권하는 것은 마치 청국이 조선을 버리도록 권하는 것과 동일한 논리"라고 난관을 예상했지만 빗나갔던 것이다. 철병의 원칙은 정해졌으나 실시 방안에 관해서는 이견이 만만찮았다. 게다가 청군 책임자의 처벌과 일본 거류민의 손해배상에서는 전혀 접점을 찾을 수 없었다.

이후 이토와 이홍장은 갑신정변의 원인과 피해의 처리를 놓고 격론을 벌였다. 일본 외교 문서에 따르면 4월 10일 제4차 담판의 말미에서 다음과 같은 대화가 오갔다.

이토　조선 독립의 국체를 유지함으로써 타국이 강토를 침략하지 않도록 하는 일은 우리 나라가 간절히 희망하는 바이다.

이홍장　귀국이 만약 조선을 병탄하려 할 때는 국력이 닿는 한 귀국과 싸울 수밖에 없다. 우리 나라가 만약 조선을 병탄하는 일이 있으면 귀국은 전국의 힘을 모아 우리 나라와 결전을 벌일 것이다. 만일 타국이 조선의 땅을 노리면 귀국과 우리 나라는 연합해 힘이 닿는 한 침략을 막아야 한다.

이토　얘기가 타국의 일까지 미치지 않는 것이 좋겠다.

이홍장　본 대신은 공개적으로 그 말을 한 것이 아니다. 우리 상호의 밀약으로써 각자 마음에 새겨야 한다.

에노모토　본 대신(원문이며, 에노모토를 가리킴)이 전권대사의 지위를 맡았다면 이번과 같은 조약 체결을 용인하지 않을 것이다.[65] 명백히 본 대신의 염원은 조선을 약취하는 데 있다.

이홍장 본 대신은 각하의 그런 점을 매우 의심하는 바이다. 각하가 후일 수석 대사의 자리에 오르게 될 때까지는 부디 이토 대사의 정략을 잘 따라야 할 것이다.

청과 일본은 자신들이 조선의 명운을 좌우한다는 인식을 거리낌 없이 교환하고 있었다. 이후 에노모토는 '수석 대사'가 되지는 못했지만, 이토 내각의 농상무대신으로서 청일전쟁을 치르게 된다. 1885년의 한반도가 맞서야 했던 혹독한 현실이었다.

4월 12일의 제5차 담판에서는 철병 문제에 관한 양쪽의 조약안을 놓고 집중 검토가 이뤄졌다. 청은 유사시 조선의 요청에 따라 일본과 상의 없이 출병할 수 있도록 하는 조항을 제시했다. 일본은 청일 양국이 대등하게 대처한다는 안으로 맞섰다. 논의는 조선 병탄 의사의 유무, 타국의 조선 침략에 대한 조치, 속국론 등 조청 관계의 실체를 둘러싼 논쟁의 양상을 띠어갔다.

3일 뒤 열린 제6차 담판에서 양쪽은 합의에 이르렀다. 청이 제안한 조선 유사시의 출병을 놓고 사전 통고한다는 쪽으로 정리했다. 교섭을 타결하려 이홍장이 양보한 모양새였다. 거류민 피해는 청이 조사 후 가해자를 처벌하기로 했고, 청군 책임자의 처벌은 다케조에 문제와 맞교환하는 형식으로 불문에 부쳤다.

4월 18일 이토와 이홍장은 톈진조약에 서명했다. 조선에서 청일 양군의 4개월 이내 동시 철수(제1조), 청일 양국의 군사교관 파견 중지(제2조), 조선의 변란에 따른 파병 시에는 먼저 상대방에 통보하고 사태가 끝나면 철수할 것(제3조) 등의 세 가지가 핵심이었다.

갑신정변과 조청일 관계

비준은 5월 23일 이뤄졌다.

청일의 협상 속도보다 청프전쟁 수습이 더 빠르게 진행됐다. 3월까지 양측 모두 결정적 승기를 잡지 못한 채 교착 상태에 빠졌으나,[66] 4월 들어 프랑스의 정권 교체가 이뤄지면서 강화 분위기가 가시화했다. 4월 6일 청과 프랑스는 정전과 철병을 선언했고, 6월 9일 이홍장과 프랑스 공사는 강화조약을 체결했다. 청은 베트남에 대한 종주권을 포기했고, 2년 뒤 프랑스는 캄보디아와 남북 베트남을 지배하는 인도차이나 총독부를 설치했다.[67] 빈번히 언급됐던 일본·프랑스 동맹의 선택지는 결과적으로 갑신정변의 뒤처리에 그다지 영향을 끼치지 못했다.

텐진조약을 조인한 이튿날 이홍장은 "이후 피차 조약에 비춰 철병해 영원히 쟁란을 종식하며 나란히 중일 양국이 화호和好의 뜻을 훼손하는 일이 없어진다면 전체적으로 도움이 많"다는 평가를 상주했다. 이토에 대해서는 "구미를 두루 다니면서 구미의 모방에 힘을 쏟고 있으며, 진정으로 치국의 재간이 있는 인물이다. 통상·선린·부국·강병 실시에 전적으로 매달리고 있으며, 가볍게 전쟁, 소국의 병탄을 입에 올리지 않는다. 10년이 되면 일본의 부강은 대단해질 터이다"라고 평가하며 일본 경계령을 주문했다.[68] 물론 여기서 소국은 조선을 가리킨다. 반복해서 언급하지만 조선의 현재와 미래는 조청일 관계의 차원 위에서 전개되고 있었다.

일본은 김옥균 일파의 쿠데타를 직접 지원했지만, 조선에서뿐 아니라 쿠데타를 진압한 청과 벌인 외교전에서도 승리했다. 특히 텐진조약에서는 처벌과 손해배상이 무산되긴 했으나 임오군란 이래 주둔하던 청의 군대 철수도 이뤄냈다.[69] 나아가 군사력으로 조선 문제의 우위를 점하려던 청을 누르고 대등한 파병권을 획득했다.

1890년 3월 야마가타는 악명 높은 주권선·이익선을 천명한 의견서에서 텐진조약의 의미를 다음과 같이 기술했다.

우리 나라의 이해관계에서 가장 긴요한 것은 조선국의 중립이다. 1875년의 조약(강화도조약, 인용자)으로 각국에 앞서 조선의 독립을 인정한 이래 때로 변동은 있었으나 그 노선을 벗어나지 않음으로써 1885년에 텐진조약을 맺기에 이르렀다.

마찬가지로 청일전쟁 때 외상이었던 무쓰 무네미쓰는 텐진조약을 체결함으로써 일본이 "조선에 대해 (청일, 인용자) 양국이 동등한 영향력을 가진다는 유일한 명문"을 손에 넣었다고 평가했다. 텐진조약은 조선의 '독립'을 천명한 강화도조약 제1조의 중간 귀착점이었으며, 일본은 텐진조약 제3조에 따라 9년 뒤 청과 전쟁을 선포했다.

조선변법8개조와 조선 '독립'

갑신정변에 이은 텐진조약 체결은 조선에 친일파 정권을 세우겠다는 이노우에 외교의 전략을 철회한다는 의미이기도 했다. 청군의 철수를 끌어내며 더욱 굳어진 듯 보였던 조선의 '독립', 일본은 그 과실을 누리게 됐을까?

이노우에는 6월 9일 에노모토에게 기밀 서신을 보냈다. 거기에는 톈진조약 비준이 있자마자 제3조를 거론하며 조선의 독립을 의심하는 목소리가 일본의 각국 외교관 사이에서 일었다는 소식이 들어 있었다. 요점은 간단하다. 조선 파병을 '먼저' 청일 양국 간에 통지해 결정한다는 조항 때문에 "양국이 조선국의 독립을 진정으로 인정하는 것이 아니라는 의심"이 생겼다는 것이다. 일본이 선전하던 '독립'의 맹점이 여지없이 드러난 형국이다.

여기에 거문도사건이 겹쳐진다. 4월 15일, 영국 해군 함정이 돌연 조선 남해의 거문도에 들이닥쳤다. 함정은 조선 정부에 통보조차 하지 않고 거문도를 불법 점령했다. 러시아가 아프가니스탄을 침범해 양국 간에 전운이 드리워지자 영국으로서는 해군의 전진기지이자 석탄 창고를 확보하려 했던 것이다. 9월 들어 영국과 러시아가 외교 합의를 이룸으로써 거문도를 점령할 이유는 없어졌지만, 영국군은 1887년 2월에야 철수했다.

여러 차례 확인했듯 일본은 러시아의 조선 침탈에 신경을 곤두세웠다. 일본은 톈진조약 제3조에 따라 청과 동등한 파병권을 얻었지만, 러시아도 조선과 맺은 수호통상조약의 최혜국 조항을 근거로 파병권을 요구할 가능성이 있었다. 게다가 영국은 거문도를 불법으로 점거한 상태였다. 이노우에는 6월 10일과 13일 에노모토와 주영 공사에게 훈령을 보냈다. 거문도 점거는 일본의 "지형 및 정략상의 관계"상 간과할 수 없는 사태로 평가했다. 그리고 영국에 대항해 러시아가 원산, 부산 또는 제주도를 점거하고자 조선을 압박할 수 있으며, 이는 "러시아가 조선 지방에 손을 대기 시작하는 절호의 기회를 제공"한다고도 여겼다. 때마침 조선 정부는 묄렌도르프를 통해 러시아를 끌어들여 안전을 보장하는 외교 책략을 펼치고 있었으며,

곤도 대리공사는 5월 26일 관련 보고를 외무성에 올렸다. 영국과 러시아의 충돌도 문제지만 조선 영토의 점거는 말 그대로 비상사태였다.

한편 에노모토에게 전달된 훈령에는 별도의 사안이 쓰여 있었다. 5월 6일 에노모토는 파크스를 포함한 영국 외교관의 견해를 인용하면서, 협약을 맺지 않더라도 청과 일본이 조선을 공동으로 보호해야 한다는 건의를 이노우에에게 상신했다. 군사력이 미비한 조선에서 내란이 터지면 러시아의 남침을 유발할 수 있다는 우려 때문이었다.[70] 이런 에노모토의 안을 이노우에는 받아들이지 않았다. 일본은 독립을 인정하고 청은 속국이라고 주장하는 상황에서 공개적으로 공동 보호에 나서면 "각국이 자칫하면 청의 속국주의를 찬성하는 것이라는 감각을 갖게 되므로 우리에게 불리"하다는 점을 이유로 들었다.

하지만 러시아의 남하를 막는 별도의 대책 마련은 시급하고도 절실했다. 이노우에가 마련한 것은 '한정감찰韓廷監察'을 목적으로 '조선변법8개조'(이하 8개조)를 청과 같이 실행한다는 방안이었고, 6월 5일 주일 공사 서승조를 통해 이홍장에게 전달하도록 했다. 6월 10일 에노모토에게 보낸 훈령에서 표현했듯 8개조는 "아시아 전역에 호랑虎狼의 침습을 막음으로써 편안과 안녕을 보전한다는 목적 하나에서 나온 것이며 조선 정부의 치략에 간섭하려는 의도는 없"다고 치장했으나, 6월 15일 서승조와 면담하면서 "조선 왕의 정치를 약간 구속해 외교적으로 망동(원문은 妄爲)이 없도록 하는 것이 필요"하다는 본심을 당당히 드러냈다. 요점은 조선의 외교 사무를 이홍장과 이노우에가 감독하고 이홍장이 시행하며, 주요 대신의 임면은 이홍장과 협의하고 이노우에의 자문을 거치며(제3조), 묄렌도르프 대신 미국인을 임명한다는 것 등이었다. "일본, 중국의 이권과 크게 연계 있"는 조선 외교의 손발을 묶겠다는 사실상의 극약 처방이었다.

7월 2일과 3일 에노모토는 톈진을 찾아 이홍장과 회동했다. 처음에는 8개조에 동의를 표했던 이홍장은 7월 11일 부정적 견해로 돌아섰다. 도쿄와 톈진을 오가며 주요 대신의 임면을 협의하기 어렵고 조선 정부에 인사를 강제하는 제3조는 속국의 내정 간섭이라는 인식까지 내비쳤다.[71] 결국, 7월 15일 이노우에는 에노모토에게 담판을 취소하라는 훈령을 보냈고 협상은 결렬됐다.

여기서 에노모토의 공동 보호안에는 반대하면서 청에 8개조를 제안하는 이노우에의 사고방식을 어떻게 이해해야 할까? 1908년 12월 외무성에서 편찬한 「일청교섭사제요」(이하 제요)라는 문서에서 그 의도를 짐작할 수 있다. 제요의 필자는 8개조의 특징을 다음과 같이 서술했다.

> 조선의 현상이 어떤지 돌아보면 밀사를 러시아에 보내는 식으로 실로 한심하기 짝이 없다. 이에 외무경은 당장 먼저 조선의 외교 및 군사, 재정에 실책이 없도록 기하고자 합동 보호의 이름을 피하고 그 실을 온전히 하기 위해 입안된 8개조 (……)

위 사료는 우리에게 두 가지 사실을 알려준다. '합동 보호', '이름'과 '실'에서 그 실마리를 찾을 수 있다.

먼저 갑신정변과 톈진조약 체결 뒤 이노우에 외교의 조선 정책은 재편될 수밖에 없었다. 그동안 추진했던 친일 정권 성립은 당분간 기대하기 어려워졌기 때문이다. 그런데 거문도 점거 및 조선 조정의 러시아 경사라는 돌발 사태가 벌어졌다. 8월 15일 에노모토에게 보낸 기밀 서신에 따르면 이노우에의 8개조 제안은 "일청 양국이 조선에 대한 정략은 종래 이동異同 있"음을 넘어서서 "청국이 착수하게 해서 (실제 의향이 같았으므로 협의에 임해) 목하 조선국에서 발생하려는 곤란을 제거한다는 정신에서 나온 것이며 이 변법(8개조, 인용자)을 제쳐두고 달리 양책을 찾기 어렵다"라고 판단한 결과였다. 에노모토의 공동 보호안과 마찬가지로 청일의 '공조'가 불가피하다는 인식 위에서 "양국 공동의 실익"을 도모하고자 8개조를 이홍장에게 제안했던 것이다.

청일의 공동 대처를 내세웠으나 일본과 청은 조선 정책을 놓고 각각 독립국과 속국이라는 다른 관점을 지녔다. 그 차이를 봉합하는 논리가 바로 '이름'과 '실'의 분리였다. 제요 집필자의 표현대로 "(조선을) 독립국으로 보는 일본이 조선을 속국으로 보는 청에 찬성한다는 오해를 각국에 안겨줄지 모르"는 공동 보호는 채택할 수 없었으므로, 조선의 독립을 유린하는 8개조의 실행자로서 청을 앞세웠던 것이다. 이렇듯 강화도조약 제1조는 일본이 구상한 조일 관계의 원점이자 원칙이었다.

8개조의 좌초는 이노우에에게 큰 실망감을 안겨준 것으로 보인다. 8월 15일 서신에서 "이홍장은 전체 이해에 어두워서 세세한 체재 곡절에 구애받으며, 본관(이노우에, 인용자)이 중시하는 아시아 전역의 평화를 보지하려는 성의를 이해하지 못하는 것 같다"라고 혹평하는 한편, "우리도 조선에 대한 정략을 바꿔 조선을 방임해 흘

갑신정변과 조청일 관계

러가는 대로 방관할 수밖에 없"다는 결론에 다다를 정도였다.[72] 나아가 10월 에노모토를 소환했으며, 후임으로는 에노모토보다 중량감이 떨어지는 시오다 사부로(塩田三郞, 1843-1889)를 보냈다. 이렇게 보면 8개조야말로 이노우에 외교가 펼친 조선 정책의 마지막 카드이자 실패작이 아닐 수 없다.

8개조가 이노우에의 패착이었다는 사실은 이홍장의 이후 동정으로 짐작할 수 있다. 베트남과 조선이라는 두 속국에게 닥친 청프전쟁과 갑신정변의 위기는 이홍장의 주도 아래 외교적으로 마무리됐다. 조선을 제2의 베트남으로 만들 수 없다고 본 이홍장은 이노우에가 제안한 8개조를 자신의 것인 양 실행에 옮겼다.

8개조에서 적시된 대로 조러 밀약을 획책한 묄렌도르프와 조청 간의 통상을 전담하던 진수당陳樹棠의 경질은 신속하게 이뤄졌다. 이홍장은 조선 정부에 묄렌도르프의 파면을 요구해 7월 말에 성사시키는 한편 8월에는 고종과 명성황후를 견제하고자 연금 중이던 대원군의 귀국 방침을 결정했다. 모든 관직을 내려놓은 묄렌도르프는 12월 5일 조선을 떠났고, 이듬해 3월 미국인 외교 고문으로 오언 N. 데니(Owen N. Denny, 1838-1900)가 이홍장의 추천으로 내한했다.

그리고 9월에는 진수당의 후임으로 20대 후반의 원세개(袁世凱, 1859-1916)를 앉혔다. 10월 대원군과 함께 서울에 도착한 원세개는 통상에 더해 외교까지 관장하면서 진수당과는 비교도 되지 않을 막강한 권한을 휘두르며 청일전쟁 직전까지 조선에 체재했다. 특히 제2차 조러 밀약을 핑계로 고종의 폐위 음모까지 획책했을 정도로 조선 정부의 내정과 외교를 마음대로 주물렀다. 제요에 나와 있듯 청은 "명실상부하게 조선을 중국의 속방으로 하려는 거동을 나타냈"다.

이렇듯 이노우에 외교의 한 축인 조선 정책은 결정적인 성과를 거두지 못했다. 또 다른 한 축인 구미 열강과의 조약 개정도 상황은 다르지 않았다. 1882년 1월부터 7월까지 열린 예비 회의는 거의 소득 없이 끝났지만,[73] 1886년 5월부터 1년 남짓 이어진 26차에 걸친 본회의는 1887년 4월 22일 통상조약과 수호조약 모두 합의를 끌어내기에 이르렀다. 하지만 관련 내용이 알려지면서 부정적 여론이 급속히 커졌다. 불평등조약의 상징인 영사재판권을 폐지하는 대가로 내지 개방과 외국인 판사 임용을 하려고 했던 것이 화근이었다. 재야 세력뿐 아니라 각료들도 격렬히 반대하자 이노우에는 7월 29일 조약 개정 담판의 무기 연기를 각국에 통고할 수밖에 없었고, 두 달이 지나지 않아 외상의 자리마저 내놓아야 했다.

이노우에는 8개조 좌절 뒤의 조청일 관계에 대해 어떤 전망을 가졌을까? 이를 알려주는 자료가 1886년 2월 10일 이노우에가 다카히라 고고로(高平小五郎, 1854-1926) 조선 임시 대리공사에게 보낸 기밀 서신이다. 데니는 이홍장의 지시에 따라 일본에 들러 이노우에와 환담을 나눴는데, 그 자리에서 한 얘기를 다카히라에게 전했다. 조선을 놓고 청과 일본이 전쟁을 벌이는 것은 비현실적인 데다, 전쟁에 이겨 조선을 차지하더라도 식민 지배는 쉽지 않고, 청이 장악하면 "동아의 분란을 일으킬 단초"가 되니 "종전처럼 계속 존립하도록 해 외진 곳으로 해두는 것이야말로 동양 평화를 지키는 데 긴요"하다는 취지였다. 청의 조선 지배 강화에 부정적 견해를 펼쳤던 것이다. 공세적이든 수세적이든 일본은 독립을 앞세워 조선 정

갑신정변과 조청일 관계

책을 운용하고 있었다.[74)]

류큐 문제와 청일 교섭의 좌초

텐진조약 체결을 청일의 '화호'로 받아들였던 이홍장은 류큐 문제의 해결에도 의지를 보였다. 그는 이토 일행이 귀국한 다음 날인 4월 20일 이토가 아무 언급도 하지 않았는지 에노모토에게 물으며, 자신과 다케조에의 담판이 기초가 될 수 있다면서 교섭 재개 의사를 내비쳤다. 에노모토의 반응은 당연히 부정적이었다.

이홍장이 류큐 문제를 끄집어낸 것은 대일 강경파의 비판을 의식했기 때문이기도 했다. 이들은 조선에 기울였던 노력을 포기하고 '후환'을 남기는 텐진조약을 체결함으로써 일본의 술수에 빠지고 말았으며, 거문도사건에서 밝혀졌듯 묄렌도르프 파견도 이홍장의 과오라고 지적했다. 때마침 청에 망명 중이던 류큐인들도 "류큐와 조선은 같이 천조天朝의 울타리"라며 일본 정벌군을 보내라고 외쳤다.

하지만 텐진조약 체결로 다져진 청일 관계의 화평 기조는 크게 흔들리지 않았다. 남은 관문은 10년이 지나 맞이한 청일수호조규의 개정 협상이었다.

에노모토의 뒤를 이어 주청 공사를 맡은 시오다의 첫 번째 임무가 바로 이 개정 협상이었다. 1886년 3월 이노우에는 시오다에게 류큐 문제에 관해서는 정부에서 아무런 훈령을 받지 못했고, 이미 처분이 끝났다는 입장을 개진하도록 지시했다. 5월 말 개시한 예비 교섭 때부터 총리아문은 류큐를 거론했다. 시오다가 영국·프랑스가 미얀마와 베트남을 침략한다며 청일의 공동 대처를 언급하자마자 총리아문 관계자는 영국이 미얀마를 침략한 것은 일본의 류큐 처분에서 기인한다며 시비를 건 것이다. 이홍장도 개정 작업이 지체되더라도 류큐 문제를 연계해야 한다고 주장했으며, 도쿄에서는 서승조가 이노우에에게 류큐 문제가 끝나지 않았다고 지적했다.

류큐 문제의 제기를 접한 이노우에는 청이 "조선 처리 즉 조선을 자신의 판도에 넣는 일을 우리가 공인하게 만들려"는 것은 아닌지 염려했다. 류큐 문제를 개재해 개정이 늦어지면 구미와 진행할 조약 개정에도 악영향을 미칠지 모른다고 생각하기도 했다. 일본이 노리던 바는 청일 상호가 영사재판권을 폐지함으로써 구미와 진행할 조약 개정에 유리한 환경을 조성하는 것이었다.[75] 이노우에는 시오다에게 교섭을 조기에 착수하도록 지시했다.

7월 4일 총리아문은 개정 교섭의 개시에 동의했고, 9월 4일 일본은 개정 조규 초안을 총리아문에 제출했다. 여기서 대형 악재가 터졌다. 8월 13일 나가사키에서 청의 수병과 일본 관헌이 충돌해 양쪽 모두 수십 명의 사상자가 생긴 것이다(나가사키 사건). 나가사키 사건이 처리될 때까지 양국의 교섭은 중단됐다.

해를 넘겨 교섭이 재개됐다. 6월 5일의 회담에서 청은 대안을 제출할 생각이 있다고 밝히면서도 류큐 문제가 종료되지 않았다고 언급했다. 2주 뒤에 대안과 함께 류큐 문제에 관한 조회문을 첨부했다. 조규 개정과 류큐 문제의 연계는 아니라고 언명했지만, 대책 마련이 시급해졌다. 그런데 일본 내에서는 구미와의 조약 개정안을 둘러싼 정쟁이 격심했다. 1년을 공들여 성안한 조약 개정안이 안팎의 반대에 부딪힌 것이다. 7월 29일 교섭은 무기 연기됐고, 이노우에는 사직서를 제출했다. 후임 오쿠마 시게노부는 총리였던 이토와 외무성의 인선을 놓고 갈등을 빚다가 1888년 2월에야 취임했다.

1888년 1월 말 베이징에서 교섭이 속개됐다. 청은 여전히 조기 타결에 부정적이었다. 결국 9월 14일 오쿠마의 훈령을 받아 시오다는 총리아문에 교섭 중지를 요청했다(시오다 자신은 8개월 뒤 베이징에서 병사했다). 이로써 류큐 문제를 외교적으로 풀어낼 마지막 기회는 무산됐다.

청일 교섭의 좌초는 종주국 청의 위상 실추를 결정짓는 사건이었다. 류큐를 과감하게 포기하는 외교적 결단을 내리지도 못했고, 새로운 조약 체제 구축을 견인하는 모습도 찾아볼 수 없었다. 요컨대 청은 조청일 즉 동아시아의 관계를 주체적으로 바꿔나가겠다는 문제의식도 역량도 없다는 사실이 폭로되고 만 것이다.

국가 간의 교섭은 불발로 끝났으나 여서창의 개인적 노력은 이어졌다. 그는 1888년 초 다시금 일본 공사의 임무를 받았다. 1889년 8월 시오다의 후임자로서 부임을 앞둔 오토리 게이스케(大鳥圭介, 1833-1911)와 만나 의견을 교환하는 자리에서 여서창은 미해결된 류큐 문제야말로 "양국의 교류가 깊어질지 옅어질지의 근본 문제"라고 강조했으며, 조선 문제를 놓고 러시아의 위협을 강조하는 오토리에게 "러시아가 조선의 섬을 점거하려 한다는 최근의 신문 보도는 전부 불확실한 정보"라고 반박했다. 덧붙여 '국외자'의 견해라면서 "일본이 류큐를 복구하고 청이 일본에 조선의 공동 보호를 약속한다면, 러시아를 물리치고 아시아와 친교하며 동방은 모두 안정된 기분이 될 수 있"다고 지론을 되풀이했다. 그러나 오토리는 웃어넘겼을 따름이었다.

1890년 6월 9일 여서창은 총리아문에 류큐 문제에 관한 세 가지 선택지를 제안했다. 1안은 청의 류큐 포기와 일본의 조선 불간섭을 맞교환하는 것이다. 2안은 류큐의 복구를 조건으로 조선을 공동 보호하는 것이다. 이는 "실제로 일본이 원하는 바이며, 우리 청도 또한 '반복반반半服半反하며 서둘러 자주를 도모하는 조선'의 위기를 물리칠 수 있으므로, 이해가 반반으로 나뉘는 해결책"이라고 설명했다. 마지막으로는 "조정에 의해 타협하는 해결안"으로서 류큐 왕의 아들 한 명을 청에 귀속해 왕작을 세습하게 하는 것이었다. 1안과 2안은 1885년 초 제안의 복사판이며, 3안은 1880년 말의 류큐 분할안과 비슷하다.

임기 만료를 앞둔 1891년 1월 1일, 여서창은 6년 동안의 일본 체재 경험을 돌아보며 장문의 상소를 올렸다. 결론 부분에서 그는 류큐 포기를 전제로 한 새로운 청일동맹 조약 체결을 암시하면서 그 효과를 다음과 같이 표현했다.

만국공법이나 조약은 원래 믿을 수 없다고 해도 이미 명문의 기록이 있는 이상, 청에는 일본을 얽어매는 수단이 되며 일본에는 제3국(러시아, 인용자)의 개입을 막는 수단이 되고, 공식적으로 조선에 도움이 되지 않더라도 조선도 실제로는 음으로 비호를 받게 되므로, 그 이익이란 류큐를 논쟁하는 것보다 10배의 이익이 된다고 생각한다.

1891년 새해를 맞아 청의 외교관은 류큐를 포기함으로써 청일관계의 새 지평이 열릴 것이라는 결론에 도달했다. 하지만 청 조정 스스로 류큐 포기를 선언하는 것은 상상 속에서나 가능한 일이었다.

그렇다면 청이 류큐를 포기하고 청일 제휴의 전면화로 선회했다면 청일 관계뿐 아니라 조선의 운명도 달라졌을까? 쉽지 않은 질문이지만 여서창의 부하였던 요문동의 변화는 참조할 만하다.

앞서 확인했듯 요문동이 개진했던 조선의 절대 확보는 일본에 대한 강한 불신감에서 비롯했다. 사실 일본에 오기 전 그는 러시아에 대항하려면 청일 제휴가 필요하다는 지론을 지녔다. 하지만 일본 외교의 현실과 일본인의 청 멸시 풍조에 직면하며 생각이 돌아섰다.

아시아의 연합은 일본에게 가장 절실한 요청일 것인데도 일본은 왜 수수방관하고 있는 걸까? 류큐 문제가 해결되지 않으면 청일 양국의 대립은 풀리지 않으며, 조선도 일본을 의심할 수밖에 없다. 어떻게 하면 진정한 화목을 얻을 수 있을까?

일본은 '아시아의 연합'을 입에 올리지만, 그 내실은 '연합'과는 전혀 부합하지 않았다. 청 내부의 주전론을 누그러뜨리는 위장막이었다고 봐도 무방하다. 이윽고 일본은 청과의 전쟁을 도발함으로써 류큐뿐 아니라 조선의 운명까지 결정짓는다.

3부 청일전쟁으로 정한론을 완성하다

청일전쟁과
정한론의 부활

야마가타 아리토모와 주권선·이익선

1885년 12월 22일, 일본은 메이지유신 이후 운용하던 태정관 제도를 폐지하고 내각 제도를 도입했다. 초대 총리는 이토가 맡았다. 총리를 포함한 각료의 출신은 조슈 4명, 사쓰마 4명, 도사 1명, 막부 1명이었다. 전형적인 삿초 번벌 내각임이 한눈에 드러난다. 이노우에는 외상 자리를 지켰고, 야마가타는 내무대신으로 제1차 이토 내각에 발을 들였다.

이토 내각의 최대 임무는 헌법 발포를 위한 기초 공사였다.[76] 관료제를 구축하고자 1886년 2월 각 성의 관제를 제정하고 3월에는 관료 육성을 위해 제국대학을 창설했다. 야마가타는 대대적인 지방 합병을 단행했고, 외교 부문에서는 조약 개정을 목표로 총력을 기울였다.

초대 내각의 조청일 관계를 추적하려면 군비 증강이라는 키워드와 함께 이토와 야마가타라는 두 인물에 주목해야 한다. 두 사람은 나란히 쇼인의 쇼카손주쿠에서 동문수학했으나, 이후의 삶은 사뭇 달랐다. 왕정복고 후 이토는 관료의 길을 걸었으나 야마가타는 군인이 됐다. 나이는 야마가타가 세 살 위였으나 출세는 언제나 이토가 빨랐다. 내무경만 해도 이토는 1878년, 야마가타는 1883년에 부임했으며, 초대 내각의 수반 자리는 이토에게 돌아갔다. 헌법 제정의 주역답게 이토는 자유민권운동뿐 아니라 정당 활동에 대해서도 긍정적이었으나, 야마가타는 국가주의자의 대부로서 죽을 때까지 정당 혐오증을 버리지 않았다. 두 사람은 평생을 정적으로 살아갔다.

1886년 8월 1일 청 해군의 북양 함대 소속인 정원과 진원 등 4척이 나가사키에 닻을 내렸다. 거문도사건, 조러 밀약 등으로 대립하던 러시아에 대한 위력 시위차 원산에 출동했다가 연료 보급과 수리를 명목으로 기항했던 것이다. 당시 동아시아에서 정원 규모의 거함을 수리할 선거船渠를 갖춘 곳은 나가사키밖에 없었다.

8월 13일 청 수병이 500명가량 상륙해 술에 취한 채 난폭한 행동을 일삼았다. 체포된 2명은 이튿날 석방됐는데, 15일에 재차 수병 300명이 시내에서 난동을 부리다가 경찰관과 시민까지 가세한 일대 난투극이 벌어졌다. 청과 일본 양측에서 각각 4명, 2명의 사망자가 나왔고, 부상자만 해도 수십 명에 이르렀다.

수습은 청일 양쪽이 선임한 외국인 법률가를 중심으로 이뤄졌다. 결과는 양국이 관계자의 처분과 피해자 보상을 하고, 서로 배상은 하지 않는다는 것이었다.

12월 들어 이토는 육군대신과 사법대신을 대동하고 규슈를 시찰했다. 규슈 근해에서 쓰시마까지 설치된 포대의 현황을 살핀 뒤 부산을 경유해 도쿄로 돌아갔다. 이토는 군함 건조와 포대 정비 등 해방海防의 필요성을 절감했다. 1887년 3월 새로이 소득세법을 칙령으로 신설했다. 당시 주세와 지조 즉 토지세뿐이던 정부 재정에서는 추가 재원이 없었기 때문이다.

나아가 이토는 천황까지 움직였다. 이탈리아가 오스트리아에 대항하고자 황제에게 하사금을 받아 애국심을 고취한 것을 예로 들면서 250만 엔의 황실비 중 30만 엔의 지출을 요청한 것이다. 3월 천황이 30만 엔을 하사했다는 소식이 전해지자 각지에서 헌금이 줄을 이었다. 9월 말까지 모인 금액은 200만 엔이 넘었다.

육·해군은 임오군란 이후 청을 가상적국으로 삼아 군비 증강에 박차를 가했다. 육군은 1878년까지 15개였던 보병 연대를 1884년부터 4년 동안 3개, 4개, 5개, 1개를 각각 증편해 총 28개 연대를 보유하게 됐다. 1885년부터는 기존의 프랑스식 편제에서 독일(프로이센)의 체계를 참고한 새로운 군대 편성 방식을 도입했다. 전시에는 군단장이 될 감군監軍을 설치하고, 2개 연대를 묶은 여단을 신설해 작전의 기본 단위로 삼았다. 최종적으로 1888년 5월 종래의 6개 진대鎭臺를 사단으로 개편해 담당 지역의 방어를 넘어 독자적 전략 단위로 자유롭게 운용하고자 기동성을 갖추도록 했다. 1891년 신설한 근위사단을 합쳐 청일전쟁 직전 일본 육군은 7개 사단을 보유하기에 이르렀다.

해군은 북양 함대의 주력인 정원과 진원을 격파하는 것을 목표로 삼았다. 국가 예산이 7000만 엔 안팎이던 1882년 말 해마다 300만 엔의 군함 건조비를 8년 동안 증세를 통해 조달한다는 결정을

청일전쟁과 정한론의 부활

내렸으나, 1890년까지 건조한 군함은 3600톤 규모의 3척뿐이었다. 1886년에 프랑스인 기술자를 초빙해 군함 보유 계획을 재편했다. 30.5센티미터 포를 4문 장착한 정원과 맞붙을 주력함으로 4200톤 규모에 32센티미터의 거포 1문을 장착한 3척을 확보하기로 결정했다(2척은 프랑스에 발주하고 1척은 일본에서 건조). 실제로 이 군함들이 청일전쟁에서 북양 함대를 격파한 주역이었다. 아울러 1886년 부산의 절영도에 석탄 저장소를 확보했고, 남중국해와 황해의 작전에 대응하고자 히로시마현의 구레吳와 나가사키현의 사세보佐世保에 각각 진수부鎭守府를 두었다.

이런 상황을 반영하듯 군부에서는 청을 공격하자는 의견까지 나왔다. 1887년 2월 현역 육군 대령 오가와 마타지(小川又次, 1848-1909)는 『청국정토안淸國征討案』이라는 의견서를 제출했다.[77] 그 개요는 다음과 같다.

오가와는 일본의 독립을 유지하고 국위를 신장하려면 "중국을 공격해 지금의 청을 분할하고 소수의 나라"로 만든 뒤 그 일부를 '보조 방어물'로 삼아야 하며, 5년 뒤의 개전을 상정해 준비해야 한다고 촉구했다. 열강의 대처에 대한 예상도 흥미롭다. 청일전쟁이 터지면 "러시아·영국·프랑스·독일은 방관하지 않고 반드시 기회를 틈타 청의 일부를 탈취할 것이므로, 자위 조치를 강구하고 부강을 도모해야 한다는 주장이 있으나 미래를 내다보지 못한 과려"이며, "지금 다행히 구미 각국이 서로 경계해 동양을 원정할 시기와 실력을 갖추지 못한 때에 단연 선제 진취의 계획을 정"해야 한다는 것이다. 오가와의 눈에는 청의 약화가 불안스럽게 보였다. "동양의 운명은 청의 흥망과 매우 깊은 관련이 있"으므로 "구미 각국이 침략하기에 앞서 먼저 청을 통괄하는 전략을 정"하자고 주장했다.

이어 군비 확장의 큰 그림을 그려내고 이를 정책으로 격상하는 작업은 야마가타가 짊어졌다. 갑신정변에서 청일전쟁에 이르기까지 조청일을 아우르는 동아시아 전체의 안보 질서를 구상한 것이다. 1888년 1월 야마가타는 군비 확장의 필요성을 뒷받침하는『군사의견서』를 가다듬었고, 오스트리아의 국가학자 로렌츠 폰 슈타인(Lorenz von Stein, 1815-1890)에게 받은 교수를 바탕으로『외교정략론』을 집필했다.

먼저『군사의견서』에게 야마가타는 동아시아에서 일어날 분쟁의 주역은 영국과 러시아라고 판단했다. 영국과 러시아가 인도 또는 아프가니스탄에서 충돌하면 러시아는 시베리아철도를 이용해 대군을 동아시아로 보낼 것이며, 그 과정에서 조선을 침략할 것으로 예측했다.

『외교정략론』의 핵심은 '주권선'과 '이익선', 조선의 영세중립화였다.[78] 일본의 독립·자위를 위해서는 주권선(국경)의 '수어守禦'와 이익선(조선)의 '방호'에 소요되는 군비 확장이 필수적이며, 아울러 조선의 중립화가 이뤄져야 한다는 논리 구조다.

"동양의 상류" 즉 조선을 러시아가 차지하면 청일 양국에 직접적인 위험이 닥친다. 이를 막기 위한 외교 수단은 톈진조약에서 한 걸음 더 나아가야 하며, "연합 보호의 방책"으로서 조선을 국제법상의 영세중립국으로 만들어야 한다고 주장했다. 조선의 중립은 영국과 독일의 이익과도 부합하므로, 일·청·영·독 4개국이 조선 중립화를 보장하도록 한 것이다.

그러면 이익선은 어떻게 방호해야 하는가? 야마가타는 아래와

　　　　　　　　　　　청일전쟁과 정한론의 부활

같이 자신감 있게 주장했다.

> 만약 각국의 행위로 인해 우리에게 불리한 점이 생길 때는 우리가 책임을
> 지고 그것을 배제하며, 부득이할 때는 무력(원문은 强力)을 사용해 우리 의
> 지를 달성하는 것이다.

앞서 확인한 외교 방편으로서 조선의 중립화는 조선의 독립을 천명한 강화도조약 제1조와도 궤를 같이한다. 그런데 이익선의 방호는 어디까지나 군사전략의 차원에서 새롭게 정의된다. 일본의 책임에 따른 '배제'와 '무력' 사용 불사, 즉 전쟁을 가리키고 있다.

국방과 외교의 측면에서 야마가타가 그려낸 미래상은 오가와의 청 정토 주장과는 차원이 다르다. 이를 두 가지 측면에서 짚어볼 수 있다.

먼저 이익선의 요체는 조선의 중립이 아니라 적극적으로 조선의 중립을 위협하는 적국(청)과 전쟁마저 불사한다는 근거와 명분의 정립이었다. 그 점에서 이익선의 출현과 공론화는 일본의 국방 개념과 전략의 변화로 봐야 한다. 주권선을 지키는 수세적 방어를 넘어 무력을 동원해서라도 이익선을 지켜야 한다는 공세적 국방 전략을 현직 총리이자 육군의 거두인 야마가타가 천명했기 때문이다.[79] 슈타인은 야마가타에게 "만약 어느 날 조선을 타국이 점령하게 될 때는 일본의 위험은 두말할 나위 없으므로 일본의 이익강역은 조선의 중립을 인정하는 데 있으며, 만약 이를 방해하려는 자가 있을 때는 힘을 다해 간섭해야 한다"라고 하는 한편, 이익강역을 지키기 위한 '외교상의 간섭'과 '군사상의 간섭'은 당시 국제법에서도

3부 청일전쟁으로 정한론을 완성하다

승인된다고 첨언했다.

두 번째는 스승인 쇼인과의 유사성이다. 쇼인이 개국 당시 러시아와 미국에게 시달리던 일본의 생존 전략으로 조선을 쳐야 한다고 주장했다면, 야마가타는 영국과 러시아의 대립을 염두에 두고 조선의 확보를 국책으로 설정하자고 제안했다. 당장 조선을 점령하자는 얘기는 아니지만, 공존공영을 도외시했던 스승의 가르침을 받들어 일본의 생존과 발전을 위한 조선의 도구화·무력화를 일본 총리의 위치에서 실행하려는 것이었다.

1889년 2월에는 이토가 심혈을 기울인 제국 헌법이 공포됐고, 12월 들어 야마가타는 조약 개정 문제로 실각한 구로다 기요타카에게서 총리직을 넘겨받았다. 1890년 3월 야마가타 총리는 『군사의 견서』와 『외교정략론』을 제출하고 각료 전원의 회람까지 거쳤다.

7월 1일 총 300명의 의원을 선출하는 첫 중의원 선거가 실시됐다. 93.7퍼센트의 투표율 기록은 지금껏 깨지지 않고 있다. 뚜껑이 열린 투표함에는 이타가키 다이스케가 이끄는 자유당과 오쿠마가 당수인 개진당이 각각 130석과 41석을 얻는 결과가 들어 있었다. 자유민권운동의 계보를 잇는 이른바 '민당民黨'이 중의원 의석을 절반 넘게 차지한 것이다. 그리고 황족과 귀족을 중심으로 중의원의 방파제 노릇을 하는 상원 격의 귀족원도 의원 인선을 마무리했다. 11월 29일 중의원과 귀족원을 아우르는 제국 의회가 소집됐다.

중의원에서 야마가타는 첫 시정 연설 대부분을 군사 예산에 관한 설명에 할애했다. "열국 사이에 서서 일국의 독립을 유지하려면 홀로 주권선을 수어하는 것만으로는 결코 충분하다고 할 수 없습니다. 반드시 이익선을 보호해야 한다고 생각합니다"라며 예산의 31

퍼센트를 넘는 거액의 군사비 통과를 역설했다.

제국 의회는 개회에 앞서 천황의 칙어를 낭독한다(지금도 '말씀'으로 지칭). 천황의 협찬協贊 즉 보필하는 기관이라는 의미를 담은 의식이었으나, 실제는 전혀 달랐다. 지조地租를 깎으라는 '민력 휴양'과 예산을 줄이라는 '정비政費 절감'이 구호였던 민당은 중의원에서 군사비 삭감과 감세를 부르짖으며 정부를 압박했다. 그 결과 예산 총액은 10퍼센트 삭감됐으나, 군사비는 거의 원안대로 통과됐다. 야마가타 내각은 예산 성립을 위해 의원의 매수·회유뿐 아니라 협박도 서슴지 않았다.

전쟁의 전주곡

1892년 8월 이토가 총리로 복귀했다. 외교 수장으로는 조약 개정에 공을 세워 '면도날 대신'이라 불리게 되는 무쓰 무네미쓰를 낙점했다. 무쓰는 일찍이 사카모토 료마와 행동을 같이하며 근대 일본을 꿈꿨다. 신정부 수립 후에는 관료로 근무했으나, 번벌의 행태에 격분해 내란을 기도하다가 투옥된 적도 있었다. 이토의 배려로 그는 유럽 유학을 거쳐 1886년 10월 외무성에 발을 들였다.[80]

제2차 이토 내각은 1894년의 청일전쟁 발발에 이어 시모노세키조약 체결까지 완료한 뒤 1896년 9월까지 이어졌다. 청과 전쟁을 결정하고 뒷수습을 담당한 주체가 바로 이토였다. 전쟁의 전개에 관한 본격적인 논의는 뒤로 미루고, 여기서는 청일전쟁의 배경이 되는 사건들을 살펴보려 한다.

먼저 언급할 것은 방곡령 사건이다. 개국과 개항 이래 조선은 잇단 흉작에 더해 일본 상인의 쌀과 콩의 대량 구매까지 겹치면서 식량 위기가 잦았다. 1883년 조선은 조일통상장정을 체결해 국내의 식량 부족이 염려될 때 1개월 전의 통보를 조건으로 방곡(곡물) 수출을 금지할 수 있도록 했다. 1889년과 1890년에 세 차례 방곡령을 내렸는데, 이 책의 논의와 연관되는 것은 두 번째의 함경도 사례다.

1889년 9월 관찰사 조병식(趙秉式, 1823-1907)은 개항장인 원산에서 콩의 유출을 1년 동안 금지했다. 조일통상장정에 따라 9월 1일 통고하고 10월 1일부터 금지령을 내렸으나, 일본은 통고 일자가 9월 17일이며 콩이 풍작이라는 점을 들며 즉각 해제를 요구했다. 중앙정부의 해제 명령에 따른 방곡령 철회와 조병식의 감봉에 이은 전보로 사태는 수습된 듯 보였으나[81] 원산의 일본 상인들이 손해배상을 제기하고 나섬으로써 재점화됐다.

1891년 11월 조일 간에 교섭이 시작됐다. 일본인 곡물상은 원산 주재 공사관에서 산정한 6만 엔의 2배를 넘는 14만 7000엔을 손해배상금으로 요구했으나, 조선이 제시한 손해배상금은 6만 엔이었다. 조일 쌍방은 주장을 굽히지 않았다. 별도로 공사관은 상인들의 최저 요구액 11만 엔과 6만 엔 사이의 금액을 놓고 조정을 시도했으나 무산됐다. 그러자 상인들은 외무성에 진정하는 한편 정당의 문을 두드렸다. 1882년 2월의 제2회 총선거에서도 여전히 자유당을 비롯한 자유민권파 계열이 중의원의 과반 가까운 의석을 차지했고, 이들은 연일 방곡령 사건에 대한 대처가 유약하다며 정부를 공격했다.

무쓰 외상은 12월 중의원에서 방곡령 사건에 따른 손해배상에 관한 질의를 받았고, 정치적으로는 해결했으나 배상금 교섭은 불가

피하게 장기화할 것 같다는 답변을 내는 데 그쳤다. 대책 마련의 시급함을 절감한 이토는 반전을 꾀했다. 강경파의 선두에 섰던 자유당의 오이시 마사미(大石正已, 1855-1935, 도사) 의원을 접촉해 조선 변리공사를 맡긴 것이다.

1893년 1월부터 오이시 공사는 조선 정부와 교섭에 들어갔으나 아무런 진척이 없었다. 조선의 총리아문과 오이시 측은 문서의 접수조차 거부할 정도로 날카롭게 대립했다. 사실 오이시는 처음부터 고압적인 자세로 임했다. 고종을 알현하러 갈 때도 왕과 청의 칙사만 이용하는 광화문 중앙을 가마에 탄 채 통과했으며, 무례라는 것을 알면서도 굳이 고종 앞에서 안경을 벗지 않았다. 그 저변에는 청과 원세개에 대한 경쟁의식도 있었다.

타개책이 궁해진 오이시는 4월 들어 본국 정부에 군함 파견과 세관 점령 등의 강경책을 요청했다. 이런 외교 문외한을 제어하고자 무쓰와 이토가 나섰다. 오이시에게는 원세개와 타협해 중재를 의뢰하고 배상금 감액에 응하라는 훈령을 내리는 한편 이홍장에게도 연락했다.

조선을 쥐락펴락하던 원세개의 조력은 별 효과가 없었다. 급기야 오이시는 조선 정부에 최후통첩을 발하고 무력 발동을 허가해달라고 요청했다. 5월 2일 각의에서는 최후통첩이 거부되면 공사를 소환한다는 결정만 내렸고, 이틀 뒤 2주의 기간을 조선 정부에 통보했다.

한편 조선 정부를 설득해달라는 이토의 편지는 5월 4일 이홍장에게 도착했다. 영문의 사신 형태로 서명에는 'Your good friend'가 명기돼 있었다. 사흘 뒤 이홍장은 답신을 전신으로 보냈다. 핵심은 배상액을 줄이라는 것, 즉 일본의 양보 촉구였다. 5월 11일 일본은 재차 이홍장에게 5월 17일이 기한이라고 알리면서 마지막 조정을 당부했다. 5월 15일 이홍장은 조선이 협상 장소를 도쿄로 옮기고 싶어 한다는 것과 더는 조정할 수 없다고 회신했다.

여기서 일본은 강경책으로 돌아섰다. 최후통첩 기한인 5월 17일 이토는 외상 등과 협의를 거쳐 "병함兵艦에 명해 임기응변의 조치를 행"하기로 하고, 오토리 주청 공사를 통해 이 내용을 청에 통지했다. 오이시가 제안한 무력 행사는 거부하면서도 청의 조정을 이끌어내려 무력 사용을 내비친 것이다.

이홍장은 급거 조선 정부에 교섭 타결을 압박했다. 일본이 제시한 것은 오이시의 경질이었다. 5월 19일 조일 양국은 배상금 11만 엔으로 합의에 이르렀다. 8월 31일 이토는 이홍장에게 약속한 대로 오이시를 해임하고 후임으로 오토리를 조선 공사로 임명했다.

방곡령 사건의 결말은 두 가지 시사점을 던져준다. 하나는 조청일 관계에서 새로운 변수로 떠오른 자유민권파의 존재감이며, 다른 하나는 조선에 대한 청의 영향력이었다.

이토 내각은 배상금 문제가 국내 정쟁으로 비화하자 사실상의 '편법'으로 오이시를 조선 공사에 임명했다. 외교 관례마저 무시하는 초보 운전자를 향해 이토와 무쓰는 통상의 외교 담판과 같은 타협의 명령을 내리지 않았다. 오이시가 자유당의 중진이라는 사실을 고려한 데 더해 일본의 위신을 중시했기 때문일 것이다.

조선 외교의 껄끄러운 판국에 정당 세력을 끌어들이는 돌발적인 선택은 청의 힘을 빌려 사태 수습에 이르는 의외의 결과를 낳고 말았다. 최종 타결에 이르는 입구는 이토와 이홍장의 사적인 친분

　청일전쟁과 정한론의 부활

을 바탕으로 열렸고, 이토는 스스로 부정했던 무력 발동까지 끌어와서 이홍장의 중재를 압박했다. 방곡령 사건의 마무리는 사실상 청의 영향력 없이 불가능했다. 다시 말하면 일본 스스로 조선에서의 청의 우위를 인정한 것이나 마찬가지였다.

두 번째로 조약 개정의 동향을 들여다보자. 이노우에 외교에서 확인했듯 불평등조약을 바로잡는 시도는 국내 정치를 뒤흔드는 복병이었고, 이토 내각에서는 청일전쟁의 원경遠景으로 발화했다.

구로다 내각(1888년 4월-1889년 12월)에서는 오쿠마 외상의 주도 아래 관세 일부의 자주화와 외국인 판사 임용을 대법원으로 한정하는 개선안을 끌어냈지만, 역시나 안팎의 격렬한 반대 운동과 맞닥뜨려야 했다. 그리고 10월 18일에는 국수주의 단체 현양사玄洋社의 전 사원이 오쿠마의 마차에 폭탄을 던진 뒤 자살하는 사건이 터졌다.[82] 폭탄은 오쿠마의 오른쪽 다리와 함께 개정안과 구로다 내각까지 날려버렸다. 뒤이은 아오키 슈조와 에노모토 다케아키의 개정 노력도 큰 성과를 내지 못했다.

조약 개정을 둘러싼 정치적 민감성과 긴장감은 두 번째로 구성된 이토 내각까지 변함없었다. 무쓰는 이노우에에게 보낸 편지에서 "이번 조약 개정은 오히려 밖에서 어렵다기보다 안에서 파열하지 않을 방침을 취하는 것이 제일"이라고 인지한 터였다. 전임자와 마찬가지로 국가별로 교섭을 진행하며, 조인 후 수년이 지나서 동시에 발효하기로 했다. 특별히 힘을 쏟은 것은 영국이었으며, 외상을 지낸 아오키에게 영국 공사를 맡겨 실무를 관장하도록 했다. 각국과의 교섭은 커다란 난관 없이 이뤄졌으며, 영일통상항해조약은 조인 단계에까지 이르렀다. 하지만 정치권은 외국인 거주의 전면 개방이라는 급소를 노리며 칼날을 갈았다.

1893년 10월 1일 의회 내의 국수주의자들이 힘을 합쳐 대일본협회를 결성했다. 자유민권파부터 전직 관료까지 과거의 정적들을 아우르는 참가자의 공감대는 외국인 거주 개방 즉 조약 개정의 반대였다. 여기에 기존의 5정파가 호응해 이른바 '경硬6파'의 통일전선을 구축했다. 이토 내각은 자유당을 끌어들여 조약 개정 추진의 조력자로 삼았다. 하지만 의석 수로 보면 175석의 경6파가 98석의 자유당을 압도하며 과반을 넘는 판세였다.

11월 28일 개원한 중의원은 곧바로 조약 개정 찬반의 결전장이 됐다. 경6파는 외국인의 주거를 거류지로 한정했던 막부 시절의 조약 즉 현행 조약이 낫다는 결의안 채택을 시도했다. 의회 밖에서는 조약을 위반했다는 명목으로 외국인을 폭행하는 사건이 터졌다. 무쓰는 12월 20일 이노우에에게 보낸 편지에서 "의회의 300명 백성놈들 (……) 이런 양이파 무리에게 지금 엄중한 조치를 내리지 않으면 실로 국가의 안위가 염려된다"라며 분통을 터뜨렸다. 의회 해산을 고집하며 사표를 들이미는 무쓰를 다독이다 못한 이토는 결국 12월 29일 중의원 해산을 선언했다. 현행 조약을 지키자는 결의안의 설명을 가로막고 대일본협회 회원의 외국인 습격을 핑계로 삼아 내린 조치였다.

이토의 속셈은 두 가지였다. 이듬해 3월의 선거에서 조약 개정 반대파 의원을 물갈이하는 것이 목표였다. 다른 하나는 5월의 의회 개원까지 시간을 벌어 조약 개정을 성사하는 것이었다. 뾰족한 해결책을 찾지 못해 답답해하던 이토의 심경은 3월 27일 무쓰가 아오키에게 보낸 서한에서 짐작할 수 있다.

청일전쟁과 정한론의 부활

국내 사정은 날로 절박해 정부가 무언가 사람들의 이목을 놀라게 할 일을 한다는 것을 국내에 보여주지 못하면 이 어수선한 상황은 수습되지 않습니다. 이유도 없는데 전쟁을 일으킬 수는 없으므로 유일한 목표는 조약 개정이며, 어떻게든 공식 교섭이라도 시작하도록 힘써 일해주시오. 내정을 위해 외교의 성공을 촉진하는 것은 본말 전도의 염려도 있지만, 현재는 어쩔 수 없습니다.

이유를 찾아 전쟁이라도 일으키고 싶을 정도로 얽힌 정국을 수습하려면 외교의 성공은 필사적으로 이룩해야 했다. 그런 면에서 조약 개정과 청일전쟁은 사람들의 이목을 놀라게 할 절호의 소재로 여겨졌을 터이다.

1894년 3월 1일 세 번째로 중의원 총선거가 실시됐다. 경6파는 과반에 이르지 못했지만, 자유당도 120석을 확보하는 데 그쳤다. 이토 내각에는 자유당과 제휴를 이어가는 것밖에 정국 불안을 해소할 수단이 없었다. 엎친 데 덮친 격으로 이번에는 도사 출신의 육군 중장이자 농상무대신을 지낸 다니 다테키(谷干城, 1837-1911)를 비롯해 일부 귀족원 의원이 이토 내각 성토에 나섰다. 지난해의 중의원 해산은 부당한 압박이라는 것을 이유로 삼았다. 뒤에서 다시 살펴보겠지만 다니는 자유민권운동의 산실이기도 했던 도사 태생답게 삿초 번벌의 권력 독점을 신랄하게 비판하는 동시에 조약 개정에 대해서도 부정적이었다.

5월 15일 문을 연 중의원은 이토 내각을 규탄하는 노성으로 채워졌다. 공교롭게도 같은 날 아오키에게서 영국과 교섭이 최종 단계에 접어들어 "이제 피안彼岸이 보인"다는 전보가 도착했다. 5월 18

일 이토 내각은 조약 개정안을 각의에서 결정했다. 한편 경6파는 내각불신임안과 현행 조약 이행을 천황에게 상주하는 안건을 제출했다. 이에 맞서 자유당은 행정 개혁과 조약 개정 단행의 상주를 요구했다. 양측의 충돌로 두 안건은 모두 부결되고 말았다. 하지만 경6파는 별도의 상주안을 심의하는 과정에서 내각불신임과 기존 조약 이행을 첨가하는 데 성공했고, 5월 31일 본회의에서는 153표 대 139표로 상주안이 가결했다. 조약 개정과 내각 붕괴 중 어느 쪽이 먼저인가의 첫 승부는 이토 내각의 판정패로 돌아간 것이다. 6월 2일 이토는 18일 만에 또다시 중의원을 해산하는 극약 처방을 감행했다.

동학농민전쟁과 일본의 파병

1894년 2월 15일 전봉준(全琫準, 1855-1895)이 이끄는 동학농민군 1000여 명은 전라북도 정읍시 서쪽의 고부古阜 관아를 점령했다. 4월 말까지 병력을 확충하며 대열을 정비한 동학농민군은 5월 11일 정읍 북쪽의 고개 황토현黃土峴에서 전라 감영의 군대를 무찔렀다. 5월 23일 진압을 위해 파견된 경군의 지휘관 홍계훈(洪啓薰, ?-1895)은 사태가 심상치 않다는 보고와 함께 청의 원병 요청을 상신했다.[83] 5월 27일에는 전남 장성군 황룡면에서 개틀링 기관총까지 갖춘 경군의 일부가 패주하기에 이른다. 5월 31일 동학농민군은 전주성을 무혈점령했고, 양측은 전주성을 사이에 두고 공방전을 벌였다.

5월 10일 사태 수습이 녹록지 않다고 판단한 고종은 청의 원병

청일전쟁과 정한론의 부활

을 요청하는 방안을 제의했고, 신하들은 비용을 내야 한다는 등의 이유를 들어 반대했다. 전주성의 함락 소식으로 원병 논의는 급박하게 돌아갔다. 톈진조약에 따라 일본군이 진입할 빌미를 준다는 의견도 일부 있었으나, 고종과 대신 대부분은 귀담아듣지 않았다. 6월 1일 원세개에게 구두로 진압 요청이 전달됐고, 이 소식은 곧바로 이홍장에게 타전됐다. 이홍장은 북양 함대에 출동 준비를 명했다.

일본의 동향에서는 1등 서기관 스기무라 후카시(杉村濬, 1848-1906)의 움직임이 중요하다. 5월 4일부터 오토리가 일본으로 휴가를 떠나면서 임시 대리공사를 맡았기 때문이다. 스기무라는 동학농민군의 기세가 만만찮음을 파악하고는 조선 정부가 청에 원병을 요청하리라 예상하며 5월 22일 무쓰 외상에게 "청일 양국의 균형을 유지"하려면 출병 준비가 필요하다고 보고했고, 다음 날에는 조선 정부가 청의 원병 요청을 유보했다는 보고를 상신했다(둘 다 5월 28일 접수).

동학농민전쟁의 발발과 추이는 육군으로서도 지대한 관심사였다. 참모본부의 참모총장은 황족인 아리스가와노미야 다루히토(有栖川宮熾仁, 1835-1895) 친왕이었던 탓에 실무는 참모차장 가와카미 소로쿠(川上操六, 1848-1899, 사쓰마) 육군 중장이 장악했다.[84] 참모본부는 공사관 주재 무관에게 명령을 내려 부산으로 가서 정보를 수집하도록 했다. 5월 20일에는 참모본부 소속 이치지 고스케(伊地知幸介, 1854-1917, 사쓰마) 중령을 조선에 파견했으며, 30일 귀국 후 보고를 바탕으로 아리스가와노미야는 이토와 출병의 필요성을 논의했다. 별도로 가와카미는 5월 하순 데라우치 마사타케(寺内正毅, 1852-1919, 조슈) 등을 시켜 병력 동원 준비에 들어갔으며, 6월 1일에는 선박 회사에 탑재 능력을 보고하라고 지시했다.

　일본 내에서도 사태를 예의주시하고 있었다. 5월 20일 이후 이토는 무쓰에게 파병 필요성을 언급했다. 이토가 이노우에 고와시에게 보낸 편지로 보건대 5월 말 시점에서는 군대 파견을 기정사실로 간주하고 있었다. 파병 후 조선 정부의 요청에 응해 간섭할 것인지 거류민 보호에 국한할 것인지와 함께 청에 대한 통지를 문서 또는 전신으로 할 것인지의 세부 사항까지 검토하고 있었기 때문이다.

　5월 29일 외무성은 스기무라에게 조선이 청에 원병을 요청했다는 풍문이 있으니 확인 후 보고하라고 훈령했고, 스기무라는 당일로 아직 미확정이라고 회신했다. 5월 31일 오토리는 무쓰에게 답신하면서 정보 수집의 중요성과 더불어 "만약 동학당이 승리를 틈타 입경할 수도 있을 텐데, 우리 나라의 조선 정책상으로는 매우 기뻐해야 할 기회이며 결코 우려할 일이 아니다. 여기에 맞는 계책을 마련한다면 동양 정치의 신천지를 열고 흥미로운 일대 드라마를 만들 수 있"으며, "동학당의 진정 후 이런 기류를 틈타 조선 정부를 혁신하는 기회를 절대로 놓쳐서는 안 된다. 이 정책은 원래 청국 정부와 계획해 공동으로 할 일이지만, 완급과 관맹寬猛을 잘 조절하며 일대 영단이 있어야 한다. 이것은 실로 비책 중 비책이니 여기에 밝힐 수는 없으므로 따로 면회를 청하겠다"라고 썼다. 드라마는 곧 전쟁을 의미하며, 조선 정부의 개혁 또한 곧바로 현실화한다.

　이상의 제반 사실이 가리키는 바는 명료하다. 5월 하순의 시점에서 일본 정부 수뇌부는 조선의 청에 대한 원병 요청 여부와 상관없이 독자적으로 출병을 향해 움직이고 있었다. 나아가 전쟁에 돌입할 수 있다는 점을 상정한 채 출병을 추진했다는 사실도 결코 간과할 수 없다.

6월 1일 스기무라는 "전주는 어제 적군賊軍의 점유로 돌아갔다. 원세개가 말하길 조선 정부는 청국의 원병을 요청했다고 함"이라고 짤막하게 타전했다. 6월 2일 중의원 해산을 주청하는 임시 각의가 열렸다. 이 자리에서 무쓰는 스기무라의 전보를 보여줬고, 이토는 혼성여단 병력 파병을 안건으로 부쳐 승인을 얻어냈다. 그날로 천황은 중의원 해산과 파병을 재가했다.

6월 4일 휴가 중이던 오토리에게 서울 복귀와 함께 다음과 같은 훈령이 내려졌다. 조선 내의 변란에 따라 공사관 및 거류민에게 위험이 닥쳤을 때나 청의 조선 파병이 확실해졌을 때는 전보를 보낼 것이며, 이에 따라 일본도 즉시 파병할 것임을 명기했다. 전자는 제물포조약을 후자는 텐진조약을 각각 근거로 삼았다. 출병을 위한 정지 작업의 명령이 떨어진 것이다. 하지만 오토리의 도착 전이라도 스기무라의 보고에 따라 출병할 수 있다고 밝혔는데, 실제로도 그렇게 진행됐다(6월 6일 오토리는 고베에서 전보를 수신했다). 6월 5일 군함에 승선한 오토리는 나흘 뒤인 9일 해병대와 경찰관 488명을 대동한 채 인천에 도착했다. 쉴 틈도 없이 전날부터 내리던 비로 진창이 된 길을 3시간 반 동안 행군한 끝에 그들은 서울 공사관에 도착했다. 사실상 청일전쟁으로 나아가는 행군이었다. 참고로 오토리는 무진전쟁의 막바지까지 홋카이도에서 에노모토와 함께 항전했던 경험을 지닌 용장이기도 했다.

6월 3일 스기무라는 원세개를 방문해 청이 파병하면 일본도 파병할 것이라 밝혔고, 그날 밤 원세개는 출병을 요청하는 의정부의 문서를 받았다. 6월 4일 원세개의 전보를 받은 이홍장은 북양 육군과 해군에 출동 명령을 내렸다. 6월 5일 인천에는 북양 함대 소속 순양함 2척이 도착했고, 6월 8일부터 12일까지 육군 병력 2400명이 아산만에 상륙했다(6월 25일에는 400명 증파했다).

이홍장은 텐진조약에 따라 6월 6일 자로 '속방 보호'를 위한 출병 통고문을 작성했고, 다음 날 주일 공사를 통해 무쓰에게 전달했다. 통고문에 덧붙여 이홍장은 청군은 서울에 들어가지 않으므로 일본도 인천에 주둔할 것, 일본군은 되도록 소수일 것, 청군은 동학 농민군의 거점인 전주로 향할 것 등을 알렸다. 무쓰는 통고문 속의 '속방 보호'라는 문구를 인정하지 않는다는 회신을 그날로 발송했다. 마찬가지로 6월 6일 자로 작성한 일본의 출병 통고문은 다음 날 고무라 주타로(小村壽太郞, 1855-1911) 베이징 주재 임시 대리공사가 총리아문에 전달했다.

6월 5일 참모본부 내에 처음으로 대본영이 설치됐다(9월 15일에 히로시마로 이전했다). 대본영은 전시에 일본 육·해군의 최고 통수 기관 즉 최고사령부를 담당하므로 이 시점에서 일본은 전쟁 상태에 돌입한 것이나 다름없었다. 가와카미는 보급을 총괄하는 병참총감을 겸직했다. 대본영 출범의 잉크가 마르기도 전에 동원령이 하달됐다. 제5사단장에게 보병 제9여단을 주축으로 혼성제9여단 편성을 명했으며, 제9여단장 오시마 요시마사(大島義昌, 1850-1926, 조슈) 소장이 지휘했다. 같은 날 별도로 무쓰는 청에 보낼 출병 통지문을 다듬은 뒤 각의 결정을 거쳐 천황의 재가까지 일사천리로 마쳤다. 6월 6일 아리스가와노미야 참모총장은 오시마 여단장에게 1개 보병 대대 1000여 명을 선발대로 인천에 보낼 것을 명령했다. 동원과 파병에 관한 동정은 일체 비밀에 부쳐졌다.

청일전쟁과 정한론의 부활

6월 9일 보병 제11연대 제1대대 병력을 싣고 출항한 수송선은 12일 인천에 입항했고, 이튿날 제1대대는 서울로 행군해 공사관을 경비하던 해병대와 교대했다. 6월 10일부터 11일에 걸쳐 출발한 혼성여단의 절반인 약 4000명은 16일 인천에 도착했고, 오시마는 병력을 남겨둔 채 18일 서울에 입성했다(병력은 6월 23일 진입했다). 서울 시내는 전쟁이 임박했다며 피난 행렬이 줄을 이었고, 쌀값이 폭등하는 혼란 상태가 벌어졌다. 6월 24일 혼성여단의 잔존 병력을 태운 제2차 수송 선단이 출발했고, 27일 인천에 도착한 뒤 29일 용산에서 주둔 태세에 들어갔다. 이제 혼성여단은 공사관 인근에 1000명, 교외였던 용산에 7000명을 배치함으로써 사실상 서울을 포위했다. 그 규모는 아산의 청군 2500명보다 3배나 많았다.

한편 해군의 초기 대응은 오토리의 귀임에 맞춰 상비 함대 6척을 인천으로 보내는 정도에 그쳤다. 이 무렵 일본 해군은 최신의 전투 함정으로 구성된 상비 함대와 구식의 해안 방위용 함정을 거느린 서해 함대가 전부였으며, 해군 전체의 전시 동원은 육군보다 지체돼 7월 15일에야 주력 함대를 사세보에 집결시켰다. 그리고 7월 18일 북양 함대와 벌일 결전을 염두에 두고 상비 함대와 서해 함대를 합쳐 연합 함대를 편성했다. 초대 사령장관은 상비 함대를 지휘하던 이토 스케유키(伊東祐亨, 1843-1914, 사쓰마, 이후 스케유키로 표기) 중장이 맡았다. 해군의 전쟁 준비 태세는 7월 중순에 이르러 비로소 온전히 갖춰졌다.

　3부　청일전쟁으로 정한론을 완성하다

동아시아 역사를 바꾼 50일, 정한론의 부활

청과 일본의 군대가 들어온다는 소식을 접하자 6월 10일 전봉준은 홍계훈과 전주화약을 맺었다. 폐정개혁을 시행한다는 조건으로 동학농민군은 전주성을 내주고 해산에 들어갔다. 청일 양국은 출병 이유가 사라졌음에도 조선 정부의 철군 요청을 무시하고 계속 주둔했다. 톈진조약에서 합의했던 사태 진정 후의 철군과 주둔 불가 규정을 청일 양국 모두 깨뜨린 것이다. 한 달이 지나 7월 25일의 풍도豊島 해전과 7월 29일의 성환成歡 전투에 이어 8월 1일 일본은 청에 선전포고를 했다. 청일 양군의 출병 후 개전에 이르는 50일 동안은 조선뿐 아니라 동아시아 역사를 뒤바꾸는 변곡점이었다.

일본은 신속하게 한반도에 병력을 보내는 결단을 내렸다. 문제는 후속 조치였다. 출병의 명분을 마련하는 것부터 곤경에 처했다. 앞서 소개한 6월 4일 오토리에게 내린 훈령에서는 조선 정부가 진압을 요청하면 받아들이도록 지시한 이유도 여기에 있다. 하지만 현실은 정반대였다. 6월 6일 청과 함께 조선에도 제물포조약을 근거로 출병한다는 사실을 통고했는데, 6월 8일 스기무라는 조선에서 일본군 상륙 중지를 요구했다고 전해왔다. 사실 8000명에 이르는 1개 혼성여단이 조약에서 명기한 "병력 약간"에 해당하는지는 너무나 자명하다(청에 보낸 통고문에도 "약간의 병"이라 언급했다). 조선의 원병 요청이라는 객관적 명분을 확보한 청과 대조적이었다. 게다가 청은 6월 10일 일본의 통고문에 회신하면서 사건을 진압하면 군을 철수할 것이며, 공사관과 거류민 보호라면 "다수의 병력이 필요하지 않은 것은 자연스러운 이치"라고 비판했다.

6월 11일 무쓰는 베이징의 고무라에게 훈령을 보내 총리아문에 항의서를 전달하도록 했다. 일본의 파병은 제물포조약을 근거로 하고 텐진조약의 절차에 따라 실시한 것이며 "병력의 다소에 관해서는 일본 정부 스스로 재정"한다는 내용이었다. 같은 날 오토리는 무쓰에게 "서울의 지금 형세로 봐서 과다한 병사 진입에 대한 정당한 이유가 없음이 우려"된다면서 혼성여단 본대가 상륙하지 않도록 해달라고 요청했다. 6월 12일 무쓰는 상륙 자체는 부득이하며 서울이 아니라 인천에 주둔하겠다고 회신했다. 같은 날에 조선 정부는 전날인 6월 11일에 전주성이 회복되고 난이 평정됐다고 공식 통고했다.

6월 11일과 12일 오토리는 원세개와 연일 회동했다. 두 사람은 병력을 증파하지 않는 현상 유지에 공감했다. 이를 받아 6월 13일 오토리는 혼성여단 본대를 쓰시마로 물려서 대기하도록 하는 전보를 무쓰에게 보냈다. 또한, 원세개와 상의를 거쳐 조선 정부는 6월 13일 청군의 철수를, 14일 일본군의 철수를 각각 문서로 요청했다. 6월 15일 오토리와 원세개는 일부만 남긴 채 주력 부대를 철수하는 데 합의했다.

그런데 일본 본국은 이미 강공책으로 방침을 선회하고 있었다. 6월 13일 무쓰는 오토리에게 두 차례 전보를 보냈다. 첫 번째 전보에서 중요한 부분은 혼성여단이 서울에 발을 들이지도 못한 채 헛되이 귀국한다면 "매우 모양이 나쁠 뿐만 아니라 정책에 득이 되지 못한다"라며 서울에 진입하는 것이 어떠한지 물었다. 두 번째 전보에서는 청군이 아산에서 움직이지 않으면 일본이 "폭도를 진정"시키겠다는 요청을 조선 정부에 해도 무방하며, "조선국에 대한 장래의 정책에 관해 일본 정부는 어쩔 수 없이 강경한 조치를 하게 될 수 있"으며 이를 이토와 상의하고 있다고 밝혔다.

두 전보의 의미는 무쓰의 회고록을 통해 짐작할 수 있다. "우리의 내정을 보자면 이미 호랑이 등에 올라탄 기세이고 도중에 정해진 정한 병력 수를 변경할 수는 없"었다는 것이다. 조약 개정 파동의 연장선에서 대외 강경론이 기세를 떨치던 국내 정치의 정황상 혼성여단도 조선 정책도 '후퇴'는 불가능했다.

그렇다면 무쓰가 이토와 상의하고 있다던 '강경한 조치'는 무엇이었을까? 그것은 청일이 공동으로 동학농민전쟁을 진압하고 조선 정부의 내정을 개혁하는 방안(이하 '개혁안')이었다.

이토는 6월 13일 오전에 자신이 기초한 '개혁안'을 임시 각의에 부의했다. 내용은 청과 협력해 '난민'을 진압하는 것과 '난민' 평정 뒤에 "조선국 내정을 개량"하기 위해 재정 조사, 관리 정리, 군대 보강, 국채 발행 등을 담당하는 위원을 양국이 파견한다는 것이었다. 갑신정변 후 이노우에가 제안했던 조선변법8개조와 마찬가지로 청과 공동으로 조선의 내정에 간섭하겠다는 의도였다. 이 시점에서 조선 정책의 기조였던 '독립'의 원칙은 실질적으로 폐기됐다. 무쓰의 표현에 따르면 '피동자'에서 '주동자'로 바뀐 것이며, 파병의 목적 또한 공사관과 거류민 보호에서 조선의 내정 개혁으로 바뀌고 말았다.

각의의 기류는 대체로 찬성으로 흘렀으나, 무쓰의 회고록과 같이 "청일 양국이 조선 국내에 평등한 권력을 갖는 결과를 낳는 안건"을 청이 받아들일 리 만무했다. 실제로 청에서 주로 이뤄진 논의는 '개혁안'의 공동 추진이 아니라 오토리―원세개 회담을 토대로 한 공동 철병이었다. 무쓰는 결정을 하루 유예하자고 제안했다.

청일전쟁과 정한론의 부활

6월 15일 속개한 각의에서 무쓰는 청과 협의를 마무리할 때까지 철군하지 않으며, '개혁안'을 청이 거부하면 일본이 단독으로 개혁에 착수한다는 두 의견을 추가로 제안했다. 이 대목을 포함해 흔히 청일전쟁의 추진 세력을 놓고 온건파 이토와 강경파 무쓰가 대비되곤 한다. 추가 제안은 청과 협력할 여지를 온존하려는 원안보다 고압적이며 독선적임이 틀림없다. 하지만 무쓰는 회고록에서 "이토 총리가 각의 석상에서는 공개적으로 언명하지 않았으나, 총리가 이 제안을 기초한 것과 별도로 뇌리에 깊이 결심한 바 있음을 간파"해 추가 제안을 했다고 썼다. 어쨌든 먼저 이토의 원안을 제기한 뒤 무쓰의 추가 제안을 실행에 옮긴다는 수정 '개혁안'이 각의를 통과했다.

6월 16일 혼성여단의 절반이 인천에 당도했다. 공동 철병의 가능성이 사라져가는 현실 속에 오토리는 6월 17일 무쓰에 보낸 문서(6월 26일 외무성 접수, 이하 6.17 문서)에서 "본관이 도쿄를 떠나며 상상한 것과는 크게 사정이 달라졌"으며, 지금은 "조선에서 청일 양국의 승패를 결정하고 독립 번속의 문제를 확정하는 긴요한 시기"라고 강조했다. 따라서 "청일 양국의 병력이 길게 조선에 대치하는 경우는 조만간 반드시 충돌을 면할 수 없"으며, "조선국을 속방으로 삼아 (종)주권을 시행"하려는 청군의 주둔은 "조선의 독립을 인정하고 나아가 독립권을 보호"하는 일본의 방침을 '말살'하는 것이므로 청군을 축출하는 방안에 관해 정부가 결단을 내려달라고 요청했다. 6.17 문서를 축약한 전보는 6월 18일 타전돼 다음 날 아침 외무성에 접수됐다.

6월 17일 이토 내각은 '개혁안'을 정식으로 청에 제안했다. 여러 경로를 통해 감지된 청의 반응은 예상대로였다. 6월 19일 베이징의 고무라는 총리아문이 이홍장에게 '개혁안' 거절의 훈령을 내렸다고 전해왔다. 6월 21일에는 청의 주일 공사가 외무성을 방문해 "동학당은 이미 평정"했고 일본은 "조선을 독립국으로 간주하고 있는데 그 정치를 개량한다는 것은 내정에 간섭하는 것이 아닐 수 없다"라며 거절 의사를 재확인했다.

6월 17일 오토리가 보낸 사안에 대한 회신 방향도 정해졌다. 6월 21일 무쓰는 "지금에 와서는 도저히 양국의 충돌을 피할 수 없는 지경이 됐다"라면서 "조선 국왕 및 동 정부를 내내 우리 편으로 만드는 것이 필요합니다. 이를 성공하려면 때로는 감언으로 유도하고 때로는 엄담嚴談으로 위협하는 등 모든 것은 각하(오토리)의 생각에 맡깁니다"라고 지시했다. 긴급을 요하는 만큼 요점만을 추려 따로 전보로도 보냈다.

6월 22일 주일 공사를 통해 거부를 담은 정식 회답을 외무성이 접수했다. 그날로 무쓰는 회고록에서 '제1차 절교서'라 칭했던 문서를 주일 공사에게 보냈다. 일본군은 "조선의 안녕과 안정을 구하기 위"해 철수하지 않을 것이며, 이는 텐진조약의 정신에 어긋나지 않는다는 내용이 쓰여 있었다.

사실 일본은 이미 6월 20일 무렵부터 단독으로 추진할 개혁 방안의 작성에 들어간 터였다. 무쓰는 "애초부터 조선 내정의 개혁은 정치적 필요 외에 아무런 의미가 없다고 여겼"으며, "청일 양국 간에 뒤얽혀 풀리지 않는 난국을 조정하기 위해 안출한 하나의 정책"으로 간주했고, 양국의 충돌은 "처음 제국 정부가 조선에 군대를 파견했을 때 벌써 정해진 바이니, 지금에 이르러 추호도 주저할 필요 없다"라고 인식했다. 당연한 얘기지만 위의 '정치적 필요'에는 청에 대한 맞대응이라는 측면과 아울러 열강의 간섭을 물리친다는 의미까지 포함한다. "우리가 만약 한 걸음이라도 실수하면 거의 사면초가의 위험에 빠질 수밖에 없는 기운"이었기 때문이다.

6월 27일 무쓰는 오토리에게 보낼 훈령안의 형식으로 작성한 일본 단독의 개혁 방안을 각의에 부의한 뒤 천황의 재가까지 마쳤다(이하 '단독안'). "이웃 나라의 정의情誼"로서 다음과 같은 내치 개혁을 촉구하는 것으로 돼 있다.

① 관리의 직분을 명확히 하고 지방관의 폐해를 시정할 것
② 외국과의 교섭을 중시하고 적절한 인선을 시행할 것
③ 재판을 공정하게 할 것
④ 회계 출납을 엄정하게 할 것
⑤ 병제를 개량하고 경찰 제도를 만들 것
⑥ 화폐제도를 정할 것
⑦ 교통을 정비하고 부산-서울과 기타 지역에 철도를 부설하며 각지에 전신선을 깔 것

"독립자존의 열매를 맺고 왕실의 번영을 영원히 유지하는 장계"를 촉구한다며 열거한 항목들이 초래할 결말은 조선의 식민지화와 별반 차이가 없다.[85] '단독안'의 각의 결정과 재가는 명백히 정한론의 부활이었다.

개전 준비와 전쟁 구실 만들기

6월 22일 청과 단교를 선언하고 닷새 뒤에 '단독안'을 채택한 일본이 이후 취해야 할 행동 방향은 세 부분으로 나눌 수 있다. 파병 완료와 작전 계획 수립, 개전의 구실 찾기, 서구 열강 간섭의 배제 등이다.

오시마와 혼성여단 절반이 조선으로 향한 6월 11일, 나머지 병력에 대한 동원령이 하달됐다. 하지만 오토리의 요청과 외교 교섭 등으로 인해 출발은 늦어졌다. 청의 개혁안 거부가 확인된 6월 21일 제2차 수송 선단의 파견을 결정했고, 22일 열린 어전회의에서 6월 24일의 선단 출항과 전 병력의 서울 진입까지 확정했다. 6월 23일에는 인천에 머물던 혼성여단 절반 병력이 서울로 진입했고, 27일 총병력 8000명의 일본군이 조선 땅에 발을 들였다.

제2차 수송 선단 파견을 결정한 6월 21일 오전에는 육·해군 공동으로 수행할 작전 계획안을 협의했다. "우리 군의 목적은 군의 주력을 보하이渤海만에 보내 청국과 자웅을 겨루는 데 있다"라고 천명한 '작전 대방침'은 2기로 나눠 설정됐다. 1기는 혼성여단의 모체인 제5사단을 파견해 청군을 견제하고, 해군은 서해와 보하이만의 제해권 확보에 주력한다는 것이다. 제해권 확보 정도에 따라 2기의 작전은 세 가지 상황을 상정했다. 제해권을 장악하면 보하이만 상륙 후 평야에서 결전을 벌인다, 일본 근해의 제해권만 확보하면 육군을 순차적으로 한반도에 보내 청군을 격파하고 조선 독립을 부식한다, 제해권을 상실하면 되도록 제5사단을 원조하고 국내 방비에 주력한다 등이 그러하다. 이날 오후 열린 각의에서는 오전의 협의를 토대로 전쟁 불사의 결의로 향후 대책에 임한다는 결의가 이뤄

　　　　　　　　　　청일전쟁과 정한론의 부활

졌다.

'단독안'을 국책으로 결정한 6월 27일 밤, 무쓰는 이토에게 편지를 보냈다.

> 차제에 어떻게 해서든 청병과 충돌을 일으켜 어떻든 승리를 거둔다면, 강약을 조절하는 외교상의 협상도 가능해진다. (……) 한편으로 오토리가 전해온 속방론 싸움이라든가 또는 다른 어떤 문제로라도 충돌을 시도하는 것이 어떤가? 도저히 피할 수 없는 충돌이라면 일본이 승리가 점쳐질 때 충돌해야 한다.

외교 수장이 내각 수반에게 전쟁 돌입의 구실로서 오토리가 보낸 6.17 문서의 '속방론 싸움'을 거론한 것이다.

사실 무쓰는 이미 오토리에게 훈령을 내린 터였다. 6월 27일 무쓰의 구두 훈령을 전하기 위해 가토 마스오(加藤增雄, 1853-1922) 서기관이 공사관에 도착했는데, 스기무라는 그 골자를 회고록(『메이지 27·28년 재한고심록明治廿七八年在韓苦心録』)에서 다음과 같이 기록했다.

> 오늘의 형세로서는 흐름을 보면 개전을 피할 수 없다. 따라서 잘못을 우리가 지지 않는 한 어떤 수단을 써서라도 개전의 구실을 만들어야 한다. 이런 일은 서면의 훈령으로 작성하기 어려우므로 특히 가토를 보낸 것이다.

바야흐로 무쓰의 훈령에 따라 '개전의 구실' 마련은 서울 공사관의 임무 중 하나가 됐다.

그런데 공사관도 이미 움직이고 있었다. 당시 통신망 형편을 고려하면 '개혁안'에서 '단독안'으로 바뀌는 도쿄의 논의가 실시간으로 전달될 리 없었지만, 일선 외교 현장의 강경 기조는 본토에 뒤지지 않았다. 오토리는 6월 26일 고종을 알현해 6월 15일 자 '개혁안'을 설명했고, 이틀 뒤인 6월 28일 관련 의견서를 무쓰에게 제출했다(7월 5일 접수, 이하 6.28 의견서). 별도로 공사관의 2등 영사로 근무하던 우치다 사다쓰치(内田定槌, 1865-1942)는 무쓰에게 조선 정책에 대한 개인 의견서를 6월 26일과 27일 두 차례나 상신했다(7월 4일 접수).

공사관을 책임진 오토리는 '독립 속방'과 '내정 개혁'의 두 가지로 정리해 처리 방안을 담은 장문의 의견서를 작성했다. 전자의 경우 6.17 문서와 같은 취지로 조선 정부에 청의 속방인지 아닌지를 따진다. 속방이 아니라면, 독립을 침해한 청군을 퇴거시켜 강화도조약 제1조를 준수하도록 하며, 힘에 부치면 일본의 도움을 받아 축출하도록 촉구한다. 이때 청을 향해서는 "우리 정부는 처음부터 조선의 독립을 인정했으니 조선의 독립을 보호할 의무가 있으며, 나아가 조선 정부도 귀국의 속방이 아니라는 것을 명언"했으므로, "귀국의 병은 부정한 명분으로 파병된 자이기에 속히 물러나"라고 주장한다는 것이다. 속방을 인정한다면, 조선이 "(조일)수호조규 제1조를 어겼으며 체결 이래 17년 동안 우리를 속인 죄를 물어 병력으로 압박해 그들의 사죄를 받아내며 우리가 만족할 만한 보상을 얻"는 것이다. 또 조선이 자신을 "자주 속방"이라고 회신하면, 청이 내치에 간섭하는 것이며 속방으로 만들려는 것이라는 이유를 들어 속방이 아니라는 답변에 대한 조치와 같은 수순을 밟는다는 것이다.

청일전쟁과 정한론의 부활

1889년 도쿄제국대학을 졸업하고 두 번째 근무지인 서울에서 우치다는 외교 수장에게 조선을 보호국으로 삼자는 과격 방안을 올렸다. 첫 번째 장문의 의견서는 다음 구절이 핵심이다.

그런데 우리 제국 정부가 조선 정부에 간섭하게 되면 종래 조선을 독립국으로 공인했는데도 우리가 그 독립의 권리를 침해한다는 우려가 있겠지만 부득이한 상황입니다. 그런 난처함을 면하기 위해 또 여러 외국의 방해를 피하려면 이번 기회에 조선이 우리 일본 제국의 보호를 받게 한다는 조약을 체결하고 내정 개혁에 관해서도 제국 정부의 도움을 받게 하는 특약을 이뤄 제국 정부는 조약상의 권리로서 조선 정부의 내치와 외교에 간섭하는 것이 대단히 긴요하다고 생각합니다.

덧붙여 우치다는 현재 주둔 중인 청일 양국 군대가 교전 없이 철수한다면 "청국은 조선을 향해 큰소리로 일본군은 중국군의 위력을 겁내서 결국 본국에 돌아갔다"라고 할 것이라는 주장까지 폈다.

바로 다음 날 보낸 두 번째 의견서의 요지는 전쟁을 일으키는 구체적 방법이다. "우리 나라와 청의 충돌은 도저히 피할 수 없으므로 조만간 교전을 요한다"라고 개전을 강조하면서 아래의 시나리오를 제안했다.

우리 군대가 여기에서 허송세월하며 청군이 계속 도착하는 것을 기다려 그들이 우리를 향해 전단을 열었을 때 비로소 응전하는 것보다는 오히려 청군이 입경하기 전에 재빨리 조선 정부에 요청해서 조선국이 우리 일본 제

3부 청일전쟁으로 정한론을 완성하다

국의 보호를 받게 하는 조약을 체결하고, 우리 정부는 이 조약에 따라 조선 정부가 현재 아산과 기타 지방에 주둔하는 청군의 철수를 요구하게 하며, 만약 철수하지 않을 때는 청의 행동이 조선의 안전을 해친다고 하면서 우리가 먼저 습격하고 이후 속속 조선에 도착하는 청군은 모두 요격해 입경을 거절하도록 해야 한다고 생각합니다.

20대 후반의 신출내기 외교관에게는 1894년 6월에 이르러 조선을 보호국으로 만들고 청을 공격할 절호의 기회가 온 것으로 생각됐다. 본국 외무성이 책정한 '단독안'뿐 아니라 오토리와 우치다의 의견서는 정한론의 계보를 잇는 침략적 발상이다. 우치다와 달리 오토리의 6.28 의견서는 속방과 독립국이라는 명분 대립을 강화도조약 제1조에 근거해서 돌파하고자 했을 따름이다.

무쓰의 구두 훈령을 받자마자 6월 28일 오토리는 청의 속방 여부를 하루 안에 회신하라는 문서를 조선 정부에 띄웠다(30일 조선은 강화도조약 제1조 준수를 회답했다). 무쓰는 이 소식과 6월 26일의 고종 알현 사실을 6월 29일 미명 이홍장이 주일 청국 공사관에 보낸 전보를 도청해 확인했다.[86] 이 전보 내용을 접한 이토는 6월 29일 무쓰에게 "매우 흥미롭습니다. (……) 오토리가 강력한 수단을 착수한 것으로 보이며, 향후 며칠 동안의 움직임에 따라 어쩌면 장래를 걸기에 충분하다고 사료됩니다. 세심히 주의를 기울여주시기 바랍니다"라는 편지를 보냈다. 이토 또한 오토리의 활동이 '개전의 구실'을 마련하는 청신호라고 판단한 것이다. 이토는 결단코 비둘기파가 아니었다.

이후 오토리는 6.28 의견서의 방법을 토대로 조선 정부에 '단독

청일전쟁과 정한론의 부활

안'을 받아들이도록 압박했다. 그리고 전쟁 도발의 도화선이 된 경복궁 점령과 이후의 조치는 오토리와 우치다를 합친 시나리오를 바탕으로 추진했다.

마지막으로 언급할 것은 열강의 간섭 및 배제다. 청의 이홍장은 일본의 '개혁안'을 거부하는 한편, 열강을 끌어들인 중재 공작에 들어갔다. 대상은 영국과 러시아였다. 6월 14일 영국의 킴벌리(John W. Kimberly, 초대 킴벌리 백작, 1826-1902) 외상은 아오키를 초청한 자리에서 주청 영국 공사의 전보를 보여주며 일본군의 장기 주둔에 부정적임을 내비쳤다. 그리고 6월 20일 이홍장은 주청 러시아 공사 카시니A. P. Caccini에게 1886년 조선의 불가침을 서약한 구두 합의인 '러청 밀약'을 거론하면서 중재를 당부했다.

6월 25일에 이어 30일 무쓰를 예방한 히토로보M. A. Hitorovo 주일 러시아 공사는 충격적 발언을 내놓았다. 러시아 정부는 일본이 조선 정부의 철수 요청을 받아들이도록 권고하며, 일본이 동시 철수를 거부하면 중대한 책임을 지게 될 것이라고 충고했다. 카시니와 히토로보의 협박성 합작품은 결코 가볍게 넘기기 어려웠다. 각의 결정과 천황의 재가까지 거친 끝에 7월 2일, 무쓰는 히토로보에게 조선을 침략할 생각이 없으며 '반란' 재발의 여지가 없어지면 철수하겠다고 한발 물러선 회답을 보낼 수밖에 없었다.

영국도 비슷한 상황이었다. 6월 29일 킴벌리는 아오키에게 이홍장이 러시아의 중재를 요청한 이상 영국도 개입하겠다는 의사를 밝혔다. 조약 개정 실현을 눈앞에 둔 일본은 조선 내정의 공동 개혁과 통상 면에서 동등한 지위를 요구한다는 것을 철수 조건으로 제시했다. 7월 8일 아오키는 러시아의 간섭을 배격하고자 킴벌리가 청일 양국의 신속한 담판을 희망한다는 전보를 보내왔다(7월 9일 접수). 무쓰의 회고록에서 "지금 당시 사정을 회상해도 여전히 모골이 송연한 느낌이 든다"라고 썼을 정도로 최대의 위기 국면이었다.

열강의 압박은 거기까지였다. 먼저 7월 9일 청의 총리아문이 일본군의 철수가 선결 조건이라며 영국의 중재안을 거절했다. 7월 10일에는 독일과의 대립에 신경을 곤두세우던 러시아가 조선 문제에 개입하지 않을 것이라는 정보가 주러 공사관으로부터 날아들었고, 사흘 뒤에는 히토로보가 청일의 동시 철수 주장을 철회한다는 문서를 보내왔다.

7월 11일 이토는 영국의 중재안 수용을 거부한 청을 비난하면서 "장래 이로 인해 발생할 사태는 제국 정부의 책임이 아니"라는 '제2차 절교서'를 각의에서 결정했다(14일 통지). 12일 무쓰는 청과 조선의 공사관에 훈령을 보냈다. 고무라에게는 영국의 중재를 청이 거절했으므로 향후 "불측의 변"이 일어나도 일본의 책임이 아니라는 성명을 청에 보내도록 지시했으며, 오토리에게도 "과감히 조치할 필요"를 역설했다.

7월 12일 아오키는 조약 개정의 마지막 교섭을 맞았다. 일단은 14일(현지 시각) 조인으로 결정이 났지만, 영국의 거부로 이틀 연기되는 해프닝이 벌어졌다. 이유는 조선에서 일하던 영국인 해군 교관의 해임을 오토리가 요구했다는 것이었는데, 일본은 원세개가 조선 주재 영국 공사와 공모해 일본을 괴롭히려는 술책으로 파악했다.

7월 17일 아오키는 킴벌리가 영일통상항해조약에 조인했다는 전보를 보낸다(8월 27일 공포, 1899년 7월 17일 실시). 무쓰는 회고록에

청일전쟁과 정한론의 부활

서 당일로 "바로 목욕재계하고 궁성으로 달려가 어전에 아뢰었다"라고 썼다. 이날 무쓰는 전쟁으로 가는 외교와 조약 개정이라는 중책을 한꺼번에 완수했노라고 홀로 가슴을 쓸어내렸을 것이다.

영국이 조약 개정에 응했던 것은 일본을 이용해 러시아의 극동 진출을 견제하려는 셈법 때문이었다. 조인한 뒤 킴벌리는 아오키와 일본 정부를 향해 "이 조약의 특징을 말하자면 일본에 청의 대군을 패주시키는 것보다 훨씬 더 뛰어난 것을 안겨준다"라며 축하를 보냈다. 전운을 감지한 영국의 지지는 열강의 간섭을 뒤엎는 결정적 반전이었고, 일본의 전쟁 의지를 부추겼다.[87]

7월 14일 청의 광서제는 '제2차 절교서'에 격노해 이홍장에게 개전 의사를 타전했다. 15일 이홍장은 아산에 주둔하던 청군에게 해로를 통해 평양으로 이동할 것을 명령했다. 해상 이동이 곤란한 것을 알게 되자 18일 새로 2300명의 증원군을 급파하기로 했다. 청 주재 공사관을 통해 이 소식을 탐지한 대본영은 7월 19일 연합 함대 편성과 동시에 스케유키에게 서해안의 제해권 확보와 수송 선단의 '파쇄'를 지시했다. 이것이 풍도 해전이다.

경복궁 점령과 전쟁의 시작

7월 14일 사이고 쓰구미치 해군대신은 스케유키에게 "러시아 간섭 사건은 태도를 바꿔 평화 수단을 채택했지만, 청과의 관계는 국제적으로 이미 매우 어려운 상태에 이르러 파열의 시기가 거의 무르익었다. 현재 상황은 그들이 싸움을 걸지도 모르지만 또한 사정에 따라 우리가 선수를 칠 수도 있다"라면서 개전이 임박했다는 것을 시사했다.

청일전쟁으로 귀결하는 직접적 분수령은 단연 일본군의 경복궁 점령이다. 그 목적은 고종을 협박해 '속방 보호'를 앞세워 상륙한 청군을 내쫓아달라는 공식 문서를 받아내는 데 있었다. 다시 말해 전쟁의 '대의명분' 입수였다. 이런 불법적이고 불순한 의도를 공개할 수는 없으니, 공식 전사에는 조선 병사에게 총격을 받아 응전하고 고종을 '보호'했다고 날조했다.

무쓰는 6월 28일 자로 '단독안'을 실행하라는 훈령을 오토리에게 보냈다(29일 발신). 그 연장선에서 벌어진 사건이 바로 7월 23일의 경복궁 점령, 아니 조선 정부 전복이다. 이제부터 외교 문서와 여타 자료를 통해 경복궁 난입의 실태를 복원하려 한다.

오토리는 7월 3일 '단독안'을 '모범' 회답까지 첨부해 조선 정부에 들이밀었으며, 7월 7일에는 7월 8일 정오까지 답신하도록 독촉했다. 7월 10일 오토리는 조선 정부가 '단독안'을 거절했을 때의 수단을 무쓰에게 문의했다(7월 17일 접수). 공사관 호위병으로 경복궁의 문들을 봉쇄한 채, '단독안'의 실행을 압박해 성사시키거나(갑), 강화도조약 제1조에 따른 '의무'로서 종속 관계를 끊고 청의 특권(조선인 재판과 전선 가설)을 일본에도 부여하라고 요구한다(을)는 것이다.[88] 앞서 검토한 6.28 의견서와 같이 오토리는 일본의 책임이 작다는 점에서 을 쪽을 선호했으며, 갑을 모두 경복궁 점령을 전제했다는 사실에 주목할 필요가 있다.

조선 정부는 7월 10일 '단독안'을 접수했고, 이후 오토리와 일본 공사관은 조선 정부와 세부 협의에 들어갔다. 7월 12일 위에서 소개했듯 무쓰는 오토리에게 영국의 중재가 실패했다고 전하면서

청일전쟁과 정한론의 부활

"지금은 결연한 조치를 펼 필요가 있으므로 각하(오토리)는 주의해 세상의 비난을 초래하지 않을 어떤 구실을 택해 실제 운동을 개시"하라고 지시했다.

7월 16일 조선 정부에게서 '단독안'의 시행 전에 일본군 철수를 요구하는 문서가 도착했다(철도, 전신, 개항도 거부). 다음 날 오토리는 일본의 "이해만 보고 독력으로 수단을 쓰"겠다고 조선 정부에 통지했다. 7월 18일 오후 1시 25분, 오토리는 7월 10일 전보에서 언급한 을의 시행을 거론하면서 "왕궁을 위습圍襲하는 것은 귀 대신(무쓰)의 훈령이 있을 때까지 삼가겠다"라는 내용을 전보로 띄웠다(7월 19일 오전 3시 15분 접수).

7월 19일 공사관의 의견을 전하고자 7월 3일 도쿄에 갔던 모토노 이치로(本野一郎, 1862-1918) 참사관이 서울에 와서 청과 개전하기로 했다고 전했다. 이에 공사관은 협의를 거쳐 제물포조약을 근거로 공사관 경비병 1000명의 병영 건설을 요구하고, 조선 독립을 해치는 청군 철병에 관한 회답을 7월 22일까지 요구하기로 했다.

7월 19일 오후 6시, '개혁안' 거절에 관해서는 "각하(오토리)는 스스로 정당하다고 생각되는 수단을 취"하도록 하면서도 왕궁과 서울의 포위가 "득책이 아니라고 생각한다면 결행하지 않기를 바란다"라는 훈령을 띄웠다. 신중하도록 하면서도 결정권을 오토리에게 일임한 것이다.

7월 20일 밤 11시 25분 전보에서 오토리는 7월 19일에는 병영 건설을, 7월 20일에는 7월 22일까지 강화도조약 제1조를 '무시'하는 청군의 축출에 대한 회답을 각각 요구했다고 알려왔다(7월 21일 오후 11시 45분 접수). 7월 20일에는 조선을 속방으로 규정한 조청상민수

류무역장정 및 관련 통상협정을 폐기하라는 요구까지 첨부했다. 그리고 전보에서는 회답이 만족스럽지 않으면 "크게 조선 정부를 압박(영어는 great pressure)해 이번 기회에 조선 정부의 대개혁을 하게 할 작정"이라 쓰여 있었지만, 청군 축출을 요구한 7월 20일 자 문서에서는 회답이 지연되면 "본 공사 스스로 결의하는 바가 있"을 것이라는 사실상의 최후통첩을 했다. 최종적으로는 6.28 의견서의 을이 실행된 것이다. 스기무라의 회고에 따르면 7월 20일의 두 요구는 "화전을 결정할 최후의 공문"이었으며, 회답 여부는 상관없었다고 한다.

7월 22일 자정을 넘겨 조선 정부는 "막연한 회답"을 보내왔고, 오토리는 7월 23일 2시에 "우리 권리를 보호하고자 병력을 사용할 수도 있"다고 통보했다. 7월 23일 오전 8시 10분 오토리는 조선 정부가 "심히 불만족스러운 회답을 했"다는 것을 핑계로 경복궁을 포위했다고 무쓰에게 전보로 알렸다(오후 3시 7분 접수). 무쓰가 경복궁 포위의 이유와 향후 계획을 묻는 전보를 보내자 오토리는 오후 5시 발송한 전보에서 경복궁 점령과 대원군 옹립의 경과를 간단히 보고했다(대구-부산은 육로로 전달한 탓에 27일 오후 10시 20분 접수). 7월 25일에는 "오시마 여단장과도 협의"해 "오전 4시 용산에서 병 1개 연대 및 포병과 공병 약간을 입경시켜 왕성을 포위"했으며, 이후의 정황 및 각국 공사관에도 문서를 발송해 통지했다는 것 등의 상세 보고를 띄웠다(8월 1일 접수).

경복궁 습격의 더 상세한 내막은 군의 문서 속에서 찾을 수 있다. 7월 19일 오후 6시 오시마 여단장에게 청과의 개전을 지시하는 전보가 날아들었다. 7월 20일 오후 1시 모토노가 오시마에게 요청서를 전달했다. 거기에는 7월 22일 기한으로 청군의 철수를 요구했으며, 회답이 없으면 "보병 1개 대대를 경성에 들여보내 위협하고, 그래도 우리 뜻을 만족시켜주지 못하면 여단을 진입시켜 왕궁을 포위해달라. 그다음은 대원군을 입궐시켜 정부의 수령으로 삼아 아산의 청군에 대한 습격을 우리에게 맡기도록 한다. 따라서 여단의 출발은 잠시 유예해달라"라는 것이었다.[89] 오시마는 "개전 명분을 만드는 것도 경시할 수 없다"라며 동의했다. 7월 21일 오시마가 오토리를 찾아가 1개 대대 대신에 여단이 결행하는 등의 작전 계획을 설명했다. '핵심 부대'는 보병 제21연대 제2대대였다.

7월 23일 오전 0시 30분, "작전대로 실행하라"라는 오시마의 전보를 받은 혼성여단은 숭례문을 지나 영추문을 도끼로 부수며 경복궁에 난입했다. 그리고 4시 20분부터 7시 30분까지 약 3시간에 걸쳐 조선군과 교전을 벌인 끝에 점령에 성공했다. 옹화문 내 위화당에서 찾아낸 고종에게 제2대대장은 칼을 들이대며 "옥체를 보호"하겠다고 했다. 처소에서 끌려오다시피 한 대원군이 입궐한 것은 오전 11시. 제2대대는 '왕궁 수비'를 맡았고, 나머지 병력은 오후 5시부터 숙영지로 복귀하면서 "왕궁 위협의 동작 이것으로 종료"됐다.

7월 24일 오토리는 대원군을 새 국정 수반에 앉힌다는 왕명을 받아낸 뒤 김홍집을 영의정으로 하는 새 내각을 출범시켰다. 7월 25일 조선 정부는 청의 종주권 파기를 선언했고, 청군의 축출을 일본에 의뢰했다. 가까스로 전쟁의 명분을 확보한 일본은 곧바로 풍도에서 청의 함선을 공격하며 전쟁에 돌입했고, 27일에는 성환에서 청군을 패주시켰다.[90] 연합 함대는 이미 7월 22일과 23일 사세보를

3부 청일전쟁으로 정한론을 완성하다

출항했다.

풍도 해전 첫날인 7월 25일 유니언잭을 게양한 채 청군 1100명을 실어 나르던 영국 선적의 상선高陞이 격침됐다. 하지만 영국은 일본을 곤경에 빠뜨리는 행동을 하지 않았다. 조약 개정이 효력을 발휘한 것이다. 8월 1일 일본과 청은 서로 선전포고를 했다.

동학농민군 섬멸과 종전

7월 30일 오토리는 새로운 조일 관계를 설정하는 조약안을 제시했다. 내정 개혁 실행의 보장, 철도 부설, 기설 전신 유지, 정치 고문과 군사교관 초빙, 전라도의 항구 개항, 7월 23일 교전의 상호 면책, 조선의 독립 보호는 양국 위원이 협의 결정 등이었다. 8월 20일 체결한 조일잠정합동조관에서 바뀐 것은 고문과 교관 초빙의 삭제와 조선의 독립 보호에서 보호를 '공고鞏固'로 변경하는 정도였다. 나아가 8월 26일에는 "청군을 조선국의 국경 밖으로 철퇴하게 하고 조선국의 독립 자주를 공고히 하며 조일 양국의 이익을 증진한다"라는 제1조를 위시한 '대조선·대일본양국맹약'을 맺었다. 제2조에서는 일본군의 이동과 식량 준비에 편의를 제공하라는 군수 징발까지 명기했다.

청과 전쟁이 본격화하던 9월 1일 중의원 총선거가 시행됐다. 결과는 자유당 107석, 경6파는 절반을 넘겼다. 하지만 전쟁 발발과 동시에 경6파는 자유당과 함께 정부와 휴전을 선언했으며, 전쟁 수행과 관련해 이토 내각에 협조를 아끼지 않았다. 조약 개정과 전쟁은 경6파의 최대 명분을 무너뜨렸다.

　　　　　　　청일전쟁과 정한론의 부활

바야흐로 일본군은 청군을 상대로 육지와 바다에서 본격적인 전투에 돌입했다. 9월 일본의 육·해군은 평양과 압록강 어귀의 해전에서 대승을 거뒀고, 10월 들어 조청 국경을 돌파했다. 10월 초순에는 영국이, 11월 하순에는 청이 각각 강화 교섭을 제안했다. 전쟁과 강화라는 두 과제를 짊어진 채 일본은 해를 넘겨 육·해군 공동으로 북양 함대를 격파하는 최후의 결전 '웨이하이 전투'에 들어갔다. 2월이 되며 바다와 육지에서 청의 전투력은 고갈됐다. 2월 10일 북양 함대의 기함 정원은 나포를 피하려 자침했다(진원은 나포돼 일본 해군에 편입). 이틀 뒤에는 북양 함대 사령관 정여창(丁汝昌, 1836-1895)이 항복을 선언한 뒤 독으로 생을 마감했다. 3월 19일 청의 전권대사 이홍장 일행이 시모노세키에 도착했다. 한 달에 걸친 협상 끝에 4월 17일, 이토와 이홍장은 강화조약에 서명했다.

한편 1894년 가을이 되자 일본군은 강적과 맞닥뜨린다. 10월 9일 전봉준과 동학농민군이 '척왜척화'를 부르짖으며 다시 떨쳐 일어선 것이다. 일본군과 일본 정부는 당혹감을 감추지 못했다. 조선의 '독립'을 위해 싸운다는 일본군을 향해 '조선의 주권을 침탈하지 말라'는 외침이 민중 봉기로 현실화한 것이다. 영국인 여행가 비숍(Isabella Bird Bishop, 1831-1904)이 간파했듯 "조선의 어딘가에 애국심이 살아 있다면 그것은 분명히 이들 농민 속에 있었다." 서글픈 역사의 현실이다.

일본은 추가로 1개 대대를 조선에 급파한 뒤 세 갈래로 나눠 삼면으로 포위하는 작전에 나섰다. 조선의 항일 투쟁을 뿌리째 뽑으려는 일본군은 바다를 건너 진도까지 뒤쫓으며 섬멸 공격을 벌였다.

3부 청일전쟁으로 정한론을 완성하다

작전을 입안한 것은 히로시마에 설치된 대본영의 이토 총리, 아리스가와노미야 참모총장과 가와카미 참모차장 등 정군의 최고 지도자들에다 도쿄를 지키던 무쓰 외상 등이었다. 이토는 문관이었지만 대본영 출석이 허용됐다. 총리로서 전쟁을 군사적으로 지도하는 장면에서도 주역의 자리를 놓치지 않았다. '토멸 대대' 후비보병 91) 제19대대는 비인도적이고 불법적인 "모조리 살육" 작전을 조선 남부의 거의 모든 지역에서 실시하라는 명령을 받았다.

10월 27일 "동학당에 대한 조치는 엄혹해질 필요가 있다. 향후 모조리 살육해야 한다"라는 가와카미의 명령이 부산을 통해 인천에도 전달됐다. 동학농민군을 집중적으로 살육할 부대로 조선에 특파한 것이 3개 중대 600여 명의 후비보병 제19대대였다.

10월 28일 대대장 미나미 고시로(南小四郎, ?-1921) 소령에게 조선 파견 명령이 떨어졌고, 11월 7일 제19대대가 인천에 상륙했다. 제19대대에 내려진 임무는 "무리를 격파하고 화근을 섬멸함으로써 재흥과 후환을 남기지 않도록 한다"라는 것이었다. 미나미가 남긴 개인 기록에는 "장흥, 강진 부근의 싸움 이후는 많은 비도匪徒를 죽인다는 방침을 취했다", "골수 동학당은 잡힐 때마다 죽였다"라고 쓰여 있으며, "이것(살육)은 내 생각일 뿐 아니라, 뒷날 재기할 위험을 없애려 다소 살벌한 수단을 써야 한다는 것은 공사와 지휘관이 명령한 것이다"라고 밝히고 있다. 공사는 이노우에, 지휘관은 인천 병참감인 이토 스케요시伊藤祐義 중령을 각각 가리키며, 이노우에로부터는 "동학당 토멸에 관한 특별 훈련을 받았다"라고 쓰여 있다. 조선 공사였던 이노우에 또한 동학농민군을 학살한 직접적인 가해자이자 전범이었다. 이후 제19대대는 동학농민군 최대의 비극 우금치 전투를 치르고 전봉준을 생포했으며, 진도까지 쫓아가서 살육을 거듭했다.

　제1중대에 배속됐던 한 상병의 진중 일지는 잔인무도한 살인극을 그대로 담았다. 1895년 1월 9일 장흥에서 "우리 부대는 서남방으로 적을 추격해 사살 48명, 부상 포로 10명, 그러다 일몰이 돼 전원 귀환했다. 막사에 돌아온 뒤 생포자는 고문한 뒤 태워 죽였다"라고 하며, 1월 31일 해남에서는 "동학 잔당 7명을 잡았다. 이들을 성밖의 논에 일렬로 세우고 대검을 장착해 모리타 지카유키森田近通 하사(원문은 일등군조〔軍曹〕)의 호령에 따라 일제 동작으로 죽였다. 구경하던 한국인 및 통영병(統營兵, 통위영의 병사) 등은 경악을 금치 못했다"라고 기록돼 있다.[92] 일본군은 당시 국제법은 물론 조선의 사법권을 무시한 채 동학농민군과 포로까지 학살했다. 위 사료를 발굴한 일본 연구자는 일본군 최초의 제노사이드라고 정의했다.

　9월 시점에서 한반도의 전투는 승패가 판가름 났다. 그럼에도 이토와 무쓰는 뤼순과 다롄을 손에 넣을 때까지 열강의 강화 조정에 응하지 않는다는 강경 방침을 결정했다. 이 무렵 일본이 준비한 강화 조건의 요체는 세 가지였다. 청은 조선의 독립을 인정하고 조선의 내정에 간섭하지 않는 영구적인 담보로서 뤼순과 다롄을 일본에 할양할 것, 청은 일본이 쓴 군비를 상환할 것, 청은 구미 각국과 체결한 조약의 기초에 서서 일본과 조약을 체결할 것 등이었다. 이상의 조건에 관한 담보물을 확보하려 바꿔 말하면 랴오둥반도를 탈취할 때까지 전쟁을 끝낼 생각이 없었던 것이다. 일본은 랴오둥반도의 영유를 "청이 조선에 내정 간섭하지 않는다는 영구적 담보로 삼기 위해서"라고 강변했다(이런 논리가 삼국간섭을 초래했다).

시모노세키조약을 체결하면서도 총성은 멈추지 않았다. 일본은 교섭과 군사작전을 병행했다. 1월에 이미 센카쿠열도를 오키나와현에 편입하는 각의 결정을 했으며, 3월 23일 평후제도를 점령했다. 그리고 5월 말에는 할양받은 타이완을 접수하고자 근위사단을 파견했다. 5월 23일 최후의 타이완 순무이자 청프전쟁에 참전했던 당경숭(唐景崧, 1841-1903)은 관료와 주민을 규합해 독립선언을 발표했고, 이틀 뒤 타이완 민주국 성립을 선포했다. 일본군이 진입하자 당경숭은 본토로 도망가고 청프전쟁에서 활약했던 흑기군黑旗軍의 지도자 유영복(劉永福, 1837-1917)이 타이완 민주국 총통직을 이어받았다. 6월 17일 타이베이台北에 타이완 총독부가 설치됐으나 각지에서 게릴라전을 펼치는 주민들의 저항이 끊이지 않았다(을미전쟁). 증원 부대를 투입한 끝에 11월 18일이 돼서야 대본영은 평정 완료 보고를 받았다. 유영복은 10월 19일 본토로 탈출한 뒤였다. 애초의 군정에서 민정으로 이관된 다음 날인 1896년 4월 1일 대본영이 해산됐다.

시모노세키조약으로 일본은 막대한 배상금을 얻었다. 2억 냥에 랴오둥반도와 교환한 3000만 냥과 배상금의 운용 이익금 850만 엔을 더하면 3억 5600만 엔에 이른다. 전쟁에 든 2억 47만 엔을 제하면 1억 5000만 엔을 번 셈이 된다. 국민의 피와 땀이 배인 배상금 대부분은 군대가 가져갔다. 군비 확장과 임시 군사비에 83.7퍼센트를 투입했으며, 황실 경비 5.5퍼센트, 타이완 경비 3.3퍼센트를 투입했다. 교육기금과 재해 준비금 명목으로 국민 생활 분야에 돌려진 금액은 전체의 5.4퍼센트에 지나지 않았다. 배상금은 다시 전쟁을 준비하는 데 쓰였으니 10년 뒤의 러일전쟁은 이미 청일전쟁 직후부터 준비된 것이나 다름없었다.

강화조약으로 류큐 문제도 정리됐다. 제6조에서 청일수호조규 등 기존 조약의 파기와 새 조약의 이행이 정해졌고, 7월에는 세목을 정한 불평등조약 청일통상항해조례가 체결됐다. 류큐 분할 교섭과 청일수호조규 개정 교섭에서 제기된 안건은 이것으로 결론이 났다. 강화조약에서 언급되지는 않았지만 일본 영토가 류큐제도를 지나 남쪽까지 확대됨으로써 류큐 문제 또한 자연적으로 소멸하고 말았다.

한편 글머리에서 간략히 언급했으나 청과 벌인 전투에서 사망한 일본군 수는 의외로 적다. 7월 25일의 풍도 해전에서 다음 해 5월 30일까지 사망자는 2647명이었는데, 전사자는 더욱 적어 736명에 머물렀다. 그런데 앞서 소개한 타이완 정복 전쟁 즉 을미전쟁까지 합치면 희생자는 1만 3488명으로 급증한다. 전체 손실 인원의 약 20퍼센트만 청일전쟁에서 발생했다.

을미전쟁의 일본군 희생자 1841명의 내역은 전사 396명, 전병사 57명, 변사 152명에 나머지 1236명은 병사였다. 한반도 및 중국과 비교해 타이완에 파견된 병사들의 위생은 열악했다. 입원 치료를 받은 17만여 명 중에서 전투 중 부상자는 4519명뿐이었다. 대부분은 각기병, 말라리아, 콜레라, 이질 등의 전염병 환자였다.

강화도조약 제1조를 앞세운 청일전쟁의 마무리는 이후에도 이어졌다. 일본은 1898년에 체결한 니시-로젠 협정 제1조에서 "일본·러시아 양 제국 정부는 한국의 주권 및 완전한 독립을 확인하고 나아가 서로 한국의 내정에 대해 모든 직접적 간섭을 하지 않을 것을 약정한다"라고 했다. 제3국인 러시아에 조선이 독립국임을 인정하도록 조약으로 명문화한 것이다. 그리고 마지막으로 청은 1899년에 들어가 독립국으로서 대등하다는 문면을 담은 한청통상조약을 체결했고, 청은 서울에 공사를 파견했다.

청일전쟁과 정한론의 부활

청일전쟁 이외의
길

우치무라 간조(內村鑑三, 1861-1930)는 일본이 자랑하는 평화주의자다. 무교회주의를 부르짖은 그는 러일전쟁을 반대하는 주장뿐아니라 조선인 차별과 식민 지배에 대해서도 날 선 비판을 펼쳤다. 아래는 1903년 6월 30일 신문에 투고한 칼럼 「전쟁 폐지론」의 일부다.

가까이는 그 실례를 1894, 5년의 청일전쟁에서 찾을 수 있다. 2억의 부와 1만의 생명을 소비해 일본국이 그 전쟁에서 얻은 것은 무엇인가? 근소한 명예와 이토 히로부미 백작이 후작이 되고 그의 처첩 수가 늘어난 것 외에 일본국은 이 전쟁에서 무슨 이익을 얻었는가? 그 목적이던 조선의 독립은 이로 인해 강해지기는커녕 약해졌고 중국 분할의 단초가 열렸으며, 일본 국민의 부담은 더욱 증가했고, 도덕은 심하게 떨어지고, 동양 전체를 위태로운 상태로 몰아간 것이 아닌가? 이런 대해독 대손해를 눈앞에 두면서도 여전히 개전론을 주장한다면 도저히 정상적인 생각이라 여겨지지 않는다.

일본 국민의 희생을 강요했던 청일전쟁의 교훈을 바탕으로 우치무라는 개전론과 더불어 전쟁 폐지론의 목소리를 높여갔다. 그런데 청일전쟁 당시의 우치무라는 정반대로 전쟁을 칭송해 마지않았다.

1894년 9월 우치무라는「청일전쟁의 의義」라는 글을 썼다. 여러 '의전義戰'의 사례를 들면서 그는 "우리가 믿는 청일전쟁은 우리에게는 실로 의전이다. 그 의란 법률적으로만 의가 아니라 윤리적으로도 그렇다"라고 평가했다. 이어서 "세계 최대의 퇴보국退步國" 청은 "조선의 불능을 알고 조선이 오랫동안 의뢰국依賴國이기를 원했다. (……) 이것은 자유를 사랑하고 인권을 존중하는 사람이 하루도 참을 수 없는 상황이다. 우리 목적은 청을 각성시키는 데 있다. (……) 우리는 영구 평화를 위해 싸우는 것이다. 하늘이시여 이 의전에 스러지는 우리 동포를 보살펴주소서"라고 설명했다. 기독교 사회주의자인 기노시타 나오에(木下尙江, 1869-1937)는 그런 현실을 다음과 같이 꼬집었다.

얼마 뒤 청일전쟁이 벌어졌다. 나는 기독교가 전쟁을 반대하리라는 것을 추호도 의심하지 않았다. 그러나 개전과 함께 도쿄의 저명한 기독교도는 전국을 돌면서 '정의의 전쟁'을 고취하기 시작했다. 나는 거듭 놀랐는데, 이는 필시 그들이 진정으로 그리스도의 복음을 체득하지 못했든가 '비국체非國體'라는 공격을 모면하려는 행동이었음이 틀림없다.

청일전쟁 이외의 길

'국체'가 천황제를 가리키는 만큼 '비국체'는 기독교를 공격하는 상투적 문구 중 하나였다.

우치무라는 시모노세키조약 체결 직후 자신을 돌아보기 시작한다. 5월 22일의 서신에서는 "'의전'은 변해 일부 해적적인 전쟁이 됐고, 그 '정의'를 썼던 한 예언자는 지금 치욕 속에 있습니다"라고 착잡한 심경을 토로했다. 위의 반전론은 청일전쟁에 대한 뼈저린 반성 위에서 잉태될 수 있었다.

우치무라가 현혹됐듯 청일전쟁은 거의 절대적 지지 속에 치러졌다. 이토 내각을 공격하던 경6파조차 쌍수 들고 환영했을 정도였다. 하지만 대외 강경론자 중에 전쟁 반대론자 또한 적지 않았다. 그중에 주목하고 싶은 인물이 다니 다테키다. 그가 걸어간 삶의 궤적 속에서 근대 일본이 청일전쟁과 대외 팽창이 아닌 제3의 길을 선택할 가능성은 없었을까를 곱씹어 보려 한다.

다니는 1837년 도사에서 태어났다. 사카모토 료마는 두 살 아래이고 이타가키 다이스케는 동갑이다. 다니는 동향인 료마와 어울리며 양이론을 버리고 개국과 막부 타도로 돌아섰다. 왕정복고 후에는 신정부 육군의 중진으로서 정한론으로 기울었다. 사족이 해체되는 상황 속에서 국론 통일과 국권 유지를 위해 외정을 실시하지 않는 정부에 불만을 품었고, 군비를 충실히 해 청과 조선을 쳐야 한다는 생각을 가졌다. 당시 정한론이 얼마나 창궐하고 있었는가를 짐작하게 하는 대목이기도 하다.

1880년대에 접어들면서 다니는 정치를 향한 발언을 토로하기 시작했다. 정치는 '공공'의 것이라 여겼으며, 번벌 정부에 대한 성토에 앞장섰다. 그는 정부가 국민 생활을 압박할수록 온건한 국민이 과격한 '민권파'로 향한다는 발상 위에서 천황의 정치적 옹위를 위해서도 헌법을 제정하고 국회를 개설해야 한다고 역설했다. 보수적 천황주의자이면서 '국민파'였던 것이다.

초대 이토 내각이 성립하자 다니는 농상무상으로 참가했는데, 1886년 3월부터 1887년 6월까지 구미를 시찰하는 경험(슈타인에게도 사사)을 하면서 생각을 더 날카롭게 벼렸다. 통치술의 가르침을 열망했던 이토나 야마가타와 달리 다니는 국민이 안전하게 살 수 있는 나라를 만드는 데 눈길이 쏠렸다. 1887년 1월의 편지에서는 "진정한 개화를 바란다면 진정한 입헌정체에 기초하지 않으면 안 된다. 언론의 자유, 저술의 자유를 부여해 (……) 저도 이번에는 크게 낡은 시각을 새롭게 했습니다"라고 썼다.

귀국하자마자 다니는 이노우에의 조약 개정을 반대하는 의견서를 제출했다. 일본에 진정한 이익을 가져오려면 의회를 개설하고 정보 공개와 자유 토론을 거쳐 국민적 합의로 추진해야 한다는 논리였다. 민권파의 반대를 위한 반대보다 건설적이고 설득력 있다. 1887년 7월 자신의 뜻이 받아들여지지 않자 농상무상을 사직했으며(사실상 파면), 이후 거듭된 조약 개정 시도마다 반대 운동의 선봉에 섰다. 국회 개설 뒤에는 귀족원 의원으로서 언론과 정치 활동을 제약하는 각종 제도의 폐지와 개정에 힘을 쏟았다.

다니의 논리를 요약하면 이렇다. 서양에는 정당이 있더라도 경쟁은 온화한 데 비해 일본의 정당은 선악으로 양분돼 '사리私利'를 우선시하고 사당화하는 경향이 있다. 그런 면에서 다니는 국민이 부재한 민당의 '개인주의'에 대해 비판적이었다. 하지만 정부의 전제주의도 관료주의도 용납하지 않았다. 어떤 일본의 연구자는 국가

청일전쟁 이외의 길

존립을 위한 국민의 중시라는 점에서 그의 사상을 '국민주의'로 명명하기도 한다.

동학농민전쟁과 일본군 출병을 계기로 주전론이 들끓는 분위기 속에서 다니는 신중해야 한다고 주장하며 청과 전쟁을 벌이리라고 예상하지도 기대하지도 않았다. 일본 고유의 '국권' 유지와 독립국으로서 지위를 확보하는 것이 최대 관심사였지만, 대외적 무력 행사는 소극적이어야 한다고 본 것이다. 전쟁의 종결은 조기에 이뤄져야 하며, 전쟁 배상은 너무 과다하지 않아야 하고, 랴오둥반도 할양을 요구해서는 안 되며, 전후의 군비 확장에도 반대했다. 이 점에서 다니는 경6파와 같은 정쟁적 대외 강경파와 구별해야 마땅하다.

다니의 비전론은 러일전쟁에 즈음해서도 유감없이 발휘됐다. 1904년 2월 6일 일본은 결국 국교 단절의 통첩을 발한 상태였다. 다음 날 다니는 이토에게 편지를 보냈다. "지난해 4월 무렵부터 정부는 강경한 태도를 국민에게 보이더니 지금의 상태를 보건대 바보의 극치다. 국가를 걸면서까지 싸우지 않으면 안 될 이유를 찾을 수 없다"라는 내용이었다. 그러면서 "이토 후작은 제2의 이홍장이다"라고 통렬하게 일갈을 날린다. 그는 국제 평화와 일본의 경제력이라는 관점에서 비전론을 펼쳤고, 영일동맹의 무용함을 부르짖었다. 나아가 아시오足尾광산의 공해 문제가 터지자 정부를 규탄하고 피해 주민의 구제를 호소했던 것도 빼놓을 수 없다.

다니는 정한론을 찬성했고 조선에 대한 애착을 표명한 적도 없다. 그런 정치가가 1905년 6월 무렵 이토에게 보낸 편지의 끝에서 다음과 같이 썼다. 길지만 읽어볼 가치는 충분히 있다.

며칠 전 알게 된 우안愚案 속의 사할린 할양도 블라디보스토크항의 주문도 모두 철회해야 한다. 다만 다롄만 및 하얼빈에 이르는 철도는 중국이 러시아에 부여한 권익을 그대로 물려받아 우리 상업지로 하면 족하다. 뤼순을 물론 중국에 돌려준다.

조선은 물론 지금의 자세를 유지해야 한다. 단지 두려운 것은 조선은 원래 우리 나라가 중국과 싸우기까지 독립국이던 곳이라는 데 있다. 그래서 지금 각국이 모두 공사를 파견했고, 순전한 독립국이다. 그러나 한일의 정서에 따르면 거의 속국으로 삼아 독립국이라 인정하기 어렵다. 평화 회복 후에는 각국에서 항의가 밀려들 염려는 없는가?

또 만주에 대한 중국과의 담판도 생각보다 번거롭지 않은가? 만약 러시아인이 교묘하게 중국인을 선동하면 의외로 번거로워지지 않을까? 얼마 전에 조금 말씀드렸던 영일동맹은 아무리 숙고해도 우리 나라의 이익이라 인정할 것이 하나도 없다.

한일의정서의 기만적 침략성을 지적하는 등 너무나 상식적인 견해지만 이토는 물론 당시 정부도 전혀 귀를 기울이지 않았다.

"다니 다테키의 수준에 달한 사람이 네댓 명이라도 메이지의 지도자 속에 있었다면 일본 근대사는 상당히 달라지지 않았을까?" 일본 인터넷의 독자 서평 중에서 찾은 구절이다. 합리적 보수주의자의 삶에서도 근대 일본이 걸어가야 할 길을 찾을 수 있다. 아니 찾아야 한다.

위에서 살펴봤듯 청일전쟁은 쇼카손주쿠가 배출한 최고 권력자 이토의 주도 아래 실행됐다. 그런 이토의 호전성은 10년 뒤에도 어김없이 발휘됐다.

1904년 3월 20일 이토는 고종을 알현했다. 그 자리에서 그는 러일전쟁에 임하는 일본의 정당성에 관해 열변을 토했다. "국가가 존립하려면 고유한 풍습과 습관 등을 고치든지 버리든지 할 필요가 있습니다. 일본은 과거 30여 년 동안 이런 생각에 서서 자립을 추진한 결과, 오늘의 일본이 있습니다"라고 서두를 꺼낸 뒤에 완고한 배외주의가 나라를 망친다는 말을 몇 번이나 반복한 다음 아래와 같이 덧붙여 말했다.

무력으로 끊임없이 확장을 꾀하는 나라에 대해서는 단호하게 싸워야 합니다. (……) 황제 폐하께서 이런 이치를 이해하고 일본과 존망을 같이하며 동양 평화의 유지에 협력하신다면 일본은 전폭적인 동정을 표명하며, 결코 한국의 산하를 흉포한 나라가 차지하지 못하도록 일본 자체의 존망과 마찬가지로 아픔과 가려움을 같이하고 한몸이 돼 폭거에 대응하는 것은 당연지사입니다. 한일 양국의 관계는 형제와 같아 서로 안위존망을 같이하며 난관을 헤쳐나갈 것입니다. 그러려면 양국이 조금의 의심도 하지 않고 용왕분진勇往奮進하는 것이 무엇보다도 중요합니다.

여기서 '무력으로 끊임없이 확장을 꾀하는 나라'나 '흉포한 나라'는 러시아가 아니라 일본으로 바꿔 읽어야 본질이 드러난다.

4부

일본 보수의
과거와 현재

한일 외교,
일본의 잘못된 선택

전후 일본, 소국주의와 대국주의의 갈림길

1945년 8월 15일 정오, 쇼와昭和 천황의 떨리는 목소리가 라디오에서 흘러나왔다. 신민의 귀에까지 도달한 군주의 첫 육성은 대일본제국의 무조건 항복이었다. 페리 함대의 내항 이후 부국강병을 기치로 내걸었던 100여 년 가까운 여정은 그렇게 막을 내렸다. 이제 열도의 운명은 '귀축미영鬼畜美英'의 적국 미국의 손에 쥐어졌다. 새 지배자인 연합군 최고사령부(이하 GHQ로 표기한다)의 수장 더글러스 맥아더(Douglas MacArthur, 1880-1964)는 8월 30일 가나가와현의 아쓰기厚木비행장에 도착했다.[93] 페리와 달리 맥아더는 점령군으로서 일본 땅에 첫발을 디뎠다.

일본 개조의 정점은 헌법의 대대적인 수술이었다. 1947년 5월부터 시행된 일본국 헌법은 기본 인권의 존중, 국민주권(민주주의), 평화주의를 3대 원칙으로 삼았다. 이에 따라 절대군주 천황은 일본국과 일본 국민 통합의 상징으로 탈바꿈했다(제1조). 정치적 권능을 상실한 천황의 위상은 제국 군대의 해체와도 맞물린다. 전수방위의 원칙에 따라 일본은 전쟁할 수 없게 됐고, 공격적인 무기도 전투력도 보유할 수 없게 됐다(제9조). '평화헌법'이라는 명명에는 제국(주의)과 결별한 신생 일본국의 뼈대가 집약돼 있다.

1948년 11월 4일부터 12일까지 이른바 A급 전범으로 소추된 28명에 대한 판결이 내려졌다. 판결 언도가 길어진 이유는 판결문이 영문으로 1212쪽에 달했기 때문이다. 결과는 공판 중에 사망한 2명과 병으로 불기소된 1명을 제외한 25명 전원 유죄였다. 도조 히데키(東條英機, 1884-1948) 전 총리 비롯한 7명은 사형, 종신형 16명, 유기금고형 2명이었다. 12월 23일 스가모巢鴨구치소에서 사형이 집행됐다. 도쿄 도심인 이케부쿠로池袋역 동쪽의 선샤인시티와 히가시이케부쿠로東池袋중앙공원 일대가 그 현장이었다.

7명이 형장의 이슬로 사라진 이튿날, 일군의 무리가 스가모구치소 문을 나섰다. 재판에 회부되지 않은 A급 전범 용의자 19명 모두가 특사로 석방된 것이다. 그중 3명을 기억해두자. 기시 노부스케(岸信介, 1896-1987)는 진주만을 기습 공격했던 도조 내각의 상공대신으로 전후에 총리에 오른다. 우익 활동가 출신으로 만주에서 축적한 막대한 부를 바탕으로 전후 정계를 주물렀던 '흑막' 고다마 요시오(兒玉譽士夫, 1911-1984)도 있다. 사사카와 료이치(笹川良一, 1899-1995)는 일찍이 무솔리니를 추앙하며 우익 단체를 결성했으며, 전후에는 경정競艇 사업을 일으켜 1974년《타임》과의 인터뷰에서 "세계에서 가장 부자인 파시스트"를 자처했다. 전후 일본 보수를 견인한 세 사람의 공감대는 친미와 반공이었다. 실제로 사사카와는 구치소에서 쓴 일기에서 "일본이 친미 반공의 길을 선택하는 것"을 자신의 신념이라고 썼다.

점령 초기 미국과 GHQ는 일본 군국주의 제거와 박멸을 목표로 천명했다. 비군사화와 민주화는 그런 의도를 녹여낸 구호였다. 하지만 세계적으로 미소 냉전의 색채가 짙어지면서 미국은 방침을 변경했다. 유럽에서는 소련과 동유럽의 방파제로서 독일의 재건이 시급해졌고, 동아시아에서 중국 국민당을 대신할 파트너는 일본밖에 없었다. 이른바 '역코스'의 시작이었다. A급 전범의 소추를 중단하고, 기시·고다마·사사카와를 석방한 것은 그런 변화의 신호탄이었다. 1949년 1월 맥아더는 "일본의 민주화는 종료했으며, 올해는 경제 안정에 힘쓸 해다"라고 밝혔다. 뒤이어 전범 재판도 막을 내렸다.

전후라는 시대 배경 아래 일본 보수에게 친미와 반공은 절대적 명제였다. 현실 정치에서 그 방향성을 정립하고 실행에 옮긴 것은 요시다 시게루(吉田茂, 1878-1967)였다. 1946년 5월부터 1947년 5월에 이어 1948년 10월부터 1954년 12월까지 6년 넘게 총리를 역임한 그는 샌프란시스코강화조약과 미일안전보장조약 체결을 성사시키면서 일본 '재건'의 최대 공로자가 됐다. 또한, 요시다는 일본의 국가 전략으로서 새로운 '소국주의'를 정착시킨 인물이기도 하다.

소국주의는 '소일본주의'라고도 부르며, 기원은 20세기 초까지 거슬러 올라간다. 특징은 두 가지로 압축된다. 하나는 타이완과 한반도 같은 식민지와 만주 침략의 포기다. 다른 하나는 '주권선'인 일본 본토의 군사적 방어만을 염두에 두는 대신 '통상국가'로서 번영을 누린다는 것이다. 아성은 1895년에 창간한 경제지《도요게이자

이신보東洋經濟新報》였으며, 1910-20년대에 주간이던 미우라 데쓰타로(三浦鐵太郎, 1874-1972)와 이시바시 단잔(石橋湛山, 1884-1973)이 주창했다. 특히 이시바시는 제국주의적 팽창 정책을 '대일본주의'라 부르며 반대하고 번벌과 군벌을 비판하며 의회정치의 신장을 역설했다. 삼일운동을 탄압하는 일본 정부를 비판했으며, "무릇 어떤 민족이라도 타민족의 속국인 것을 유쾌하다고 여기는 것은 있을 수 없다"라고 부르짖었다. 하지만 일본은 1931년의 만주사변 이후 대국주의 노선을 노골화한 끝에 패망을 맞았다.

패전국 일본에게 대국주의는 불가능한 선택지였다. 무엇보다 평화헌법은 가장 강력한 족쇄였다. 그런 상황을 반영해 보수 정치의 기반을 재정비한 것이 요시다였다. 핵심은 미국에 군사적으로 의존하는 상황에서 방위비를 절감하고 경제성장에 전념한다는 것이다. 이런 요시다의 방침을 승계하는 형태로 속칭 '보수본류'가 자리 잡게 됐으며, 친미를 바탕에 깔고 평화헌법 제9조를 지키는 호헌과 경제력 회복을 정책의 양대 산맥으로 삼아 정국의 주도권을 장악해갔다.[94]

이시바시는 제1차 요시다 내각에서 재정을 책임진 대장대신으로 입각했다. 하지만 GHQ가 이시바시를 공직 추방 대상자로 선정하면서 두 사람의 관계는 멀어졌다. 이시바시의 공직 추방 요인은 경제정책을 놓고 GHQ와 갈등을 벌인 것이 결정적이었다고 평가되며, 요시다는 대중적 인기가 높던 이시바시의 구명에 적극적으로 나서지 않았다. 이런 독선적인 모습을 담은 요시다의 별명이 '원맨 재상'이었다.

패전 후 소국주의 흐름이 본격화하면서 대국주의도 재편될 수밖에 없었다. 보수본류와 대비되는 호칭인 '보수방류'의 내실은 다양하지만, 대국주의를 지향했던 그룹은 일관되게 개헌과 재무장이라는 공통분모를 지녔다. 그 선두 주자는 바로 기시였으며, 나카소네 야스히로(中曾根康弘, 1918-2019)를 거쳐 현재의 아베 총리까지 연결된다. 당연하게도 해방과 패전으로 갈라선 한반도와 일본열도의 관계 설정 또한 소국주의와 대국주의의 맥락 위에서 전개될 수밖에 없었다.

기시는 A급 전범 용의자 중에서 유일하게 총리까지 오른 입지전적 인물이다. 불기소 처분을 받고 스가모구치소를 나선 기시는 샌프란시스코강화조약 발효와 더불어 복권되자마자 헌법과 군비, 외교에서의 '자주'를 슬로건으로 내걸고 정치 활동을 재개했다. 즉 평화헌법 제9조 개정과 군사력 정비를 통해 미국에 종속적이면서도 대국 일본의 부활을 목표로 삼았던 것이다. 그리고 외교 분야에서는 일찍부터 아시아와의 관계 개선을 역설했다.

기시에게는 흔히 '쇼와의 요괴'라는 별명이 따라붙는다. 전시경제의 사령관인 상공대신에다 전후에는 총리까지 거머쥔 정치력을 평가한 결과만은 아니다. 기시는 전전에도 전후에도 비합법적인 정치를 적절히 구사한 인물로 정평이 높다. 만주국의 실권을 장악하고서 얻은 무기의 하나가 아편의 전매를 통해 확보한 금맥이었다. 전후에는 고다마 같은 흑막과도 어울렸다. 고다마는 석방된 뒤에 자금과 폭력단(야쿠자)을 주무르며 자민당 정치의 이면을 뒷받침했다. 1976년 2월 6일 자 《경향신문》은 록히드 사건을 보도하면서 고다마를 "정·재계 숨은 실력자", "대전 땐 상하이 비밀첩보원", "전 총리 기시와도 교분" 등으로 묘사한 바 있다.

한일 외교, 일본의 잘못된 선택

사실 소국주의도 대국주의도 미국과의 관계에서는 차이점이 없었다. 친미이기 때문이다. 하지만 1950년대에는 다른 기류도 있었다. 대미 자주 노선을 채택했던 하토야마 이치로(鳩山一郎, 1883-1959)가 그러하다.

1954년 12월 7년 넘게 권력을 잡았던 요시다 내각이 총사직했다. 전쟁 중에 군부에 협력했다는 이유로 공직 추방을 당했던 하토야마는 요시다와 같은 미국 일변도를 벗어나 '진짜 독립'을 지향했다. 재군비와 개헌을 외친 점에서는 대국주의적 성향이 관찰되지만, '대미 자주'의 기치 아래 소련·중국·북한 등 공산권과 관계 개선, 비동맹과 중립을 표방한 반둥회의(1955년 4월) 참가, 전후 배상을 활용한 동남아시아 외교, UN 가입 등을 추진했다. 일본의 공산화는 물론 중립화조차 용인할 수 없었던 미국의 심기는 매우 불편했다. 하토야마는 1956년 10월 공약으로 내건 소련과의 국교를 회복하는 일소공동선언이 조인되자 총사직했다.

하토야마 내각의 빅 이벤트는 보수 합당의 실현이었다. 1955년 11월 일본민주당과 자유당의 '보수 합동'으로 자유민주당 즉 자민당이 탄생한 것이다. 좌우로 분열했던 사회당이 합친 데 대한 맞대응이었다. 이로써 개헌과 호헌, 보수와 혁신으로 엇갈리는 '55년 체제'가 모양을 갖췄고, 기시는 초대 간사장을 맡았다. 나아가 기시는 1957년 2월, 불과 2개월 만에 병으로 쓰러진 이시바시의 뒤를 이어 1960년 7월까지 일본호의 조타를 잡았다.

역사의 아이러니지만 한국의 입장에서는 이시바시가 총리로 더 오래 재직했으면 하는 아쉬움이 남는다. 이시바시가 이끄는 내각이야말로 식민 지배와 침략 전쟁의 역사를 직시함으로써 새로운

4부 일본 보수의 과거와 현재

동아시아를 궁구할 최적임자였다. 중국과의 관계 정상화를 공약으로 내걸었으나, 돌연 발병한 뇌경색은 그 기회를 무산시켰다. 병상에서 회복한 뒤에도 1959년 9월 기시 총리의 반대를 물리치고 저우언라이(周恩来, 1898-1976)와 회담했다. 그가 베이징에서 외친 것은 냉전 체제 타파와 일본이 가교가 되는 일·중·미·소 평화 동맹 제안이었다. 그렇게 1990년대까지 자민당 내에는 소수이긴 했어도 좌파 또는 비둘기파로 불리는 '친중파'의 존재감이 절대 작지 않았다.

이시바시 총리의 와병은 외상이던 기시에게 둘도 없는 호재였다. 총리 자리까지 차지한 기시를 미국은 벌써 점찍은 터였다. 하토야마와 이시바시 시절 일본이 서방 진영에서 벗어나 중립 쪽으로 기울지 않을까 노심초사하던 미국은 미일 동맹을 기축으로 보수 정치를 엮어낼 '인재'로서 기시를 주목하고 있었다.

3년 반의 재임 기간 내내 기시가 가장 심혈을 기울인 것은 미일안전보장조약 개정이었다. 편무적인 미국의 일본 방위를 쌍무적인 상호 방위로 바꿈으로써 재무장의 기초를 닦고자 했다. 친미를 기조로 삼으면서도 자주적인 요소를 가미하는 형태를 취하는 기시 외교의 특색이 잘 드러나는 지점이다. 1960년에 들어와 야당과 재야는 수십만 명이 참가하는 '안보투쟁'의 기세를 높이며 조약 개정 저지에 나섰고, 자민당 내부에서도 적지 않은 반발이 일었다. 하지만 그 무엇도 기시의 완강한 고집을 꺾지 못했다. 신新미일안전보장조약을 성립시킨 직후인 7월 그는 스스로 총리에서 물러났다.

한일 외교, 일본의 잘못된 선택

일본의 배신, 어긋난 한중일 관계의 시작

기시는 전임자들과 달리 중국보다 타이완과의 관계를 중시하는 한편 간사장 시절부터 한국에 관심이 컸다고 한다. 총리 취임식 당일인 1957년 2월 25일 저녁 기시가 외무차관으로 내정돼 있던 김동조(金東祚, 1918-2004)를 만난 것도 그런 일환이었다. 김동조의 회고록(『회상 30년, 한일회담』, 중앙일보사, 1986년)에 따르면 기시는 다음과 같은 얘기를 했다.

나는 서부 일본의 야마구치현 출신이오. 잘 아시다시피 야마구치현은 예부터 한반도와 왕래가 잦았던 곳이지요. 특히 야마구치현의 하기항은 도쿠가와막부 때의 무역선인 주인선(朱印船, 빨간 도장의 도항 허가증을 지닌 무역선)이 조선과 잦은 내왕을 하던 기착 항구였지요. 그런 만큼 그곳 사람들의 핏속에는 한국인의 피가 작지 않게 섞여 있는 것이 사실이고, 내 혈통에도 한국인의 피가 흐르고 있는 것으로 판단될 정도랍니다.[95] 말하자면 양국은 형제지국인 셈이지요. 그러니 오늘날 한일 양국이 국교도 맺지 않고 서로 원수처럼 으르렁대고 있는 것은 몹시 안타까운 일이라 아니할 수 없습니다. 그래서 나는 일본의 과거 식민 통치의 잘못을 깊이 뉘우치고 조속한 관계 정상화가 이뤄질 수 있도록 최대의 노력을 다할 각오이니 부디 이승만 대통령께 나의 이 같은 뜻을 전해주기 바라오.

타이완·한국과 기시를 연결하는 파이프는 정계의 흑막이자 '쇼와 최대의 괴물'이라 불린 야쓰기 가즈오(矢次一夫, 1899-1983)였다. 야쓰기는 1933년 민간 싱크탱크인 국책연구회를 창립해 군부는 물론 정계와 인맥을 넓혔고, 패전 후에 국책연구회를 부활시켜 정계에 영향력을 행사했다. 1956년에는 타이완을 방문해 장제스로부터 한일 관계의 개선에 관한 조언을 얻었다. 이후 그는 만주국 시절부터 교류가 있던 기시를 움직여 반공을 매개로 일본·한국·타이완을 잇는 작업에 몰두했다. 김동조와 기시의 만남도 야쓰기의 작품이었다.

한국전쟁 중이던 1951년부터 시작된 한일 교섭은 1953년 10월 이른바 '구보타久保田 망언'으로 중단된 상태였다.[96] 이승만(李承晩, 1875-1965) 대통령의 반일 의식은 남달랐다. 이듬해 7월 드와이트 아이젠하워(Dwight Eisenhower, 1890-1969)와의 정상회담 석상에서 이승만은 "내가 있는 한 일본과는 상종을 않겠다"라는 단호한 태도를 감추지 않았다. 기시의 아시아 외교는 동남아시아로의 경제적 진출과 함께 타이완과 한국을 반공 동맹으로 묶는 것이 기축이었다. 더불어 한국과는 1952년 이승만이 선포한 '평화선'으로 인해 야마구치현을 포함한 동해 연안의 어부와 어선이 다수 나포된 문제도 시급히 풀어야 할 현안이었다.

한국과 일본의 국교 재개에서 최대 관건은 식민 지배의 청산이었다. 미국의 종용과 압박으로 협상 테이블에 앉았지만 구보타 망언의 후폭풍은 양국의 협상 동력을 소진시켰다. 녹록잖은 과제인 식민 지배 청산을 놓고 기시 정권은 터 다지기 작업부터 들어갔다. 야쓰기와 같은 비선을 투입하고 친한파 정치가 집단을 꾸리면서 '입구'를 마련한 것이다. 게다가 기시가 집권한 시점에서 한일 수교 문제는 이제 양자 관계에 국한되지 않았다. 100년 전의 쇄국과 개국의 갈림길에서 조청일 관계의 중요성을 확인했듯이, 1950년대 후반의 한일 관계는 분단과 냉전이 가미된 한중일 관계의 지평 위에

한일 외교, 일본의 잘못된 선택

서 펼쳐졌다. 그 점을 되짚는 것이 이 책의 과제다.

기시와 만난 뒤 김동조는 곧바로 귀국해 이승만에게 보고했다. 기시와 나눈 얘기를 전달하자 이승만은 대단한 만족을 표시했고, 기시는 우호적인 태도를 연발하며 지원사격을 했다. 이승만의 생일에는 축전을 보냈고, 4월의 참의원에서는 구보타 발언을 취소하고 청구권에 관한 유연한 태도를 천명했다. 5월 들어 부임한 김유택(金裕澤, 1911-1975) 주일대표부 대사는 기시와 회담했다. 1957년 말 한국은 한일회담 재개에 동의한다.

1958년에 들어와 야쓰기는 기시의 개인 특사 자격으로 서울을 찾았다. 5월 20일에는 이승만과의 회담까지 이뤄졌다. 비공식적이며 간접적인 사죄이긴 해도 5월 22일 자 《동아일보》는 "과거 한일 관계를 악화시킨 최초의 책임 인물인 이토 히로부미가(원문대로임) 동향인인 기시 일본 총리는 그의 선배인 이토 히로부미가 저지른 잘못을 시정하려고 노력하고 있다"라는 기사를 내보냈다.

1958년 4월부터 4년 반의 공백을 딛고 제4차 한일회담이 열렸다. 협의는 2년간 이어졌으나 아무런 진전이 없었다. 결정타는 재일 코리안[97] 북송 결정에 이르기까지 기시 정권과 이승만 정권 사이에 거듭된 격렬한 대립이었다. 결국, 친한파 정치인으로서 기시가 본격적으로 활동하게 된 것은 총리를 내려놓은 뒤부터였다.

기시는 외무성과는 일선을 그으며 한일 관계 구축의 물꼬를 텄다. 이즈음 외무성은 '두 개의 중국' 정책과 마찬가지로 한반도에 관해서도 당분간은 '두 개의 조선' 정책을 견지하려 했다. 아울러 한반도 분단은 장기화하지 않는다는 가정 아래 일본이 앞장서서 통일된 한반도의 대외 관계 설정에 관여한다는 구상을 하고 있었다. '조선 중립화'를 의미하는 이런 발상은 1957년 10월 기시와 자와할랄 네루(Jawaharlal Nehru, 1889-1964) 인도 총리의 정상회담에서 확인된다. 그 자리에서 기시는 "조선은 영세중립적인 평화 국가로서 통일돼야 하"며, "아시아의 문제로서 일본이 주도권을 잡고 UN 각국을 그 방향으로 유도하도록 힘쓴다"라는 견해를 내놓았다. 비동맹·중립의 기수였던 네루 총리에게 던지는 화두였던 셈이다.

외무성은 한반도 중립화가 일본의 이익에 부합한다고 판단했다. 한반도 전역과의 무역 관계 확보, 미국이 투입할 한국 부흥 원조에 따른 수익에 더해 중국의 UN 가입에 일조할 수 있다는 안보적 관점까지 들먹였다. 그런 의미에서 외무성으로서는 껄끄러운 이승만 정권과 성급히 국교 정상화를 타협할 생각이 없었다. 중립화 구상의 자세한 내막은 자료의 한계로 알기 어렵지만, 식민 지배와 전쟁이 종식되고 냉전의 그림자가 짙어지던 동북아시아에서 일본의 외교 당국은 통일 한반도의 미래상을 중립화로 가닥을 잡았음은 분명해 보인다. 당면한 경제적 이익에 더해 중국을 결부시킨 안보관까지 투영된 중립화, 90년 전 메이지유신 초기의 논의를 떠올리면 그 무게감과 함의는 실로 가볍지 않다.

'독립의 완성'을 꿈꿨던 기시에게 한국과 타이완을 끌어들이는 작업은 반공에 더해 '탈식민지화'라는 껄끄러운 과제까지 매듭짓는 방편이었다. 기시는 내각의 수반이면서도 외무성을 통한 물밑 작업 대신에 민간인이자 심복인 야쓰기와 같은 비공식 라인을 투입했다. 한국 쪽도 일본 외무성과의 공식 접촉이 중단된 시점에서 기시와 야쓰기만이 거의 유일한 대안이었다. 식민 지배 청산이 대동아공영권의 주창자인 A급 전범 용의자를 매개로 모색되는 상황, 이것이야말로 역사 문제로 양국 관계가 꼬이는 원점이 아닐까 싶다. 나아가 미국이야말로 과거 청산의 불철저와 한일협정 체결을 압박한 장본인이라는 사실을 놓쳐서는 안 된다.

기시의 독자적인 밀사 외교는 일본 내에 작지 않은 파장을 일으켰다. 외무성은 후지야마 아이이치로(藤山愛一郎, 1897-1985) 외상부터 실무 관료들까지 들고일어나 비선 외교를 비난했고, 야당인 사회당은 국회에서 이승만 정권에게 굴복한 '겁쟁이 외교'라며 목소리를 높였다. 한 사회당 의원은 국회에서 "일개 낭인을 한국에 보내 일본과 한국 간의 모든 것을 양보하며 관계를 맺는 것을 일본 국민은 바라지 않는다"라고 성토했고, 정무총감을 지낸 다나카 다케오(田中武雄, 1891-1966)는 "이승만에게 머리를 숙여 옛날 일을 사과할 필요가 없다"라고 공격했다.

이에 대한 야쓰기의 비판은 더욱 가관이다. 일본의 '한일 친선 반대파'에는 식민지 시절에 조선에 머물며 "조선인은 힘으로 눌러야 한다"라는 생각을 지닌 '무단통치파'와, 평화선으로 피해를 본 어업 관계자와 같이 "조선인의 응석을 받아주면 안 된다"라는 강경파가 있는데, "이들은 전후의 일종의 정한론자다"라고 맞받아쳤다. 식민 지배가 끝난 시점의 일본에서 들먹여지던 정한론은 겨우 이런 정도의 수준이었다. 구보타의 발언은 결코 망언이 아니라 '상식'이었다고 봐야 한다.

이렇듯 기시가 공을 들인 한일 수교의 시도는 안팎의 세찬 반발에 직면했다. 후지야마와 외무성에 더해 북한까지 훼방꾼으로 등장했기 때문이다. 북한과 일본 외무성이 보조를 맞춘 것 같은 카드는 이른바 '북송'이었다. 그 경과는 전후 한중일 관계의 빅뱅이나 다름없다.

1958년 8월 한 재일코리안이 김일성에게 귀국을 희망한다는 편지를 보냈다. 9월 8일 조선민주주의인민공화국 창건 10주년 경축 대회에서 김일성은 재일코리안을 받아들이는 것이 '민족적 의무'라며 환영 메시지를 발했다. 독재국가인 한국 대신 사회주의국가인 북한을 지원하던 사회당은 당 차원에서 지지 의사를 밝혔다. 11월에는 하토야마 전 총리, 사회당 위원장과 공산당 서기장까지 망라해 '재일조선인귀국협력회'가 조직됐고, 지역에서는 지지 결의와 의견서 채택으로 붐을 일으켰다.

해가 바뀌어 1월의 국회에서 후지야마 외상은 재일코리안의 북한 귀환을 검토하겠다는 발언을 내놓았다. 일본이 양보해도 평화선 폐지를 포함해 한국과의 협상이 유리해지기 어렵다고 판단해 한일 관계를 희생하더라도 북송을 단행하겠다는 발상이었다. 《마이니치每日신문》이 사설에서 "보내는 쪽도 보내지는 쪽도 만족"이라 썼듯이 여론도 대체로 찬성 쪽이 강했다. 야쓰기와 친한파 의원들은 단연 북송 반대를 외쳤다.

결전의 장은 북송 승인 여부를 논의하는 각의였다. 한일회담 와중이므로 한국 정부의 양해를 구해야 한다는 친한파의 주장은 이미 기시 총리에게 전달된 터였다. 하지만 2월 13일의 각의에서 내려진 최종 결정은 북송 허용이었다. 사직서까지 꺼내 보인 후지야마 외상의 기세에 눌린 모양새였다. 각의의 결정에 따라 외무성은 북송이 인도주의의 문제라는 차원에서 활발하게 홍보 활동을 전개했다. 개인의 자유의사에 따른 '임의 귀환'이며, 한국의 주권을 침해한 것도 아니며 한국 정부에 대한 비우호적 행위도 아니라는 논리였다.

사실 후지야마 외상의 북송 용인과 강행은 중일 관계 개선이라는 외교적 셈법과 맞닿아 있었다. 1958년 5월 나가사키시에서 중국 국기 훼손 사건이 벌어지자 중국은 기시를 군국주의자라고 비난하며 무역 단절을 선언했다.[98] 1959년의 일본에서 중국 문제는 뜨거운 쟁점이었다. 일본상공회의소 회장에서 외상으로 발탁된 후지야마에게 대중 외교는 경제 교류가 목적이었는데, 그 기반부터 송두리째 무너지고 있었다. 사회당뿐만 아니라 자민당의 이시바시도 중일 관계 개선을 위해 기시의 퇴진을 주장할 정도였다. 후지야마에게는 대북 무역(철광석과 석탄 수입)을 마중물로 삼아 대중 무역을 재개시키는 것이 현실적인 선택이었다.

중일 관계 악화에 따른 지지율 하락에다 당내 기반까지 취약했던 기시 정권으로서는 정책의 우선순위를 부여할 수밖에 없었다. 미일안전보장조약 개정은 후지야마에게도 기시에게도 최대의 관심사였고, 국민 여론을 생각하면 북송을 불허하고 독재와 반일로 평판이 나쁜 이승만 정권을 끝까지 비호하기 어려웠다. 미일안전보장조약 개정이 대미 종속을 강화한다는 우려 속에서 북송을 허용함으로써 '대미 자주'의 구색을 갖추려 했다는 지적도 가능하다.

당연히 기시의 '배신'은 이승만 정권에게 충격이었고 반발은 격렬했다. 후지야마의 국회 발언은 한국의 주권을 무시한 처사이며, 북송을 추진하면 한일회담이 치명적인 타격을 입게 될 것이라고 경고했다. 이승만 정권에게 북송은 한일회담에 대한 훼방이자 한일 간을 이간질하는 책동이며, 북한의 힘이 보강되는 동시에 북한 정권의 승인으로 이어질지 모른다고 여겨졌다. 2월 15일 자《동아일보》의 분석 기사는 북송을 용인한 일본의 의도를 꿰뚫고 있었다.

> "한국 없이는 살 수 있지만 (……) 중국(본토) 없이는 살 수 없다!"
> 이것이 일본에서 최근 갑자기 대두한 소위 '통상 확대론'자들의 구호다. (……)
> 중공(中共, 수교 이전의 중국)과의 통상을 구체화시킴에 앞서 북한 괴뢰와의 정치적인 제휴를 꾀한다는 것은 참으로 적절하고도 어쩔 수 없는 일본의 나갈 길이라고 "대공산권 외교의 적극론자"들은 외쳐왔던 것이다.

2월 21일 서울에서는 여야와 사회단체에서 모인 10만 명이 북송을 반대하는 궐기대회를 열었다. 6월 16일 한국 정부는 대일 통상 중단을 선언했다.

사실 1959년 초의 한국은 이른바 '보안법 파동'으로 몸살을 앓고 있었다. 1958년 12월 집권 자유당은 비판 세력과 여론 통제를 위해 경위권까지 발동하며 국가보안법 개정안을 통과시켰고, 모든 가두시위를 금지했다. 이승만은 불출마 발언을 뒤집으며 4선 출마 의사를 밝혔다. 이런 여야의 극한 대치 와중에 10만 명이 운집해 북송을 성토하는 광경은 '반일'과 결부된 '반공'이 '민주주의'에 우선했던 시대상을 잘 대변한다.

이후에도 이승만 정권은 한일회담의 존속 여부를 걸고 북송 저지에 나섰다. 8월 12일 도쿄에서는 국교 정상화와 북송을 다루는 한일 간의 담판이 열렸다. 한국 측은 북송 문제 해결과 함께 회담 성공의 조건으로서 한국을 유일한 합법 정부로 인정하며 일본이 서방 진영의 일원임을 보장해줄 것을 제시했다. 분단 문제를 한일회담 석상에 직접 연루시킨 것이다. 일본은 북송과 한일회담의 분리를 주장했다. 양측의 접점은 전혀 없었고, 12월 14일 첫 북송선이 니가타新潟를 출항했다.

북송의 경과와 귀결은 대단히 복잡하지만, 위 논의를 바탕으로 주목해야 할 점은 남북 분단이 식민 지배 청산에 그림자를 드리우게 됐다는 사실이다. 한국을 한반도(일본은 조선, 영문은 Korea)의 유일한 합법 정부로 규정한 한일기본조약 제3조로 이어지는 단초가 북송 문제를 전후해 대두된 것이다. 식민 지배 청산이 분단 고착화로 연결되는 맥락, 이것이 기시가 초석을 놓은 전후 한일 관계의 또 다른 화근이었다.

한일 보수의 유착

퇴임 후의 기시와 한국을 연결하는 인물은 다름 아닌 박정희(朴正熙, 1917-1979)다. 쿠데타 직후였던 1961년 11월 박정희는 미국을 방문하던 길에 도쿄에 들렀다. 일제강점기에 일본육군사관학교 재학 시절 이후 처음이자 마지막으로 밟은 일본 땅이었다. 기시가 주최한 환영회에서 박정희는 유창한 일본어로 "메이지유신 때 지사의 마음으로 해볼 것"이라고 운을 뗐다. 이어 자신은 요시다 쇼인과 다카스기 신사쿠를 존경한다고 밝히며, '형님'으로서 일본이 국가 건설과 한일 관계 정상화를 위해 도와야 한다고 호소했다. 기시는 "국민의 박수를 받는 조약을 만들려고 하면 진정한 국교 정상화가 이뤄지지 않는다"라고 조언했다. 미일안전보장조약 개정을 강행한 정치가다운 표현이었다.

기시를 뒤이은 것은 이케다 하야토(池田勇人, 1899-1965) 내각이었다. 이케다는 경제 관료 출신으로 요시다 시게루의 보수본류 노선을 충실히 승계해 개헌과 재무장보다는 경제에 주력하며 고도성장을 일궈냈다. 반면에 한일 수교에는 소극적이었다. 그런 상황에서 기시는 자민당 내의 '일한문제간담회'(1961년 4월 발족) 좌장 이시이 미쓰지로(石井光次郎, 1889-1981)와 함께 자민당을 독려하고 외교라인을 움직이며 한일 국교 정상화에 총력을 기울였다. 이시이는 관료를 지낸 다음 《아사히朝日신문》에 입사해 전무까지 지냈으며 전후에 정계에 진출했다.

1965년 6월 한일협정 체결은 친한파 기시에게 날개를 달아준 격이었다. 기시는 1969년 2월 한일 간의 "친선 우호와 상호 이해를 도모"한다는 목적으로 한일협력위원회(이하 위원회)를 직접 조직하고 평생 회장으로 재임했으며(후쿠다, 나카소네를 거쳐 2013년부터 아소 다로가 회장), 사무국장은 야쓰기였다. 위원회는 5억 달러(무상 3억, 유상 2억)에 이르는 막대한 자금을 매개로 한일 양국의 정·재계가 '이익 공동체'를 구축하도록 돕는 거간꾼을 자임했다. 일본의 정치가는 각종 물자를 일본 기업에서 조달하는 임무를 맡았으며, 한국에서 어느 기업에 배분할지 결정하는 것은 한국 정치가의 몫이었다. 불행하게도 '한강의 기적'은 군국주의자와 군사독재 정권의 검은 야합을 도약대로 삼아 이뤄졌다.

위원회의 모델은 1957년 3월에 발족한 일화日華협력위원회였다. 역시나 산파역은 야쓰기였다. 그는 1956년 봄 당시 "중공으로 중공으로'를 외치며 초목마저 나부끼는 상황"이던 일본 정계의 중국 중시론을 견제하고자 재계 거물인 후지야마를 끌어들였다. 야쓰기의 회고에 따르면 요시다는 후지야마가 타이완 문제를 담당하고 "한국 문제는 지리적으로 가까운 야마구치현 출신의 기시 군이 주가 됐으면 좋겠다"라는 얘기를 했다고 한다. 기시는 일찍부터 한국 문제를 전담하도록 안배됐던 것이다.

이케다는 도쿄 올림픽을 은퇴 무대로 삼아 퇴진 준비에 들어갔다. 그런데 대회 기간에 중국이 핵실험에 성공했다는 소식이 날아들었다. 중국 문제를 놓고 자민당 의원들은 두 갈래로 나뉘었다. 하나는 1964년 12월에 결성된 아시아문제연구회(이하 A연) 그룹이고, 다른 하나는 1965년 1월 닻을 올린 아시아·아프리카문제연구회(AA연) 그룹이다.

이케다는 자신의 후임으로 기시의 친동생 사토를 지명했다. 핵무기를 보유하게 된 중국과의 외교 방침을 놓고 사토 정권의 정책을 견제하고자 자민당 내의 친타이완파가 궐기했다. 이시이와 가야 오키노리(賀屋興宣, 1889-1977) 등이 주역이었다. 가야는 기시와 마찬가지로 도조 내각의 각료였던 탓에 A급 전범으로 종신형을 선고받았으며, 기시와 함께 자민당의 대표적인 반공 우파·매파였다. A연의 핵심 주장은 중국의 UN 가입을 인정하지 않으며, 일본의 국익을 위해 타이완을 지켜야 하며, 중국과의 무역은 정경 분리 원칙에 따르면서도 한국과 타이완 이상의 우대를 하지 않는다 등이었다. 철저한 반중파였으며, 기시도 여기에 속했다.

반면에 후지야마와 우쓰노미야 도쿠마(宇都宮德馬, 1906-2000) 등이 이끈 AA연은 A연과 정반대였다. 중국을 UN에 가입시켜 아시아의 긴장을 완화하며, 대사급을 포함한 정부 간 접촉이 필요하고,

무역은 확대해야 한다고 주장했다. 젊은 중의원 의원이 주력이었는데, 기시 계열 의원은 한 명도 없었다. 후지야마는 1970년 12월 일중국교회복촉진연맹을 결성해 중일 수교 실현에 정력적으로 임했다.

A연과 AA연은 중국 문제로 날카롭게 대립한 것과 마찬가지로 한반도 문제의 지향점도 판이했다. AA연의 리더 중 한 명인 우쓰노미야는 한국의 민주화를 지원하는 활동에 힘을 쏟았으며, 당연히 박정희보다는 김대중과 친분이 두터웠다. 삼일운동 때의 조선군 사령관이던 아버지 우쓰노미야 다로(宇都宮太郎, 1861-1922)는 육군을 주무르던 조슈 계열에 맞섰으며, 한일 병합이 잘못이라는 견해를 지녔다. 공산당에 입당했다가 전향한 아들은 전후 북한과 빈번하게 접촉하고 평화와 군비 축소를 부르짖었다. 그런 면에서 우쓰노미야는 이시바시를 잇는 자주적 중립 외교를 지향했다고 볼 수 있다.

박정희는 한일 양국의 '우호'와 '발전'에 이바지했다며 1970년 6월에는 기시와 이시이에게, 10월에는 야쓰기에게 수교훈장의 최고 등급인 광화장을 수여했다. 기시는 박정희의 국장 때 조문 사절단의 단장으로 방한했고(1983년 야쓰기의 장례식 때도 장례위원장), 1980년 9월 1일 전두환 대통령 취임식에도 야쓰기와 함께 참석했다. 1977년 10월 28일 자《경향신문》은 야쓰기와 우쓰노미야의 동정을 전하면서 각각 "친한 그룹 유력자"와 "친북괴파의 대표급 의원"으로 평가했다.[99]

수교 이후 한일 관계의 무대 뒤에서는 야쓰기에 버금가는 비선들이 암약했다. 그중 한 사람이 세지마 류조(瀬島龍三, 1911-2007)다.

세지마는 육사를 차석으로, 육군대학을 수석으로 마친 당대 최

한일 외교, 일본의 잘못된 선택

고의 전략가였다. 패전 후 11년의 시베리아 억류 생활을 마친 뒤에는 일본 굴지의 종합상사 이토추伊藤忠에 입사해 회장을 거쳐 고문까지 지냈다. 군사 대국에서 경제 대국으로 변모하는 일본의 궤적은 그의 삶과 일치하며, 한일 관계의 뒤틀린 실태도 어른거린다.

세지마는 육사 57기에 해당하는 박정희의 13년 선배다. 박정희의 쿠데타와 대통령 취임으로 그는 '현해탄의 밀사'로 데뷔하게 된다. 자신이 군인에서 샐러리맨으로 변신했듯, 바다 건너 육사 후배에게는 수출 드라이브와 압축 성장 전략, 종합상사 등의 아이디어를 제공했다. 자신의 회고록(『기산하幾山河』, 후소샤扶桑社, 1995년)에서 박정희에게 "자신에게 엄하고 신중하면서도 높은 견식과 리더십을 발휘했다"라며 칭찬을 아끼지 않았다.[100]

전두환 집권기에는 1982년 11월 집권한 나카소네 총리의 인재로 있으면서 조정자 역할을 이어갔다. 역사 교과서 파동으로 인한 관계 경색을 풀고자 세지마는 삼성에 근무하던 시절부터 교분이 있던 민정당 사무총장 권익현(權翊鉉, 1934-2017)에게 주선을 의뢰했고, 1983년 1월 나카소네는 일본 총리로서 처음으로 한국 땅을 밟았다. 뒤이어 세지마는 올림픽 유치를 조언하고 협력했으며, 노태우의 일본 방문 때에도 막후 교섭을 담당했다.

세지마와 전두환 사이에 다리를 놓은 사람으로서 권익현 외에 삼성 창립자 이병철도 빼놓을 수 없다. 전두환은 이병철 회장의 장남 이맹희와 어릴 적 친구이며, 권익현과는 육사 동기다. 세지마의 회고록은 "이병철 회장으로부터 연락이 와서 한번 은밀히 방한해 군의 선배로서 전두환, 노태우 두 장군을 격려하고 조언해줬으면 한다"라면서 한일 정·재계 유착의 대물림을 전한다. 세지마는 1987

년 이병철의 영결식 때 해외 우인 대표로 조사를 했다.

1980년대 중반 이후 기시 등이 주도했던 '친한'의 정체가 조금씩 폭로되기 시작한다. 대표적인 것이 나카소네 내각의 문부상 후지오 마사유키(藤尾正行, 1917-2006) 파동이었다. 1986년 후지오는 한 잡지에 실린 대담에서 "한국 병합은 합법적이며 한국의 책임도 있다"라는 발언으로 구설에 올랐다. 야당에서 비난이 일자 나카소네는 후지오의 사임을 요구했으나 받아들여지지 않자 파면했다(후지오는 정계에서 은퇴).

후지오는 이른바 친타이완파로서 한국과 인연은 없었으며, 일한의원연맹 소속도 아니었다. 왜 자민당 우파에 친한파가 많았을까? 그리 어려운 물음도 아니다. 후지오 파동이 한창이던 9월 9일의 《아사히신문》에는 다음의 답이 실려 있다.

> 그(일본 우파, 인용자) 대표 격이 일미협회[101]의 전현직 회장인 기시, 후쿠다(전 총리인 후쿠다 다케오, 인용자) 두 사람이며, 한일 국교 정상화가 미국의 강한 압력 아래 실현됐듯이 '한일 우호'는 원래 미국을 중재자로 삼아 성립됐다.
>
> 친미 우파는 '반공'의 요새로서의 한국을 존중하고, 과거에 대한 본심은 제쳐주며 한국의 환심을 사고자 해왔던 것이 아닐까? 친한파에는 그런 영합론이 관찰된다. 그 점에서 도쿄재판이나 원폭 투하 등으로 미국에게도 준엄하게 비판을 가한 후지오 씨는 '친미'에 구속되지 않았던 만큼 우파 본류의 저류에 흐르는 한국 멸시적인 속내를 가볍게 털어놓을 수 있었다고도 보인다.

한국은(정확히는 한국의 보수는) "일본 우파의 체질을 알면서도 '반공'의 동지 또는 경제 원조의 산파역으로서 이것을 이용해왔"던 것이다. '한일 보수 유착'이라 불러 마땅하다. 이런 양국 보수파의 밀월 관계는 한국의 민주화 및 역사 문제의 쟁점화를 계기로 서서히 파열음을 일으키게 된다. 1990년대의 한일 관계는 식민 지배의 역사 청산을 둘러싸고 완전히 새로운 국면에 접어든다. 그런 상황 아래서 일본 보수의 재결집이라는 중책을 떠맡게 된 것이 아베였다.

아베 신조와
한중일 관계

'보수 왕국'의 적장자 아베 신조

2019년 7월 21일, 일본에서는 참의원 선거가 열렸다. 3년마다 참의원 의원의 절반을 물갈이하는 정치 이벤트는 투표율 50퍼센트를 밑도는 저조한 관심 속에서 치러졌다. 최대 쟁점은 자민·공명 양당에 일본유신회를 합친 이른바 '개헌 세력'이 3년 전과 마찬가지로 2/3 의석을 확보하느냐였다. 개헌안은 중의원과 참의원에서 2/3의 찬성으로 발의되기 때문이다. 일본 국민은 2/3에는 미치지 못했지만, 절반을 훌쩍 넘는 의석을 아베에게 안겨줬다. 12년 전 제1기 내각의 치명타가 됐던 참의원 선거 패배는 그의 뇌리에 없는 듯했다. 게다가 2019년 11월 20일 이후 역대 최장수 총리 기록을 연일 경신하고 있다.

참의원 선거가 끝나고 아베는 8월 15일을 전후로 갖는 최대 명절인 오봉ぉ盆 기간에 고향인 야마구치현을 찾았다. 8월 12일에는

다부세초田布施町에 있는 외할아버지 기시의 묘소를 참배했다. 다음 날에는 나가토시에 있는 아버지 아베 신타로의 묘소를 찾아서는 "국회에서 헌법 논의를 이제 본격적으로 진행해나갈 때를 맞이했다고 보고했다"라는 얘기를 기자에게 전했다.

아베가 기시의 묘소를 찾았다는 뉴스는 자주 외신을 장식했다. 2015년 9월 22일 아베는 시즈오카현의 한 공원묘지에 모습을 드러냈다. 외할아버지와 아버지의 유골을 나눠 조성한 묘소를 참배한 것이다. "국민의 생명과 평화로운 생활을 지키기 위한 법적 기반이 정비됐다는 것을 보고"했다고 보도는 전한다. 법적 기반의 정비는 2014년 7월의 집단적자위권에 관한 헌법 해석 변경에 뒤이어 2015년 7월과 9월 중의원과 참의원에서 '안보법제'가 가결된 것을 가리킨다. 야당이 명명한 대로 이 '전쟁법'이 제정됨으로써 일본은 미일동맹에 입각한 전쟁을 수행할 수 있게 됐다. '전쟁국가 일본'이 탄생했다는 보고를 외손자는 외할아버지의 영전에 올렸던 것이다.

나가토시의 아베 가家 묘소에는 아베의 할아버지인 아베 간(安倍寛, 1894-1946)도 잠들어 있다. 그런데 그 어디에서도 아베가 할아버지의 묘소를 찾았다는 보도는 찾을 수 없다. 아베 간에 대한 언급조차 전무한 지경이다. 이런 태도는 아버지와도 구별된다. 《마이니치신문》 기자 출신으로 정계에 입문했던 아베 신타로는 기시의 장녀인 요코(洋子, 1928-)와 결혼했음에도 주위 사람들에게 '나는 기시의 사위가 아니라 아베 간의 아들'이라 얘기했다고 한다.

아베 간은 기시와 동년배에 해당하며, 도쿄제국대학을 졸업한 엘리트였다. 하지만 이후 두 사람이 걸어간 길은 전혀 달랐다. 관료로서 승승장구하던 기시가 진주만 습격 때 도조 내각의 상공대신으로서 침략 전쟁의 선두에 섰다면, 지방의원을 거친 아베 간은 1937년 중의원 의원으로 당선된 이래 의회에서 전쟁을 반대하고 평화를 외쳤다. 전시기에 중의원 의원이 되기 위해서는 나치를 본떠 결성된 대정익찬회大政翼贊會의 추천이 필수였지만, 사실상 정치 신인이던 아베 간은 무소속으로 당선되는 기염을 토했다. 그는 도조 내각의 퇴진을 요구하고 전쟁의 조기 종결을 주장하는 올곧음을 이어갔으나, 패전 후 제1회 총선거 출마를 준비하던 도중에 심장마비로 세상을 떴다. 반면에 전후 기시는 A급 전범 용의자로서 투옥됐다가 불기소 처분으로 방면됐고, 1957년 총리에 올라 '대국' 일본의 부활을 꿈꾸며 미일안전보장조약을 개정한 뒤 정계를 떠났다.

참고로 아베 간의 부인은 1894년 7월 경복궁 점령을 지휘한 오시마 혼성제9여단장의 외손녀였다. 조슈의 무사 출신인 오시마는 대장까지 진급한 조슈 파벌이었으며, 1905년부터 관동주(關東州, 뤼순·다롄과 남만주철도 연변을 합친 영역) 도독을 지냈다. 직계는 아니지만, 아베의 고조부는 조선의 국토와 왕실을 유린하고 안중근 의사의 사형을 집행한 책임자였다. 하지만 아베 간의 결혼 생활은 오래가지 못했다. 아들 신타로가 태어나고 80일 만에 이혼한 뒤 평생 독신으로 지냈다.

아베는 같은 정치가이면서도 평화주의자였던 할아버지와 군국주의자로 일관했던 외할아버지 중에 후자를 선택했다. 할아버지를 애써 지우려는 손자의 모습을 선거구의 한 지지자는 다음과 같이 표현한다.

분명히 신조 씨는 기시 씨의 피를 잇고 있지만, 아베 가의 할아버지는 간 씨

아베 신조와 한중일 관계

이며, 전쟁 중에 도조 히데키에게 반대하며 비추천(대정익찬회의 추천을 가리킴, 인용자)을 관철한 대단한 사람이었지. 그런 말을 해주고 싶은데, 신조 씨와 얘기를 나눠도 기시, 기시만 입에 올리는 거야.

사실 외할아버지 기시의 정치적 자산은 막강하다. 무엇보다 집안 내력만 봐도 그렇다. 옆에 있는 가계도의 굵은 글씨는 총리에 취임한 사람임을 가리킨다.

기시는 기시 가家에서 입양된 사토 히데스케의 세 아들 중 둘째로 태어났으나(장남 이치로[市郎, 1889-1958]는 해군 중장), 아버지의 친형 기시 노부마사가 요절하자 중학생 때 양자로 들어가서는 나중에 사촌 동생인 요시코와 결혼했다. 기시는 1남 1녀를 뒀는데, 장녀는 아베 신타로와 결혼했다. 삼남인 사토 에이사쿠 또한 사촌인 히로코(寬子, 1907-1987)와 결혼하고 사토 가의 본가인 쇼스케의 대를 이었다. 철도 관료 출신인 사토는 1949년 선거에서 위원이 된 다음 줄곧 정계 실력자로 군림했으며, 1964년 11월부터 1972년 7월까지 총리를 지냈다. 재임 중 한국과 국교를 수립하고 오키나와 반환을 성사시켰다. 하지만 매파였던 친형과 달리 '비핵 3원칙'(갖지 않고, 만들지 않고, 반입하지 않는다)을 제창했으며, 이것을 계기로 1974년 노벨평화상을 수상했다. 참고로 히로코의 외삼촌은 야마구치현 출신으로 대미 개전 직전에 외상을 지낸 마쓰오카 요스케(松岡洋右, 1886-1946)이며, 패전 후 A급 전범으로 소추돼 공판 중 병사했다.

기시 가와 사토 가 사이의 복잡한 입양 관계는 지금도 작동한다. 아베의 동생 노부오(信夫, 1959-)는 태어나자마자 외삼촌 기시 노부카즈(岸信和, 1921-2017)의 양자로 들어갔다. 상사원 생활을 거쳐

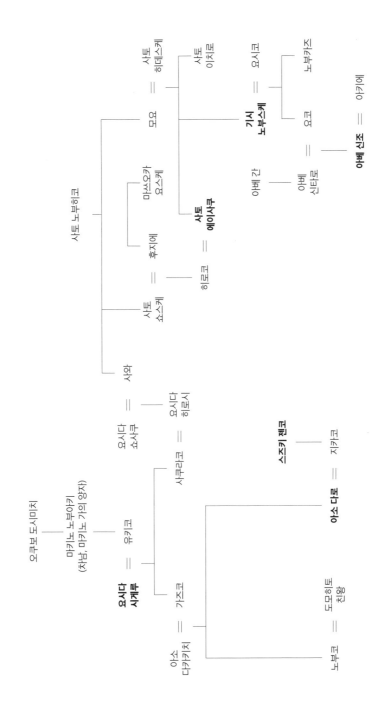

== 혼인

2004년 참의원 의원으로 정계에 입문한 뒤 2012년부터 중의원 의원을 지내고 있다.[102] 아베 노부오 또한 형과 마찬가지로 도쿄 출생이지만 선거구는 야마구치현에 있다. 아베 신조는 아버지가 1967년부터 연속으로 당선된 선거구를 물려받아 1993년에 중의원 의원이 됐으며, 아베 노부오는 조부 형제의 선거구를 발판으로 정계 입문에 성공했다. 그래서 야마구치현은 자민당 같은 보수 정당이 선거에서 흔들림 없이 우위를 점하는 이른바 '보수 왕국'의 하나다.[103]

또한, 기시와 아베의 지근거리 인맥에는 근현대 일본의 핵심 권력층이 대거 등장한다. 메이지유신 3걸 중 한 명인 오쿠보의 차남은 양자로 보내져 마키노 노부아키(牧野伸顯, 1861-1949)가 됐고, 여러 대신을 역임하며 쇼와 천황의 최측근으로 영향력을 발휘했다. 마키노의 사위는 7년간 총리로 재직하며 전후 일본과 보수본류의 기틀을 닦은 요시다였다. 요시다의 외손자 중 한 명은 후쿠오카의 탄광 재벌 출신으로 2008년 9월부터 이듬해 9월까지 총리를 지낸 아소 다로(麻生太郎, 1940-)이며, 부인은 1980년대 초에 총리를 지낸 스즈키 젠코(鈴木善幸, 1911-2004)의 딸이다. 아소는 아베의 먼 친척이며, 지금도 아베 내각의 든든한 버팀목이 되고 있다. 그리고 아소의 여동생은 현 천황의 당숙인 도모히토(寬仁, 1946-2012) 친왕과 결혼했다.

이렇듯 아베는 가히 일본 최고 명문가의 일원이다. 부인 아키에(昭惠, 1962-) 또한 제과업계의 노포 모리나가森永제과 창업자 집안 출신이다. 그런 화려한 족보를 앞세우며 기시의 외손자는 '헤이세이平成'를 거쳐 '레이와令和'에도 '대국' 일본의 부활 작업을 강행하려 한다.

아베 신조, 우경화의 히든카드

아베는 한일 양국의 국내 정치, 국제 관계 모두가 커다란 소용돌이에 휩싸이던 1993년에 정치가의 길을 선택했다. 냉전 체제가 해체되는 세계사적 흐름 아래 한국과 일본에서는 일본군 '위안부'를 위시한 역사 인식 문제가 외교 쟁점으로 급부상했다. 일본에서는 내각불신임안이 통과될 정도로 자민당의 독주 체제가 흔들리고 있었고(6월), 한국에서는 30년 만에 문민 대통령이 탄생했다(2월).

7월 18일 실시된 중의원 총선거는 '55년 체제'가 막을 내리는 기념비적 정치 이벤트였다. 자민당은 과반 점유에 실패했지만, 아버지의 선거 기반을 이어받은 아베는 4명의 당선자 중에서 득표율 1위를 기록했다. 1992년 1월의 한국 방문에서 일본군 '위안부' 문제에 대해 "가슴 깊은 유감과 사과"를 표명했던 미야자와 기이치(宮澤喜一, 1919-2007) 내각은 보수본류이자 비둘기파 정권답게 유종의 미를 거뒀다. 퇴진을 앞둔 8월 4일 고노 요헤이(河野洋平, 1937-) 관방장관은 일본군 '위안부' 문제에 일본군이 관여했음을 인정한 '고노 담화'를 발표했다.

8월 9일 일본신당을 위시한 야당 총출동의 연립 정권으로서 호소카와 모리히로(細川護熙, 1938-) 내각이 출범했다. 다음 날 호소카와 총리는 기자회견에서 태평양전쟁에 대해 "나 자신은 침략 전쟁이었다, 잘못된 전쟁이었다고 인식하고 있다"라고 밝혔다.

자민당은 창당 이래 처음으로 야당으로 전락하는 굴욕을 맛봐야 했으며, 정치적 패배는 역사 인식의 영역에까지 비화하는 듯 보였다. 보수 우파로서는 좌시할 수 없는 국면이었다. 8월 23일 자민당 내 조직으로 '역사검토위원회'가 설치된 것은 '역사전쟁' 반격의

아베 신조와 한중일 관계

첫걸음이었다. 위원장 야마나카 사다노리(山中貞則, 1921-2004)를 비롯해 국회의원 105명이 역사검토위원회에 참가했다. 야마나카는 친타이완파 정치가로서 타이완과의 국교가 단절되던 1973년, 후지오 마사유키와 함께 일화日華관계의원간담회를 조직한 인물이다 (1997년 초당파 의원 모임인 일화의원간담회로 확장됐으며, 2019년 5월 현재 287명이 소속돼 있다). 초선 의원이던 아베도 위원의 한 사람으로 이름을 올렸다.

역사검토위원회는 1993년 10월부터 1995년 2월까지 20회의 연구회를 거듭한 끝에 『대동아전쟁의 총괄大東亞戰爭の総括』(덴덴샤展轉社, 1995년 7월)을 내놓았다. 간행 취지는 다음과 같다.

> 호소카와 총리의 '침략 전쟁' 발언이나 연립 정권의 '전쟁 책임 사죄 표명'의 의도 등에서 보이듯이 전쟁에 대한 반성이라는 이름 아래 일방적이고 자학적인 사관의 횡행하는 것은 간과할 수 없다. 우리는 공정한 사실史實을 토대로 한 일본인 자신의 역사관 확립이 긴급한 과제라고 확신한다.

여기서 연립 정권의 '전쟁 책임 사죄 표명'은 1994년 6월 자민당과 사회당이 합쳐 탄생한 무라야마 도미이치(村山富市, 1924-) 총리의 언명을 가리킨다. 사회당 무라야마 총리는 종전 50주년을 맞아 정부 방침으로서 과거사에 대한 국회 결의를 추진하겠다고 밝힌 터였다. 국회 결의는 중의원만 통과됨으로써 의미가 반감했으나, 1995년 8월 15일의 '무라야마 담화'는 "국책을 잘못 세워 전쟁의 길을 걸어가 국민을 존망의 갈림길에 빠트리고 식민 지배와 침략 때문에 많은 나라 특히 아시아 각국 사람들에 대해 큰 손해와 고통을 줬"다고 선언함으로써 아시아에 대한 사죄의 '결정판'이라는 평가를 받는다. 그런 연장선에서 1996년 6월에는 문부성(당시)의 검정을 통과한 중학교 역사 교과서 7종에 일제히 일본군 '위안부'에 관한 기술이 실렸다.

보수 우파의 위기감은 최고조에 달했다. 맞대응을 위한 진용이 새롭게 대대적으로 꾸려졌다. 1997년 1월 30일 역사 교과서 문제를 전담하는 조직으로 '새 역사 교과서를 만드는 모임' 즉 새역모가 출범했다. 그리고 정계에서 2월 27일 나카가와 쇼이치(中川昭一, 1953-2009)를 대표로 하는 '일본의 전도와 역사교육을 생각하는 젊은 의원 모임'(이하 역사모임)이 발족했다. 여기서부터 아베의 본령이 발휘된다.

아베의 역사관과 우파적 가치관은 역사모임 사무국장을 맡으면서 확고해졌다. 일본군 '위안부' 문제와 같은 부정적 측면을 가르치면 "대단히 비뚤어진 어린이가 나타날 수 있"으니 역사 교과서에 실어서는 안 된다고 주장했다. 2009년 10월 든든한 맹우로 여겼던 나카가와의 장례식 때 우인 대표로서 아베는 "자학적인 역사관을 바로잡고 아이들이 일본에서 태어난 것에 자긍심을 가질 수 있는 교육으로 바꾸겠다는 일심으로 교과서 문제에도 노력했다"라는 조사를 낭독했다. 아베는 보수 정치가 중 누구보다 강경한 역사수정주의자다.

역사모임의 면면을 보면 지금껏 아베의 최측근으로 활동하는 정치가가 적지 않다. 가령 2019년 9월 개각이 이뤄졌는데, 간사장 에토 세이이치(衛藤晟一, 1947-)는 오키나와 및 북방 담당 대신, 간사장 대리 다카이치 사나에(高市早苗, 1961-)는 총무상, 위원 스가 요시

아베 신조와 한중일 관계

히데(菅義偉, 1948-)는 제2기 내각 내내 관방장관 자리를 지키고 있다. 부간사장 후루야 게이지(古屋圭司, 1952-)와 사무국장 대리 시모무라 하쿠분(下村博文, 1954-)은 각각 국가공안위원장(납치와 방재 겸임)과 문부과학상을 지냈다. 역사모임은 아베 내각의 산실이라 봐도 무방하다.

아베의 특징 중 하나는 '좌익'과 '리버럴'에 대한 적대감이 남달리 강하다는 점에서 찾을 수 있다. 공저의 형태로 낸 첫 저서『'보수혁명' 선언』(겐다이쇼린現代書林, 1996년)의 부제가 '안티 리버럴의 선택'이라는 부제를 달고 있듯이, 그의 사상은 보수라기보다 안티 좌익에 가깝다. 한 대담서(『이 나라를 지키는 결의この國を守る決意』, 후소샤扶桑社, 2004년)에서 "출발은 '보수주의' 그 자체에 끌렸다기보다 오히려 '진보파' '혁신'이라 불리던 사람들이 미심쩍다는 것"이라고 밝혔다. '미심쩍음'의 내용은 다음과 같다.

> 그런 사람들은 예를 들어 자국의 일인데도 일본이 안전보장 체제를 확립하려는 것을 저지하려고 한다든지 또는 일본의 역사관을 업신여기거나 자랑스럽게 여기지 못하게 하는 행동을 보입니다. 그러면서도 일본과 적대하는 나라에게 강한 공감을 보낸다든지 그런 나라 사람들이 일본 정부에 소송을 제기하도록 부추기는 운동을 다양하게 전개하고 있습니다.

따라서 아베는 일본의 교원 노조인 일교조日敎組와《아사히신문》은 눈엣가시로 여기며 노골적인 적대감을 드러낸다.

역사 인식의 쟁점화와 더불어 일본의 보수 정치에는 대국주의화를 추동하는 새로운 바람이 불어닥쳤다. 신자유주의라는 말로 표현되듯이 냉전 해체에 따라 경제의 세계화가 획기적으로 진전됐다. 급작스럽게 확장된 세계 시장의 유일한 '경찰관'으로 군림하게 된 미국은 일본에 동북아의 군사적 파트너로서의 역량 강화를 주문· 압박했다. 1990년대 이후 우리에게 익숙해진 우경화와 군사 대국화 는 이런 미국의 전략 설정과 연계해 이해할 필요가 있다. 자위대의 위상 강화와 활동 범위 확대는 1990년대 후반 이후 지속해서 추진 됐고, 9.11 사건으로 촉발된 대테러 전쟁은 일본 내에서 평화헌법 제9조의 개정을 향해 강력한 에너지를 공급하고 있다.

일본의 보수파는 아베에 대한 기대감으로 한껏 부풀었다. 때마 침 불거진 북한의 일본인 납치 사건은 아베의 최대 원군이기도 했 다. 《산케이신문》 기자였던 야마기와 스미오(山際澄夫, 1950-)의 저 서 『아베 신조 이야기安倍晋三物語』(고분샤21恒文社21, 2003년 9월)를 읽 고 올린 독자의 소감이 그런 분위기를 짐작케 한다.

> 자민당 간사장에 40대의 젊음, 당선 횟수 3회, 대신 경험 없음이라는 이례 를 거듭하며 취임한 아베 신조 씨의 출신, 사상이 남김없이 그려져 있다. (……) 그리고 아베 신조 씨가 지향하는 것은 진정한 의미에서의 일본의 독 립과 존엄을 지키기 위한 헌법 개정이라고 저자는 말한다. 납치 사건에서 일본이라는 나라는 국민조차 지키지 못하는 이상한 나라임이 밝혀졌지만, 이 위기에서 구해줄 사람은 다카스기 신사쿠의 한 글자를 받은 이 남자밖 에 없는 것 아닐까 생각했다.

이 글의 제목은 '이 남자가 일본은 구한다'였다.

아베는 2006년 9월 임기를 채우고 물러난 고이즈미 준이치로

(小泉純一郞, 1942-) 내각의 뒤를 이어 자민당 총재가 되고 총리에까지 올랐다. '전후 체제로부터의 탈각'을 부르짖는 전후 출생의 최연소 총리 탄생은 고이즈미 내각에서 두드러진 군사 대국화의 기운에 힘입은 바 컸다. 인도양으로 이라크로 잇달아 파병하는 자위대의 뉴스는 빈번하게 일본 국민의 귀에 전해졌다.

취임 직후 아베는 첫 외유 대상지로 중국과 한국을 선택했다. 고이즈미 정권 때 야스쿠니靖國신사 참배로 냉각된 중일·한일 관계 복원을 시도한다는 차원이었지만, 최강 매파라는 이미지를 누그러뜨리려는 의도도 있었다. 하지만 임기 내내 역사 갈등의 해법도 완화도 끌어내지 못했다. 오히려 이듬해 7월 미국 하원에서 일본군 '위안부' 문제에 관한 결의안이 채택됨으로써 안팎으로 적지 않은 타격을 입었다.

국내 정치에서는 강경 일변도로 임했다. 자학적인 역사교육을 바로잡자는 새역모 등의 요구를 받아들여 애국심과 전통을 강조하는 교육기본법 개정을 강행했으며, 방위청을 방위성으로 승격시켰다. 신임 총리의 소신 표명 연설에서는 51년 만에 개헌이라는 단어가 입에 올랐다. 헌법 개정을 위한 중대한 첫걸음도 내디뎠다. 중의원과 참의원의 2/3 찬성을 받아 개헌안을 발의하면 국민투표에 부쳐 과반수 찬성으로 성립되는데, 아베는 처음으로 국민투표의 틀을 정한 법률을 2007년 4월 제정했다. 하지만 미군과 공동으로 분쟁 지역에 자위대를 출동시키는 '집단적자위권'의 용인 문제는 제기 단계에 그쳐야 했다.

아베 제1기 내각은 1년을 채우고는 총사직하고 말았다. 2007년 7월의 참의원 선거에서 과반수를 밑도는 패배를 기록한 데다 총

　　　　　　　　　4부　일본 보수의 과거와 현재

리 자신의 병마로 퇴진한 것이다. 당시 언론의 평가는 '무책임' 또는 '중압을 견디지 못했다' 등이었다. 2년 뒤 자민당은 민주당에게 정권을 넘겨주고 야당으로 전락했다. 기시의 외손자는 아직은 도련님 수준을 벗어나지 못했던 것이다.

한중일 삼각관계의 엇박자

2012년 9월 아베는 자민당 총재 선거에 출마했다. 1차 투표에서 2위를 기록했으나 결선 투표에서 역전승을 거두는 저력을 과시했다. 창당 이래 전임 총재가 공백을 두고 재선에 성공한 첫 사례였다. 12월의 총선거에서는 대승을 거두며 정권마저 탈환하고 제2기 내각을 출범시켰다. 전임 총리가 공백을 두고 복귀한 것은 요시다 이후 처음이었다. '일본을 되찾자'라는 구호와 함께 돌아온 아베는 근육질의 정치가로 바뀌어 있었다.[104]

재차 총리 관저의 주인이 된 아베는 전임 내각에서 미완으로 끝난 숙제를 하나씩 풀어갔다. 2007년 좌절을 맛봤던 집단적자위권 용인은 2014년 7월의 각의결정으로 매듭을 지었다. 평화헌법 제9조의 해석을 변경하는 이른바 '해석 개헌'이 성사됨으로써 자위대의 활동을 제약하던 금제는 사라졌다. 이듬해 9월에는 집단적자위권을 행사하는 데 필요한 관련 법률을 갖추고자 '평화안전법제'를 통과시켰다. 시민 단체와 야당은 '전쟁법' 출현에 반대를 외쳤으나 아베는 아랑곳하지 않았다.

보수의 기대주 아베 정권의 마지막 과제는 평화헌법 제9조 개정이다. 2012년 4월 야당이던 자민당은 헌법 개정안을 발표했다.

아베 신조와 한중일 관계

평화헌법 제9조에 관해서는 육·해·공군의 불보유와 교전권 불허를 규정한 제2항을 삭제하고 총리를 최고 지휘관으로 하는 '국방군'을 보유한다는 내용을 신설하는 것이 골자였다. 제2기 아베 내각에서 개헌 움직임의 본격화는 2016년 7월 참의원 의석의 2/3를 차지하면서부터였다. 중의원 쪽은 이미 2014년 12월 선거에서 의석의 2/3를 확보한 상태였다.

2017년 5월 3일 헌법기념일에 맞춰 아베는 개헌 추진에 관한 새 방침을 내놓았다. 현행 헌법 제9조의 내용은 그대로 유지한 채 자위대를 명문화하는 표현을 삽입하겠다고 발표한 것이다. 아베 지지자들과 보수 언론은 개헌이 아니라 '가헌加憲'이라며 추임새를 넣었다. 이미 무라야마 내각 때 자위대의 합헌이 천명됐다는 사실을 떠올린다면 아베의 자위대 명문화 방침은 분명 고육지책이자 '꼼수'였다. 한편에서는 개헌을 찬성하는 여론이 여전히 정권 지지율을 밑도는 상황을 돌파하겠다는 의도가, 다른 한편에서는 지지부진한 개헌 행보로 인해 보수 우파의 지지가 이탈하는 사태를 막겠다는 셈법이 엿보이기 때문이다.

2019년 7월의 참의원 선거는 개헌의 향배와 관련한 중대한 변화를 낳았다. 개표 결과는 개헌 세력의 2/3 의석 확보 실패였다. 향후의 개헌 전략은 수정이 불가피해 보이지만, 아베는 9월 11일 개각을 마무리한 뒤 개헌에 대해 "곤란한 도전이지만 반드시 완수할 결의"임을 강조했다. 요시다 쇼인이 애독했다는 『맹자』의 구절, "스스로 반성해서 곧으면 천만인이라도 두려워하지 않는다"를 기시도 좋아했다고 한다. 미일안전보장조약 개정을 반대한다는 우레와 같은 국민의 외침을 기시는 이 구절을 암송하며 흘려버렸고, 바야흐로 손자도 그런 외할아버지의 유지를 받들어 평화헌법의 파괴라는 지옥문을 계속 두드릴 것이다.

반면에 역사 문제에 관해서는 역사수정주의자로서의 면모를 십분 발휘했다. "총리 재임 중에 참배하지 못한 것은 통한의 극치"라고 밝혔던 야스쿠니신사 참배를 2013년 12월 강행했고 한국과 중국은 물론 미국까지 '실망'이라는 단어를 쓰며 불쾌감을 드러냈다. 2015년 8월의 이른바 '아베 담화'에서는 식민 지배, 침략, 통절한 반성, 사죄 등의 단어를 사용하면서도 자신의 생각과 무관하다는 데 방점을 찍었다. 요점은 "지난 전쟁과는 아무런 관련 없는 우리 아들과 손자, 그다음 세대의 어린이들에게 사죄를 계속할 숙명을 지워서는 안 됩니다"라는 부분에 있었다. 한 신문은 "'사죄 외교'에 종지부를 찍는다는 의사를 표명"했다고 보도했다.

2013년 2월 22일 미국 방문 중의 아베는 워싱턴에서 열린 강연에서 질문에 대한 답을 빌려 한국과의 오랜 인연을 강조했다. "제 할아버지와 박정희 전 대통령은 친우best friend였습니다. 또 박정희 전 대통령은 일본과 매우 사이가 가까웠습니다"라고 했던 것이다. 물론 아베가 언급한 할아버지는 아베 간이 아니고 기시다. 비슷한 시기에 대통령에 당선된 박근혜를 겨냥한 언급이었으나, 한국과의 관계는 시간이 갈수록 꼬이기만 했다.

박근혜와 아베가 카운터파트가 된 한일 관계는 박정희와 기시 시절과 사뭇 달랐다. 아버지의 '친일' 경력에 대한 부담감 때문인지 박근혜 대통령은 취임 초기부터 일본군 '위안부' 문제 해결을 정상회담의 전제 조건으로 내걸었다. 삼일절과 광복절의 경축사에서 대통령은 반복적으로 일본 비판의 날을 세웠다. 3년 가까운 강경 기조의 착지점은 2015년 12월의 이른바 '위안부 합의'라는 급반전이었다. "군의 관여"를 인정하고 "일본 정부는 책임을 통감"하며 피해자에게 "마음으로부터 사죄와 반성의 마음을 표명"한다는 공동 기자회견문을 발표하고 10억 엔을 일본이 출연한다는 것이었다. 더불어 한일 양국의 외상은 '최종적 불가역적 해결'을 선언했다. 이후의 상황은 재론할 필요 없지만, 피해자의 의사가 고려되지 않은 밀실 합의라는 측면은 선대와 하등 달라진 바 없었다. 대를 이은 한일 보수의 '우호'는 아무런 결실도 보지 못한 채 탄핵으로 막을 내렸다.

반면 한중 관계는 비교적 순항하는 듯 보였다. 2013년 5월 초 미국을 찾은 뒤 6월 말에는 나흘간 국빈 방문이 이뤄졌다. 시진핑(習近平, 1953-)과 중국 외교부는 연일 박근혜를 '라오펑유老朋友'라 부르며 친근감을 피력했다. 2015년 9월에는 미일을 포함한 안팎의 세찬 반대를 뿌리치고 전승 70주년 기념행사에 참석함으로써 한중 밀월 관계라고 평가되기도 했다. 내실은 차치하더라도 정상회담조차 열리지 않는 한일 관계와의 차이는 극명했다. 그런 역사 갈등은 문재인 정권 이후 더욱 격화일로를 걷고 있다.

아베가 이끄는 일본 또한 한국과 마찬가지로 중일 관계 운용에 큰 장애는 없었다. 센카쿠열도를 둘러싼 충돌은 2010년 중국 어선 나포로 절정에 달했으나, 2012년 시진핑 집권 이후는 수습 쪽으로 가닥이 잡혔다. 전체적으로 제1기 아베 내각에서 합의했던 '전략적 호혜 관계'라는 구호 아래 경제 분야를 중심으로 협력 기조가 순항하고 있다. 2017년 9월에 열린 중일 국교 정상화 45주년 기념식에 총리로서는 15년 만에 참석했으며, 2018년 5월에는 시진핑 주석과 사상 처음으로 전화 회담을 하기도 했다.

4부   일본 보수의 과거와 현재

이렇듯 2010년대에 들어와 한중일 3국은 2국 관계에서 상당한 온도 차를 보여왔다. 대중 관계가 상대적으로 양호한 데 비해 한일 양국은 역사 문제를 둘러싸고 대립과 마찰을 거듭하고 있다. 특히 한중일 세 정상이 회동할 때마다 한일과 중일이 엇박자를 내는 모습이 반복됐다. 2018년 5월 도쿄에서 열린 한중일 정상회의에서는 중일이 경제 분야를 놓고 복수의 합의 문서를 채택한 데 비해 한일 간에는 큰 진전이 없었다. 2019년 6월 말 G20 정상회의에서 일본은 중국의 '일대일로一帶一路' 참가를 표명하며 서로 '영원한 이웃 나라'임을 강조했지만, 한일 정상은 단독 회담조차 갖지 못했다. 시진핑이 이끄는 중국은 한일 양국의 '역사전쟁'을 중재하고 갈등을 완화하는 일에는 관심도 능력도 없어 보인다.

2020년대로 들어선 시점에서 한중일의 협력 관계를 강화하는 구심력은 여전히 미약하다. 1990년대 말을 풍미했던 '동(북)아시아 공동체'는 사어가 된 듯 여겨진다. 식민 지배와 침략 전쟁, 냉전이 복합적으로 '잔존'하는 21세기 동아시아에서 한중일 3국은 각개약진을 이어가고 있다. 북한이라는 변수와 미국이라는 무게감까지 더한다면 한중일의 암중모색은 당분간 계속될 것임이 틀림없다. 한국으로서는 일본은 물론 중국까지 포함하는 새로운 관계 설정을 위해 치열한 문제의식과 참신한 발상이 그 어느 때보다 절실하게 필요한 때다.

아베 신조와 한중일 관계

'21세기 정한론'에 맞서는 법,
한반도 중립화

기시와 아베는 조손 관계를 뛰어넘어 끈끈한 정치적 동맹자이기도 하다. 외할아버지는 전전의 '대국' 일본을 체험하고 그 부활을 꿈꿨으며, 그 정치적 여정은 외할아버지를 존경해 마지않는 외손자의 정치 항해를 이끌어가는 나침반이 됐다. 전후 보수의 재편은 기시가 주도했고, 냉전 후 보수의 새로운 전략 구상과 실천은 아베가 짊어지고 있다. 일본 보수층은 '진정한 보수' 기시의 DNA를 물려받은 아베에게 커다란 기대를 걸고 있다. 그런 두 사람의 동일점과 차이점을 살펴봄으로써 한일에 더해 한중일의 바람직한 관계를 궁구해보자.

반복해서 얘기했듯이 기시와 아베는 헌법을 개정해야 한다는 주장을 공유한다. 하지만 개헌과 불가분의 관계에 있는 미국과 아시아에 대한 시각과 전망은 사뭇 다르다. 그런 두 사람 사이의 간극이야말로 우경화와 군사 대국화로 내닫는 21세기 일본의 침로를 웅

변해준다.

기시는 요시다가 체결한 '샌프란시스코 체제'를 타파하고자 미일안전보장조약 개정에 나섰다. 강화조약과 함께 맺은 미일안전보장조약으로 미국은 일본 방위의 의무 없이 기지만 받았는데, 그런 예속적인 면을 바꾸려 한 것이다. 조약 개정에서 나아가 그는 개헌으로 집단적자위권의 확실한 행사를 담보하고자 했다. 총리에서 물러난 뒤의 개헌 활동은 1969년 5월 '자주헌법제정국민회의'를 결성하고 스스로 회장에 취임함으로써 개시됐다. 기시는 한 인터뷰에서 자신이 정계에 복귀한 것은 "일본을 재건하는 데 헌법 개정이 얼마나 필요한가를 통감하고 있었기 때문"이며, 개헌의 기운이 사그라진 현실을 개탄하며 "다시 한번 총리가 돼 헌법 개정을 정부로서 이룩한다는 방침을 내걸고 싶다"라고 밝혔다.

아베는 자민당의 탄생 이유를 두 가지로 든다. 하나는 전쟁으로 피폐해진 경제력을 회복하는 것이며, 이는 고도성장으로 달성했다고 평가한다. 나머지 하나는 진정한 의미의 '독립' 회복으로 '자주헌법을 제정'하는 것이다. "헌법의 개정이야말로 '독립 회복'의 상징이며 구체적인 수단"이며, 이 임무를 자신이 짊어지고 있다고 자부한다.

조약과 헌법 개정의 기치를 치켜든 기시의 대외 관계 전략은 반공을 매개로 한 '용미'와 '아시아 회귀'였다. 전후 일본의 보수가 추구해야 할 국가 발전의 청사진은 미국 끌어안기로부터 첫 삽을 뜰 생각이었다. 그는 반공주의를 강조하며 미국의 경계심을 낮춘 뒤 대등한 관계 구축을 모색했다. 그리고 전쟁으로 피해를 본 아시아 각국에 사죄했다. '아시아 속의 일본'을 굳건히 함으로써 일본을 점령·지배했던 미국으로부터 자립하려 한 것이다. 냉전의 틀 속에서 대륙의 중국과는 적대 관계였지만 '정경 분리' 원칙으로 일본의 경제적 이익 실현을 우선시했다.

그러나 아베는 정반대다. 아베의 내셔널리즘에는 아시아 특히 중국과의 연대, 서구에 대한 비판적 관점이 전혀 없다. 아베는 자신의 책에서 "아시아의 일원이라는 것을 과도하게 생각하면 오히려 정책적으로 치명적인 오류를 일으키기 쉬운 위험한 불씨일 수 있"다고 썼다. 따라서 외교와 안보 분야에서는 시종일관 미일 안보의 강화만 강조한다. 일본은 "구미 쪽과 관습적으로 공감하기 쉬운 부분이 있"다는 친미 일색인 것이다. 당연히 아시아에서 다국적 대화 기구나 집단 안보 체계를 만들어 무력 충돌을 방지하고 질서를 유지해야 한다는 주장은 '절대 불가능'하다고 단언한다.

사실 아베의 전매특허인 '전후 체제로부터의 탈각'은 반미를 지향해야 마땅하다. 전후 체제를 만든 장본인이 바로 미국이기 때문이다. 평화헌법을 만들고 도쿄재판에서 A급 전범을 처형한 것은 미국이었다. 전후 체제의 탈각은 논리상 기시와 마찬가지로 미국과 결별하는 '독립'을 목표로 삼아야 하지만, 현실은 정반대다.[105]

어쨌든 '탈아입미脫亞入美'라고 해야 할 아베의 대외 관계 틀은 '아시아주의'를 주창했던 전통적인 내셔널리즘과 결을 달리한다. 실상은 달랐지만 기시는 서구와 식민주의를 비판하고 '아시아 해방'과 대동아공영권을 앞세우면서 제국 일본의 식민 지배와 침략 전쟁을 정당화했다. 그에 비해 미국에 버금가는 중국의 신장, 중일 국력의 역전이라는 구조적 변동에 직면한 외손자로서는 중국과 아시아를 적극적으로 끌어안을 전망도 카드도 부재해 보인다. 게다가 대

320

미 추종에 따른 군사 대국화, 우경화의 추진은 역사 갈등의 전면화를 동반하고 있는 탓에 한국과는 협력보다 불협화음 쪽이 불거지고 있다. 한국의 입장에 서자면 아베가 염원하는 개헌이야말로 21세기 버전의 '정한론'일지 모른다.

그렇다면 한국은 어떻게 나아가야 하며 한중일 관계의 바람직한 미래상은 어떻게 설정돼야 하는가? 이 글의 마무리이자 결론에 해당하는 대목이다.

2012년 말 한중일 세 나라는 앞서거니 뒤서거니 하며 새 지도자를 맞았다. 박근혜(1952-)가 대통령에 당선되고 아베(1954-)가 제2기 내각을 꾸렸으며 시진핑(1953-)이 국가주석으로 옹립됐다. 세 사람은 공통점이 많다. 나이가 비슷하고, 부친의 뒤를 잇는 '세습 정치가'다.

2020년대에 들어선 시점에서 지난 7년 동안 한중일의 '삼국지'는 다음과 같이 정리할 수 있다. 2015년까지 한일의 경색, 한중의 접근, 중일의 신경전(특히 센카쿠열도 문제)이 어우러지던 구도는 문재인 정권이 등장하는 2017년을 전후로 표변했다. 한국은 사드 THAAD 배치 문제를 놓고 중국과 갈등 국면에 접어들었고, '위안부 합의'에 힘입어 해빙 분위기였던 일본과의 관계도 '화해치유재단' 해산과 강제 동원 피해자 소송의 대법원 판결이 겹치며 냉각기로 돌아섰다. 반면 중일 관계는 미중 갈등의 심각화에 따른 반사 행동의 양상을 띠며 상대적 안정기를 구가하고 있다. 2019년 1월 아베는 한국을 홀대하는 시정 연설에서 중일 관계는 "완전히 정상 궤도로 돌아섰다"라고 명언했다. 그리고 새롭게 남북과 북미를 연결하는 대화 국면이 불안하면서도 명맥을 유지하고 있다.

삼국이 어우러지면서 연출하는 우호와 갈등의 분석은 이 책의 핵심이지만 최종 목표일 수 없다. 오히려 흥미로운 것은 박근혜 정권 전반기의 한중 접근과 일본의 반응, 문재인 정권 출범 후 남북과 북미의 대화 분위기에 대한 일본의 반응이다. 한중 관계와 한일 관계의 역전이라는 전례 없는 사태에 이어 한반도의 대화 국면이 동북아에서 펼쳐지고 있다. 그 안을 톺아보면 한반도와 한중일의 새로운 미래가 손에 잡힌다.

2014년 6월 9일 자 《중앙일보》에 참여정부의 외교통이던 문정인의 칼럼이 실렸다. 제목은 「'핀란드화'라는 이름의 유령」. 대략의 줄거리는 다음과 같다. 중국이 부상하면서 한국은 중국의 속국이 될지 모른다는 우려가 대두한다. 마치 핀란드가 소련의 속국으로 전락했던 '핀란드화'와 흡사하다는 것이다. 그러나 문정인은 정치적으로도 경제적으로도 중립화를 내세웠던 '핀란드화'는 성공적이었다고 평가한다. 중립 노선은 약소국이 대외 환경에 유연하게 적응하는 전략으로 활용할 수 있다는 것이다.

한국에서 거의 반향이 없었던 이 칼럼은 일본에서 다소나마 화제가 됐다. 일본의 저널리스트 스즈오키 다카부미(鈴置高史, 1954-)는 문정인의 칼럼에 주목해 한미 동맹의 파기를 낳는 중립화가 성사되면 한국은 사실상 중국의 속국이 될 가능성이 크다고 주장했다. 《니혼게이자이日本經濟신문》 서울 특파원을 지낸 뒤 편집위원으로 있던 스즈오키는 이미 2010년에 북한의 핵무장을 계기로 남북한이 각각 미국과 중국과의 동맹을 끊고 중립화하지만, 실태는 중국의 세력권에 넘어간다는 소설(『조선반도朝鮮半島 201Z년年』, 신초샤新潮社, 2010년)을 내기도 했다. 재계의 관심사를 대변하는 《니혼게이자

322

이신문》 편집위원의 눈에는 박근혜 정권이 사드와 아시아인프라투자은행AIIB 참가를 놓고 한국을 끌어당기려는 미중의 틈바구니에서 '양다리 외교'를 펼치고 있는 것으로 보였다. 때마침 전해진 문정인의 중립화 주장은 한미 동맹의 파괴 및 미군 철수와 공명하는 것으로 비쳤으며, 이는 동아시아 '동란'의 전조로 여겨졌다.

안보 면에서 일본이 한국에 설정한(또는 기대하는) 마지노선은 미군의 계속 주둔이다. 한국이 중국으로 기울고 미군이 철수하면 쓰시마가 최전선이 된다. 한국이라는 완충지대가 사라지는 1950년 '애치슨 라인'의 재래라는 인식이기도 하며, 현재의 자위대 전력으로 센카쿠열도와 쓰시마라는 2개의 전선을 감당하기 어려워진다는 것이다. 개헌이 성사돼 군사력 증진의 길이 열릴 때까지 한국의 최전방 기지 역할이 유지돼야 한다는 발상이다.

일본의 최대 안보 위협은 중국이다. 2016년 8월 일본 정부의 방위백서가 발표됐을 때 《산케이신문》은 사설에서 남중국해에서 가속화하는 군사기지화와 센카쿠열도 문제를 들면서 신랄하게 중국을 비판했다. "중국 해·공군의 목적을 영토, 영해, 영공의 '방위'라고 썼는데, 오히려 '패권 추구, 침략의 첨병'이라고 함이 마땅하다. 국제법을 무시하고 방약무인하게 행동하는 중국에 과도한 배려는 필요 없다"라는 대목은 보수 우파의 뿌리 깊은 대중 위협론·견제론을 잘 보여준다.

2017년 5월 1일 미국의 블룸버그 통신은 트럼프 대통령이 김정은 위원장과 만날 의사가 있음을 전했다. 이후 북미 정상회담의 징조에 관한 다양한 보도들이 쏟아져 나왔다. 그런 상황을 놓고 앞의 스즈오키는 5월 17일 중국이 북미 대화를 조종함으로써 한국을 끌어당긴 뒤 한미 동맹을 파기하고 '한반도 중립화'를 노리고 있다는 관측을 내놓았다. 때마침 취임한 문재인 정권에서는 한반도 중립화가 통일과 평화를 앞당긴다는 견해가 강해질 것으로 진단했다. 즉 많은 한국인이 분단 해소를 위해 대국의 힘을 배제하고 중립화할 수밖에 없다고 생각한다는 것이다.

중국의 관여 여부는 차치하더라도[106] 이후 남북 대화가 진전을 이루자 한국 내의 진보 세력은 중립화론을 활발하게 제기했다. 김동춘 성공회대 교수는 2018년 4월 24일 자《한겨레신문》에 게재한 칼럼「두 국가 체제를 거쳐 영세중립국으로」에서 한반도 중립화를 제안했다. 강대국 간의 패권 경쟁을 고려해 "두 국가 체제의 공존, 한 국가 두 체제의 길을 모색함과 동시에, 주변국과 국제사회에 영세중립국으로서의 지위 보장을 받아내는 문제도 검토해야 한다"라고 주장했다. 박태균 서울대 교수도 6월 말의 심포지엄에서 미국이 과거에 몇 차례나 공식적으로 중립국 방안을 검토했으며, 미군 철수와 연계되는 한반도 중립화가 필요하다고 제안했다. 2019년 10월 20일 자《프레시안》과의 인터뷰에서는 통일과 별도로 분단 체제를 유지하면서 남북이 주변 국가의 동의를 얻어 비동맹 중립 외교를 하자고 논의를 잇고 있다.

앞서 밝혔듯이 일본은 남북과 북미의 화해 진전이 미군 철수로 연결되는 것에 촉각을 곤두세우고 있다. 2018년 6월 5일 자 일본판 《뉴스위크》의 기사「북미 회담에서의 '종전 선언'을 두려워하는 일본 / 주한 미군 철수가 의미하는 것은?」에서 관련 정황을 전해준다. 정책연구대학원의 한반도 전문가 미치시타 나루시게(道下德成, 1965-)에 따르면 "미군이 한국 방위 관여를 줄이면 한반도가 중립화할 위험이 나타나"며 "중립화된 한반도는 장기적으로 중국의 세력권으로 들어갈 수밖에 없다"라는 것이다(4월 23일의 외신 기자 브리핑에서 "'나쁜 평화' 시나리오"라고 명명). 자민당의 가와이 가쓰유키(河井克行, 전 법무상, 1963-)는 "38도선이 대한(원문은 쓰시마)해협까지 남하해오"는 것이며 "일본은 헌법, 외교정책, 안보 정책을 근본부터 재검토할 필요가 생긴다"라고 말했다.

물론 반대 의견도 미약하나마 있다. 북일 국교 정상화 교섭의 일본 대표를 지낸 외무성 관료 출신의 미네 요시키(美根慶樹, 1943-)는 최근의 공저(『격변의 북동아시아 일본의 신국가전략激變の北東アジア 日本の新國家戰略』, 가모가와출판かもがわ出版, 2019년)에서 한반도 중립화를 적극적으로 논의하고 추진해야 한다고 역설했다. 그는 주한·주일 미군과 미일 안보 축소는 역사의 대세이며, 북한 비핵화를 성취하기 위한 일본의 '협력'을 강조하는 견해를 내세웠다(공저한 다른 저자는 에너지 특히 천연가스 파이프라인의 협력을 바탕으로 '동북아시아 공동체'를 지향해야 한다고 쓰고 있다).

150년 전 근대화 문턱에 섰을 때와 지금의 한반도 상황은 본질적으로 달라지지 않은 듯 보인다. 남북 분단이나 중국의 대두, 미국의 존재감 등이 새로운 변수지만, 한중일 관계의 틀과 동학은 크게 변하지 않았다. 근대의 좌절을 되풀이하지 않으려면 해묵고도 근본적인 해법이 필요하다. 바로 한반도 중립화다.

중립은 고립이 아니고 소통이다. 평화와 공존을 발신하고 실행하는 일이다. 일본의 보수는 왜 한국 중립화 논의를 친중(또는 친북)정책으로 치부하는가? 중립화에는 현금의 동북아시아 지정학을 염두에 두면서도 19세기에서 발원하는 한중일 관계의 프로토콜이 있기 때문이다. 일본의 지배층은 한반도에 대한 장악력이 줄어드는 어떤 사태도 원하지 않으며 훼방하려 한다. 남북의 화해 또한 마찬가지다. 그런 면에서 근대 이후 최강의 국력을 보유한 지금이야말로 우리는 주체적으로 중립의 의미를 상상하고 현재화해 실현하려는 구체적 행보를 시작해야 한다.

미주

1부

1) 물론 이런 논리는 쇼인의 독창적인 작품이 아니라 근세 전체를 관통하는 일종의 공통분모였다. 가령 17세기 중반의 유학자 야마가 소코에 따르면, 일본은 『일본서기』에 입각한 만세일계의 천황제가 있기 때문에 조선을 굴복시켜 조공을 받을 수 있었다고 한다.

2) 미일화친조약에 이어 체결된 미일수호통상조약(1858년)의 비준을 위해 파견된 막부 사절단은 1860년 2월 포하탄호에 올라 1개월 반의 여정 끝에 샌프란시스코에 도착한 다음 다시 파나마로 향했다. 철도로 파나마를 횡단한 뒤 대서양에 대기하던 다른 함선에 옮겨 타서 5월 15일 워싱턴에 도착했다. 워싱턴에서는 비준 외에 25일을 더 체재하며 스미소니언 박물관, 국회의사당 등 주요 시설을 방문했으며, 필라델피아와 뉴욕을 들른 다음 6월 30일 미 군함을 타고 북대서양을 가로질러 아프리카 연안을 따라 희망봉, 인도네시아, 홍콩을 거쳐 11월 9일 귀국했다. 한편 막부는 포하탄호의 호위 명목으로 간린마루咸臨丸호에 사절단 77명 중 일부를 태운 뒤 태평양 왕복을 시도했다. 83일 동안 2만 킬로미터를 항해했으며, 탑승자 가운데 일본을 대표하는 개화 사상가 후쿠자와 유키치도 있었다.

3) 러일화친조약에서 양국은 쿠릴열도의 경계와 사할린의 귀속 여부를 놓고 대립하던 국경 문제까지 합의에 도달했다. 쿠릴열도의 경우 이투루프와 우르프 사이에 국경선이 그어졌고, 사할린은 양국의 공동 거주로 낙착됐다. 조약 체결 후에도 러시아는 사할린의 독점 영유를 강하게 밀어붙이며 막부와 교섭했다. 메이지유신 후 신정부 또한 러시아와 국경 문제로 골머리를 앓다가 1875년 쿠릴열도와 사할린을 맞교환하는 것으로 매듭을 지었다. 이투루프를 포함한 서쪽 세 섬의 영유권을 놓고 일본은 지금까지도 러시아와 국경 분쟁을

벌이고 있다.

4) 이런 발상은 에도 중기 해방론海防論을 주창했던 하야시 시헤이(林子平, 1738-1793)에서 비롯했다. 하야시는 러시아의 위협에 대항하려면 조선을 영유해야 한다는 주장을 처음으로 편 인물로 지목된다.

5) '원모씨'라 한 것은 자신이 무가 정권의 시조인 미나모토 요리토모(源賴朝, 1147-1199)의 후계자라는 의미에서였다. 미나모토는 교토에서 멀리 떨어진 가나가와현의 가마쿠라鎌倉에 막부를 세웠다.

6) 주지하다시피 이 문제는 메이지유신 후 1877년과 1881년 두 차례에 걸친 독도 영유권 논란으로까지 이어진다. 시마네島根현의 민간인이 울릉도와 독도의 개간을 청원했는데, 태정관은 두 섬이 일본의 영토가 아니라는 유권해석을 내렸다.

7) 이 구절은 공교롭게도 에도막부의 창시자 도쿠가와 이에야스의 명언과 짝을 이룬다. 그는 죽기 직전에 "천하는 한 사람의 천하가 아니며, 천하는 천하의 천하다"라는 말을 남겼다. 쇼군이 이치에 맞지 않고 백성을 피폐하게 만든다면 누구라도 대체할 수 있다는 의미였다. 100년 전란을 끝맺은 그다운 강한 자부심이 엿보인다.

8) 1862년 말 막부는 안세이 대옥 관계자 전원에게 은사를 베풀었다. 다카스기와 이토 등은 1863년 쇼인의 묘를 사형장 부근의 절에서 도쿄 시내 와카바야시若林로 옮겼으며, 1882년 묘 옆에 쇼인 신사를 세워 지금에 이른다. 신사 입구의 문인 도리이鳥居는 기도 다카요시가 기증했다.

2부

9) 쇼군과 막부는 무가의 대표이며, 조정의 귀족인 공가 또는 공경公卿은 천황과 더불어 전통적 권위의 체현자였다.

10) 그럼에도 양이의 기세는 수그러들지 않았다. 3월 8일 오사카의 사카이堺시에서는 신정부 측 병사들이 소란을 벌이던 프랑스 해군 11명을 살해했다(사카이 사건). 프랑스의 압박에 밀린 신정부는 배상금 15만 달러와 발포자의 사형을 받아들였다. 같은 달 16일 프랑스 해군의 입회하에 20명의 할복이 거행됐다. 11명이 할복하는 처참한 장면을 보다 못한 프랑스 측이 중지를 요청하면서 나머지 9명은 목숨을 건졌다.

11) 에노모토 일파 중에 누구도 공화국을 칭한 적은 없으나, 에노모토와 만난 영국 공사관 서기관이 저서에서 republic이라 표현한 것을 계기로 널리 통용됐다. 일본에서 처음으로 총재를 비롯한 주요 책임자를 선거(사료에서는 공선입찰公選入札로 기록)로 뽑았던 데서 기인한다.

12) 오시마가 정한론을 맹신했다고 주장하려는 것은 아니다. 외무성 내의 열광적인 정한론자 사다 하쿠보는 "기도 씨는 쓰시마의 오시마 도모노조를 외무성에 출사시키고자 했습니다만, 그 사람을 썼다면 조선을 치는 일은 저지됐을 것입니다"라는 후일담을 남긴 바 있다.

13) 네 번 출신의 무사들은 메이지유신을 성사시킨 주역으로서 신정부의 요직을 차지했는

데, 이를 가리켜 '삿초토히' 번벌藩閥이라고 칭한다.

14) 하지만 기도는 우내의 조리도 만국공법도 그다지 신뢰하지 않았다. 1868년 12월 21일 일기에서 "병력이 갖춰지지 않으면 만국공법도 믿을 수 없다. 약자를 향해서는 크게 공법이라는 이름으로 이익을 꾀하는 일이 적지 않다. 따라서 나는 만국공법은 약자를 침탈하는 한 도구"라고 쓴 바 있기 때문이다.

15) 쓰시마번이 전담하던 조선과의 외교는 번주 집안이 대대로 짊어져야 할 부역이라는 의미에서 가역이었다.

16) 장관인 경卿 아래에 대보大輔, 소보少輔, 대승大丞, 권대승權大丞, 소승少丞, 권소승 등이 있었으며, 권소승은 전체 12개의 직위 가운데 중간 정도였다. 인원은 처음 36명이었고, 1870년 8월 시점에는 2배가 늘어나 75명이었다.

17) 헨리 휘튼(Henry Wheaton, 1785-1848)이 펴낸 『만국공법』 중국어판에서는 자주지국, 반주지국半主之國으로 번역했으나, 미야모토는 독립국, 반독립국이라는 용어를 썼다. 영어 해독력이 어느 정도 되는지는 알 수 없으나 흥미로운 대목이다.

18) 사다 조사단의 보고서는 독도 영유권 문제와 관련해서도 일찍부터 주목을 받았다. 조사항목에 울릉도竹島와 독도松島가 조선에 속하게 된 경위가 있었으며, 조사단은 독도가 울릉도의 속도屬島라고 기술했다. 같은 내용의 판단은 유명한 1877년의 태정관 지령까지 이어졌다.

19) 1870년 2월 24일 외무성은 청과의 통교 방안에 관한 의견서 4통을 작성해 태정관에 올렸는데, 그 의견서에서 미야모토는 사절 파견 순서로 러시아에 이어 조선을 두 번째로 상정했다.

20) 1870년 6월 병부성은 군함 200척을 건조하자는 의견서를 올렸는데, 거기에는 강력한 해군을 건설해 "조선을 굴복시켜 속국으로 삼으"며 청과 연계해 러시아의 남하 위협에 대처한다는 발상이 담겨 있었다. 국방 담당 부서에서 청에 대한 경계심이 희박했다는 것은 매우 흥미롭다.

21) 참의는 신정부의 주요 정무를 결정하는 최고 권력자들로서 각 부처의 장관인 경보다 상위였으며, 삿초토히의 주요 공신들이 임명됐다.

22) 이런 결정의 배경에도 정부 내 권력투쟁이 그림자를 드리우고 있었다. 기도 그룹은 민부성과 대장성의 요직을 겸하면서 정치적 거점을 형성했는데, 8월 6일 민부성과 대장성의 겸직이 해소되면서 오쿠보 그룹의 승리로 돌아갔다.

23) 사절단을 위한 조사 항목에도 죽도竹島가 있었다.

24) 최근 소녀상 설치 문제로 외교 마찰을 빚고 있는 부산 주재 일본총영사관의 원조이기도 하며, 하나부사는 야나기와라와 마찬가지로 강경파로 분류된다.

25) 중국에서는 어민 살해에 이은 타이완 침공을 지명을 따서 모란사牡丹社 사건이라 부른다. 파이완족은 선주민 중 세 번째로 인구가 많으며, 현재 타이완 총통 차이잉원蔡英文은 할머니가 파이완족의 후예다.

26) 이런 미국 외교관의 언행 뒤에는 아시아 연대의 차단과 분열이라는 저열한 속셈이 어른거린다. 예를 들어 드롱이 1872년 11월 본국 국무장관에게 보낸 문서가 그러하다. 일본

이 서양 열강의 압박을 견디다 못해 다시금 쇄국을 취하고 중국·조선과 연대하면 아시아 문제 해결이 어려워지므로 일본 정부가 쇄국과 양이의 관념을 포기하도록 해야 하며, 부패한 중국·조선과 멀어지든가 적대하게 해서 극동의 유일한 서양 동맹국으로 삼는 것이 득책이라고 제언했다. 지금의 동아시아 현실과도 무관하지 않은 인식이다.

27) 이 부분은 1881년 신사유람단으로 도일한 어윤중과의 면담(『蒼海全集』, 1917년)에서 확인된다.

28) 10월 29일 파크스 영국 공사는 소에지마와 만나 다음의 대화를 나눴다. "소에지마는 망설임 없이 조선 원정이 시행되지 않은 것은 대단히 아쉽다고 내게 말했다. 자신은 이 문제를 깊이 검토해봤으며, 원정은 성공한다고 확신하고 있었다고 말했"으며 조선 북서부와 북동부에 원정군을 상륙시키는 작전을 자세히 얘기했다고 한다.

29) 정한론 정변은 러시아와의 국경 교섭에도 영향을 미쳤다. 사할린을 영유하거나 남북으로 나눠 러시아인과 일본인을 분리하자던 소에지마가 하차한 빈자리는 구로다 기요타카가 주장하던 사할린 포기와 홋카이도 개척 주장이 차지했다. 그 결과는 1875년의 사할린과 쿠릴열도의 맞교환이었다.

30) 웨이드 공사가 청일 양국의 중재에 나선 이유 중 하나는 중국 무역의 권익을 유지하기 위해서였다. 그는 오쿠보와 회견하던 중에 타이완 침공 이후 일본이 조선에 손을 뻗치면 돕겠다는 의사를 나타냈는데, 만약 타이완 문제로 청일 간에 전쟁이 벌어지면 중국과의 통상 관계가 손상되므로 차라리 조선에 관심을 쏟으라는 조언을 던진 것이다.

31) 파크스 공사와 회견하면서 모리야마는 '영구적 정복'은 아니지만 '국토 개방'을 위해 육군 2만 명을 조선 북부에 상륙시킨 뒤, 일부는 중국 또는 러시아의 간섭에 대비해 북부에 남겨두고, 나머지는 수도로 남진시켜 산지에 도망가려는 국왕을 사로잡을 필요가 있다는 발언을 내놓았다. 교섭 실패에 즈음한 전쟁 개시의 복안으로 여겨진다.

32) 이때 이타가키는 "한국에 군함을 파견해서 연습시킨다면, 필연적으로 강화만에 뛰어들어 결국 전쟁에까지 이를 것은 불을 보듯 뻔하"다며 재고를 촉구했다고 한다. 뒷날 출간된 서적(『자유당사自由黨史』)에 들어 있어 신중해야겠지만, 강화라는 지명이 언급된 것은 간과할 수 없는 대목이다.

33) 함장은 사쓰마 출신인 이노우에 요시카(井上良馨, 1845-1929) 소좌였다. 참고로 제1차 출동 때 운요호는 부산을 출항해 동해로 북상한 뒤 함경도 영흥만에서 3일 정박했다가 나가사키로 돌아갔는데, 강화도조약 교섭에서 일본은 영흥만 개항을 요구했다. 러시아 견제를 노린 것으로 여겨지는데, 조선은 태조 이성계의 능과 가깝다는 이유로 받아들이지 않았다.

34) 9월 28일 나가사키현에서 전보가 도착했다고 하지만, 사건의 전모를 담고 있을 만큼 상세했을 리는 없다고 봐야 할 것이다.

35) 참의와 경의 분리는 오쿠보의 사후인 1880년 이토의 주도로 실현됐고, 1885년에는 참의가 폐지되면서 명실상부한 내각의 면모를 갖춘다(이토가 초대 총리).

36) 기도는 조일수호조규를 체결한 뒤 내각과 성경 분리를 재차 주장했지만 받아들여지지 않아 3월 참의를 사직했고, 8월부터는 생애 마지막 관직인 궁내성 근무에 들어갔다.

37) 이토는 지방관에 하달할 지침, 전권의 행동 방침 및 협상안 등의 굵직굵직한 현안을 가다듬었다.

38) 청일수호조규 제1조의 '소속 방토'의 범위를 놓고 청일 양국에서 작성한 사료는 차이가 있다. 청의 사료에는 이홍장이 소속 방토를 18성 및 조선·류큐로 하자고 발언한 것으로 기록됐는데, 앞서 서술했듯 일본에서는 이홍장이 "쌍방이 서로 영지를 침범하지 않도록 하는 조문을 적용한 것은 조금 경솔"했다고 말했던 것을 모리가 기쁘게 받아들인다는 답이 이어진다. 이렇듯 차이는 확인되지만, 이홍장이 청일수호조규 제1조가 조일 수교를 저해하지 않는다는 취지로 발언한 것은 분명한 듯하다.

39) 청이 보낸 문서에는 청일수호조규 제1조를 들면서 "조선은 예로부터 중국의 번복(藩服, 변방)이었으니, 일본은 응당 이 조규를 준수해서 그 방토를 엿보아서는 안 될 것입니다"라고 표현돼 있었다.

40) 조선을 공격할 사단의 인선뿐 아니라 1년 동안의 작전에 필요한 병참 물자 및 수송 선박을 수배했으며, 만일의 사태에 대비할 예비 병력도 점검했다. 이 작업을 위해 야마가타는 사절단의 협상이 완결되는 3월 말까지 시모노세키에서 대기했다.

41) 전문은 "조선국은 자주지방으로서 일본국과 평등지권平等之權을 보유한다. 이후로 양국이 화친의 실제를 표시하고자 한다면, 반드시 피차 서로 평등지례平等之禮로 접대해서 추호라도 침월侵越이나 시혐猜嫌이 있어선 안 된다. 우선 종전에 교정交情을 조색阻塞하는 근심이 있던 제반 예규를 일체 혁제革除하고 관유홍통寬裕弘通한 법을 널리 열어서 상호 영원한 안녕을 기약하는 데 진력한다"라고 돼 있다.

42) "원칙적인 문제를 반드시 초래할 '독립'이라는 말을 피하고 애매한 '자주'라는 말을 씀으로써 본래의 의도를 알리지 않고 저항 없이 이 조문을 받아들이도록 하"려는 것이었으며, 1878년 이후 제1조는 독립 규정이라고 조선에 주장하게 됐다고 기술했다.

43) 구마모토의 그룹은 1875년 5월 러시아와 쿠릴열도와 사할린을 맞교환하는 협정을 체결했을 때도 거병 계획을 세웠으나 포기했다고 한다. 신사에서 받은 점괘가 좋지 않다는 것이 이유였다고 하며, 서양식의 총 대신에 칼과 창으로만 싸웠을 정도로 근대화와 서구화에 대해 적대적이었다. 정한론은 이런 일본 중심주의와 깊숙이 연루돼 있었다.

44) 요코야마는 사이고 다카모리의 문하생이었다. 만약 요코야마가 자살하지 않았다면 3년 뒤의 정변에서 어떤 선택을 했을 것인가가 궁금해진다.

3부

45) 습격 사건이 있은 뒤 이홍장 일행은 인조지에서 슌판로까지 좁은 산길로 다녔다. 이 길은 지금 이홍장길李鴻章道이라는 이름으로 남아 있다.

46) 영국으로 유학(막부의 허가가 없었으므로 사실상 밀항)을 떠났던 조슈번의 무사 5명을 흔히 '조슈 파이브'라 하는데, 이들은 런던의 유니버시티 칼리지 런던UCL의 청강생 신분으로 머물렀다. 이토와 이노우에 두 사람은 5개월이 지난 1864년 4월 조슈번과 서구 열강의 전쟁(시모노세키전쟁) 소식을 전해 듣고 일본으로 돌아갔다. 2014년 5월 1일 영

국을 방문한 아베 총리는 UCL 교내에 세워진 '조슈 파이브 기념비'를 찾았다.

47) 공사에는 3등급이 있다. 대리공사는 외무경이 신임장을 주며, 상위의 변리공사와 전권공사는 천황에게 신임장을 받았다.

48) 참간장에는 민권의 억압과 권력의 사유화, 제도 운용과 관리 등용의 문제, 재정의 방만함, 사족의 부당한 탄압, 조약 개정의 불철저 등 5개 항목이 적시돼 있었고, 그 뒤 고관의 이동 시에 경호원을 대동하게 됐다. 참고로 오쿠보는 전국적으로도 고향인 가고시마에서도 거의 인기가 없었다고 한다.

49) 새방론은 신장 지역을 넘보는 러시아를 겨냥해 군비를 강화하자는 주장으로 좌종당(左宗棠, 1812-1885)이 대표 격이었고, 해방론은 영국에 대항하는 해군력의 육성이 우선이라는 주장을 폈다.

50) 청일전쟁 중에 북양 함대의 기함 정원은 자침했지만, 진원은 일본 해군에 나포돼 일장기를 게양한 채 러일전쟁에서도 쓰였다.

51) 그랜트는 미국 역사상 최초의 육군사관학교, 즉 웨스트포인트 출신 대통령이었다. 남북전쟁 당시 로버트 E. 리 장군이 남군을 이끌었다면, 그랜트는 북군에 승리를 안겨준 전쟁영웅이었다. 그 여세를 몰아 1869년부터 대통령을 연임한 뒤 2년 동안 세계 여행에 나섰다. 당시 일본은 그랜트에게 성대한 환영을 베풀었다. 메이지 천황 스스로 숙소인 하마리큐浜離宮에 행차해 2시간 동안 면담했을 정도였다. 하마리큐 인근의 조조지增上寺의 산문 옆에는 그랜트가 심은 개잎갈나무가 '그랜트 소나무'라 불리면서 지금도 그늘을 드리우고 있다. 조조지는 도쿠가와 가문과 인연이 깊어 6명의 쇼군이 잠들어 있다.

52) 주일 공사 하여장은 1878년 초 주일 영국 공사 파크스와 데라시마 외무경과 나눈 대담을 토대로 조선이 서양 각국과 조약을 체결하도록 유도해야 한다는 의견을 올린 바 있다.

53) 최종적으로 총기만 제공하기로 결정했으며, 내역은 16연발 헨리 소총을 비롯한 장총 10종과 권총 등 총 50정이었다. 조선은 답례로 인삼 40근, 호피 5장 등을 선물했다.

54) 이동인은 부산 범어사 출신으로 일찍부터 개화사상에 눈을 뜨고 하나부사 등 일본 인사와 교류했던 승려였으며, 일본 외교관의 문서에 빈번히 이름이 나온다.

55) 1905년에는 5엔과 10엔짜리 고액 우표에도 진구 황후의 초상을 새겼고, 이토의 얼굴은 패전의 명예를 벗고 고도성장에 돌입하던 1963년부터 1986년까지 1000엔 지폐에 등장했다.

56) 호리모토 레이조를 포함한 12명은 군인이 아니었음에도 1882년 11월에 모두 야스쿠니靖國신사에 합사됐다.

57) 특히 구로다는 전날 제출한 의견서에서 "국체에 관계되는 사안"이므로 "우유부단하다는 비판을 듣지 않"아야 한다며 사절 파견을 주장했다.

58) 《지지신보》는 후쿠자와 유키치가 창간했으며, 임오군란 시에 조선과 전쟁해야 한다는 강경 논조를 편 것은 아니었음에도 상황에 따라서는 청과 전쟁을 벌일 수밖에 없다고 주장했다.

59) 별도의 답변에서 보아소나드는 현재 일본이 가장 두려워해야 할 것은 러시아라고 명시했다. 청은 일본과 전쟁할 생각도 없고 러시아만큼 해악을 끼칠 생각도 없는 "천연의 동

맹국"이며, 서구인의 멸시적 태도에 대항한다는 차원에서 '일청 협동'을 강조하고 있다.

60) 1882년 9월 장건(張謇, 1853-1926)은 조선의 종주권 강화와 더불어 류큐 문제를 해결하기 위해 일본을 친다는 상주를 올렸다(「조선선후육책朝鮮善後六策」).

61) 고와시는 하나부사의 뒤를 이은 다케조에 조선 공사와 동향으로서 같은 스승 밑에서 학문을 익혔다.

62) 존 영은 원래 기자로서 18대 미국 대통령 율리시스 그랜트의 세계 일주에 비서로 동행했으며, 귀국 후 여행기(Around the World with General Grant)를 펴냈다. 여행기는 일본 관련 부분만 발췌하고 해설을 첨가해 1983년 일본에서 출간됐다(『그랜트 장군 일본 방문기グラント將軍日本訪問記』).

63) 청과 프랑스의 교섭과는 별도로 1883년 8월과 1884년 5월 두 차례의 조약을 통해 프랑스는 베트남의 보호국이 됐다. 1884년 6월 청과 프랑스는 전쟁에 돌입했고, 최종적으로 1885년 6월 톈진조약을 맺었다. 이로써 청은 베트남에 대한 종주권을 완전히 상실했다.

64) 쿠데타 계획을 11월 4일에 인지한 다케조에는 12일에 이토와 이노우에게 청군과 전투를 벌이는 적극적인 관여와 방관 중에 무엇을 선택할지 물었고, 후자를 결정했다는 28일자 답서는 지토세마루에 실려 12월 6일에야 다케조에에게 전달됐다. 한편 다케조에는 후자를 택하더라도 강경한 태도를 보여서 친청파를 견제해야 한다고 제안했다. 참고로 일본 외교 문서는 갑신정변을 '조선 폭동 사건'이라 칭하고 있다.

65) 에노모토는 1885년 1월 한성조약 조인 직전 청의 대응을 고려해 조선 주둔 병력의 증가, 요지 점령 등의 대책을 정부에 요청했다.

66) 청프전쟁에서 청의 풍자재(馮子材, 1818-1903)는 1885년 3월 광시성廣西省 서남단의 베트남 접경지인 전난관鎮南關에서 중화기를 앞세운 프랑스 육군에 맞서 백병전까지 벌인 끝에 대승을 거뒀다. 태평천국의 난 진압에도 공을 세웠던 67세 노장의 무용담은 2017년 〈용의 전쟁龍之戰〉이라는 영화로도 만들어졌다.

67) 제2차 세계대전 중 일본은 프랑스령 인도차이나를 손에 넣으면서 태평양전쟁을 도발하게 된다. 프랑스의 항복과 비시 정권 성립을 틈타 일본은 1940년 9월 북부 프랑스령 인도차이나를 점령한 뒤 남쪽으로 마수를 뻗쳤고, 미국과 마찰을 거듭하다가 결국 진주만을 기습했다.

68) 이후에도 두 사람은 사적으로 돈독하게 교류했으며, 외교 문서에서 이홍장은 이토를 '양우良友'로 이토는 이홍장을 'good friend'로 칭했다.

69) 1885년 5월 톈진조약을 비준하면서 일본군은 7월 21일 제물포에서 청군은 7월 22일 마산포(馬山浦, 지금의 경기도 화성시 송산면 고포리)에서 각각 본국으로 향했다.

70) 3월에 주청 영국 공사 파크스는 에노모토에게 청일 양국 군대의 철수는 내란을 초래하며, 그 결과 러시아가 조선에 간섭하는 화근을 낳게 된다고 우려했다. 에노모토와 만난 뒤 파크스는 병사했으며, 에노모토는 대리공사를 맡게 된 오코너N. R. O'Connor와 독일 공사로부터도 청일 철병과 러시아 경계론을 나눴다고 썼다.

71) 사실 6월 15일 이노우에와 만난 자리에서 서승조는 "내정에 간섭해 반감을 사기보다는 양국이 적절히 유용한 인물을 선발해서 조선에 파견해 군신에게 열심히 권유하게 하고

스스로 개량하게 하는 것이 좋지 않은가"라고 답변한 바 있다.

72) 거문도사건과 맞물리면서 러시아가 영흥만을 점거해 해군 정박소로 삼으려 하자 텐진 주재 일본 영사는 청 관리와 논의 끝에 중립지대로 삼는 안을 이노우에에게 상신했다. 9월 15일 이노우에는 "경솔하게 손댈 상황이 아니며, 우리 나라가 조선에 대한 정략도 되도록 간섭을 피하고 다만 주의 깊게 조선의 국운의 흐름을 방관하는 것이며, 나아가 청 관리는 표리부동하니 신뢰해서는 안 된다"라고 회신했다.

73) 조약 개정은 서구화로 성취할 수 있다고 판단한 이노우에는 문명국임을 과시하고자 서양식 사교 시설 건설에 착수했다. 3년의 공사 끝에 1883년 7월 완공된 로쿠메이칸鹿鳴館은 연일 외국인 접대를 겸한 무도회나 자선 바자가 열리는 서구화의 상징이었다. 국수주의자들의 눈에 "교태를 팔고 음탕에 이르는 퇴폐적 행사"로 비쳤는데, 이노우에가 외상을 사직하는 1887년까지를 흔히 '로쿠메이칸 시대' 혹은 '로쿠메이칸 외교'라 부른다.

74) 이홍장의 원래 의도와 달리 데니도 청의 조선 속방론에 비판적이었고, 국제법에 근거해 청의 조선 간섭이 부당하다는 책(『청한론淸韓論』, 영문은 China and Korea, 1888년 2월)을 펴냈다.

75) 당시 십중팔구 서구 열강의 영사재판권 철폐가 성사되리라 판단한 이노우에는 4월과 5월에 보낸 훈령에서 청의 영사재판권이 존속한다면 청의 법적 지위만 '탈월'해질 수 있으므로 극력 철폐를 성사시키라고 지시했다.

76) 헌법 제정과 의회 개설은 1881년 10월 12일 천황의 조칙으로 확정된 터였다. 국회 개설을 요구하는 자유민권운동의 흐름 속에서 정부 내에서는 입헌 체제의 골격을 놓고 두 가지 조류, 즉 영국식을 주장하는 오쿠마 그룹과 프러시아식을 선호하던 이토 그룹이 경합을 벌였다. 이 무렵 구로다가 홋카이도의 개척사의 관유물을 헐값에 불하했다는 뉴스가 폭로되면서 자유민권운동의 정부 비판 목소리가 높아졌는데, 이토를 비롯한 삿초 세력은 오쿠마가 누설했다는 혐의를 씌워 오쿠마를 내쫓았다(1881년 정변). 아울러 10년 이내에 국회를 개설한다는 조칙을 발표함으로써 반정부 운동으로 고조되던 자유민권운동의 예봉을 꺾으려고 했다.

77) 당시 오가와는 참모본부 육군부의 제2국장을 맡고 있었다. 근대 초기 일본의 군대는 내내 육군 중심이었다가 청일전쟁 직전인 1893년 해군군령부가 해군성에서 분리되면서 육군의 참모본부와 평시에 한해 대등해졌다. 전시까지 육군과 동등한 위상을 갖게 된 게 1903년이었으며, 1933년에 군령부로 개칭했다. 참모본부와 군령부는 천황 직속으로 군령에 관한 사항을 관장하며, 육군성과 해군성은 내각의 일원으로 군정을 맡게 돼 있었다. 군령과 군정의 분리는 곧 근대 일본 특유의 통수권 독립을 가리키며, 1945년 9월 3일의 항복 문서에는 내각을 대표한 외상과 참모총장, 군령부총장이 서명했다.

78) 주권선과 이익선의 개념은 슈타인의 '권세강역Machtsphäre'과 '이익강역Interessensphäre'에서 각각 딴 것이었다. 일찍이 헌법 조사차 유럽에 체재하던 이토는 2개월을 머물며 슈타인에게 자문했는데, 이것이 알려지면서 많은 일본의 유력자들이 슈타인을 찾게 됐다. 야마가타는 지방제도 조사차 떠난 유럽 외유(1888년 12월-1889년 10월) 중에 슈타인을 방문해 자신의 의견에 대한 조언을 구했다. 야마가타의 유럽 순방은 평생의 경쟁자였던

이토를 벤치마킹했다는 설이 지배적이다.

79) 이런 공세적 개념이 육군 전체에서 지지받은 것은 아니다. 명성황후 시해로 악연을 쌓게 되는 미우라 고로(三浦梧樓, 1847-1926)와 소가 스케노리(曾我祐準, 1844-1935)는 삿초 번벌과 선을 그으며 수세적인 전략과 경무장을 주창하기도 했다. 야마가타가 슈타인을 찾은 것은 이런 육군 내의 반대론자를 누르는 권위를 얻으려는 방책이었을 것이다.

80) 무쓰는 최초로 영사재판권의 규정이 없는 대등 조약을 1888년 11월 멕시코와 체결함으로써 일본 외교사에 이름을 남긴다. 대신에 멕시코 국민에게는 일본 영토 내에서 자유로운 활동을 보장했다. 서구 열강이 이른바 최혜국 조항 적용을 요구할 것에 대비해 외무성은 영사재판권이 없는 멕시코에만 부여한 '특권'이라는 견해를 폈다.

81) 조병식은 이후 충청도 관찰사로 재직하는 중에 동학에 대한 탄압을 강화해 사태를 악화시켰고, 독립협회 타도의 선봉에 선 황국협회를 배후에서 조종하는 수구적 행태로 일관했다.

82) 일본 우익 단체의 시조로 지칭되는 현양사는 도야마 미쓰루(頭山滿, 1855-1944)가 1881년 자유민권운동의 시대 상황 속에서 삿초 번벌 반대와 의회 개설을 부르짖으며 후쿠오카에서 닻을 올렸다. 이후 민권보다는 국권을 강조하는 쪽으로 기울면서 대외적으로는 서양 열강에 대적하는 아시아주의를 표방했으며, 패전 후인 1946년 점령군의 명령으로 해체됐다. 1901년에는 조선을 포함한 대륙에서의 활동을 전담하는 산하 조직으로 흑룡회黑龍會를 결성했다. 설립자인 우치다 료헤이(內田良平, 1874-1937)는 일진회와 함께 한국 식민지화의 첨병으로 활동했으며, 쑨원(孫文, 1866-1925)을 도와 중국 혁명에 개입하기도 했다.

83) 홍계훈은 임오군란 때 명성황후를 궁에서 탈출시킨 공으로 중용됐고, 명성황후 시해 당일인 1895년 10월 8일 시위대 연대장으로 광화문을 지키다가 일본군의 총탄에 맞아 전사했다.

84) 가와카미는 참모본부의 막료들과 함께 1893년 4월 9일 도쿄에서 출발해 7월 4일 고베로 돌아올 때까지 조선과 청을 시찰하고 고종과 이홍장 등의 요인을 만났다. 시찰 중 상하이 총영사에게는 "중국과 무슨 일이 생기면 혼을 내줄 감을 내가 잡았다"라고 얘기했으며, 귀국 뒤에도 주위에 청을 이길 수 있다는 자신감을 늘어놓았다고 한다.

85) 각의에 제출한 원안에는 특사 실시, 인재 발탁과 외국 유학을 '충고'하도록 했고, 서울 주재 외교관과 일본인에게 청과 같은 특권 부여, 지체된 인천항 매립 공사의 신속한 처리 등을 요구한다는 것까지 포함하고 있었다.

86) 6월 29일 오후 6시 오토리는 무쓰에게 가토의 도착 및 훈령 확인과 함께 6월 26일의 알현과 6월 28일의 공문 발송을 전신으로 알렸는데, 외무성 접수는 30일 오전 9시 30분이었다.

87) 7월 19일 아오키는 킴벌리가 조선 남부를 일본이, 북부는 청이 점령occupation하고 서울은 그대로 두는 안을 놓고 청의 동의를 얻었다는 소식을 은밀하게 자신에게 알려줬다는 전보를 보내왔다.

88) 전신이 언급된 것은 개전 이후 군과 외교의 통신망 확보가 필수적이었기 때문이다. 당시

서울과 도쿄 사이의 전신 경로는 서울-부산-쓰시마-사가-도쿄, 서울-의주-톈진-상하이-나가사키-도쿄 두 갈래가 있었는데, 개전 뒤에는 단절될 가능성이 컸다. 이에 6월 25일 부산과 서울을 잇는 별도의 전신망 가설을 결정해 준비한 채 조선의 허가만 기다리는 상황이었다. 7월 10일 정식으로 거부 통보를 받았음에도 목포의 개항까지 '단독안'의 협상에 끼워 조선 정부를 압박했다. 결국, 7월 19일 독단적으로 군용 전신 공사를 강행했으며, 8월 16일 개통했다. 7월 23일의 경복궁 점령에 맞춰 일본군은 청과 조선의 연락을 봉쇄하려 의주 경유선을 절단했고(군이 아니라 민간인이 실행했으며, 이들이 대원군 회유도 실행했다), 부산 경유선도 불통됐다. 조선 정부는 8월 20일 '조일잠정합동조관' 조인에 즈음해서 비로소 새 전신선 설치를 알게 된다.

89) 스기무라의 회고록에는 성문이 열리는 오전 3시에 1개 연대를 동원해 '서문' 즉 돈의문으로 진입하며, 혼성여단은 이미 대본영에서 아산의 청군을 공격하라는 훈령을 받은 터였지만 경복궁 점령을 위해 아산 진군을 늦췄다고 돼 있다.

90) 1907년 헤이그의 육전 협약이 체결되기까지 선전포고 없는 선제공격은 비신사적이지만 국제법상 불법 행위는 아니었다.

91) 1889년의 징병령 개정에 따라 일본 육군은 현역(3년)과 예비역(4년)을 합친 상비병, 후비병, 국민병 등 세 종류로 구성됐다(1927년 재차 개정). 후비병은 상비병을 마친 뒤 5년을 근무하며, 국민병은 상비병과 후비병을 거치지 않은 17-39세의 남성이 대상이었다. 후비병은 제1후비병과 제2후비병으로 나뉘는데, 전자는 진대의 관구 밖으로 외출이 금지되며 전시에 가장 먼저 소집됐다.

92) 학살에는 2800여 명의 조선 정부군과 양반과 토호 등으로 조직된 민보군民堡軍도 가담했음을 빼놓을 수 없겠다.

4부

93) 맥아더의 아쓰기 도착 예정일은 원래 8월 28일이었는데, 아쓰기비행장 쪽의 해프닝으로 이를 연기됐다. 비행장 책임자 고조노 야스나(小園安名, 1902-1960) 대좌가 항복을 거부한 채 맥아더의 비행기를 육탄 공격으로 격추시키겠다고 나섰기 때문이다. 사태는 고조노가 말라리아에 걸려 병상에 눕게 되면서 수습됐다. 패전 후 그는 항명죄로 군법회의에 회부돼 종신금고형을 받았으나, 샌프란시스코강화조약 발효와 함께 사면됐다.

94) 역대 총리 중에 보수본류를 지목하자면 요시다의 직계에 해당하는 이케다 하야토(池田勇人, 1899-1965)와 사토 에이사쿠(佐藤榮作, 1901-1975)를 비롯해 다나카 가쿠에이(田中角榮, 1918-1993), 오히라 마사요시(大平正芳, 1910-1980), 스즈키 젠코(鈴木善幸, 1911-2004), 미야자와 기이치(宮澤喜一, 1919-2007), 하시모토 류타로(橋本龍太郎, 1937-2006), 오부치 게이조(小淵惠三, 1937-2000) 등이 손꼽힌다. 20세기 후반의 총리는 대부분 보수본류였던 것이다. 그런 측면에서 21세기 일본의 보수 우경화는 보수본류 명맥의 단절을 의미한다.

95) 일본의 인터넷에는 기시 노부스케, 사토 에이사쿠, 아베 신조가 한국인이라는 비난 기사

가 심심찮게 발견되는데, 사실상 유일한 근거는 위의 발언이다. 김충식의 저서 『슬픈 열도―영원한 이방인 사백년의 기록』(효형출판사, 2006년)에 따르면, 1974년 사토는 임진왜란 때 끌려간 도공의 후예 심수관 14대를 만난 자리에서 자기 집안이 임진왜란 이후 조선에서 건너왔다고 얘기했다고 한다.

96) 제3차 회담 당시 일본 측 수석대표였던 구보타 간이치로(久保田貫一郎, 1902-1977)는 한국의 청구권 주장을 반박하면서 "일본은 36년간 민둥산을 푸르게 바꿨다든가, 철도를 건설한 것, 논이 상당히 늘어난 것 등 많은 이익을 한국인에게 줬다"라고 말한 다음, "일본이 진출하지 않았더라면 한국은 중국이나 러시아에게 점령돼 더욱 비참한 상태에 놓였을 것"이라는 망언을 내놓았다. 한국 측의 해명 요구를 구보타가 거절하면서 교섭은 결렬됐다.

97) 재일코리안은 국적과 정치적 지향성 등에 따라 범주화되는 재일 교포, 재일 한국인, 재일 조선인 등을 아우르는 용어로 사용하고자 한다. 한반도에 뿌리를 두고 일본에 거주하게 된 경우는 최근의 결혼, 이주, 사업으로 정착한 '뉴커머'에 이르기까지 다양한데, 일제강점기에 거주하게 된 '올드커머'까지 합친 용어로서 최근 사용 빈도가 높아지고 있다.

98) 백화점에 걸린 오성홍기를 우익 단체원이 훼손했는데, 그 처벌을 놓고 일본과 중국이 격돌한 사건이다. 타이완만 승인한 일본은 중국 국기가 보호 대상이 아니라는 이유를 들어 범인을 경범죄로 처벌했다. 일본과 기시 정권을 맹비난하던 중국은 무역 단절이라는 보복 카드를 꺼내 들었고, 진행 중이던 철강 수출 계약까지 파기했다. 1960년 12월 제한적인 거래가 개시될 때까지 중일 관계는 심각한 마찰을 빚는다.

99) 1977년 12월 1일 자 《동아일보》도 야쓰기는 "한일 국교 정상화에 큰 역할을 한" 사람으로 우쓰노미야를 '친북괴적'이라고 표현했다.

100) 국회의장을 지낸 김재순의 회고록(『어느 노정객과의 시간여행』, 기파랑, 2016년)은 박정희와 세지마의 친밀도를 전한다. 1975년 세지마는 치료차 일본에 머물던 김재순에게 박정희의 재혼을 권하도록 당부했지만, 박정희는 "근혜 때문에……."라며 말끝을 흐렸다고 한다.

101) 일미협회는 미일 우호 증진을 기치로 1917년 설립된 사단법인이다. 초대 회장은 하버드 대학을 졸업한 이토의 심복 가네코 겐타로(金子堅太郎, 1853-1942)였으며, 요시다도 퇴임 후 회장에 앉았을 만큼 친미파의 아성이라 불러 마땅한 단체다. 현 회장은 주미대사를 지낸 외교관이 맡고 있다.

102) 노부오는 대학 진학에 즈음해 호적 등본을 열람했을 때 처음으로 아베 총리가 형임을 알게 됐다고 하며, 개헌과 집단적자위권은 물론 핵무장에도 찬성하며 일본군 '위안부'의 강제 연행을 부정한다.

103) 총리를 배출하고 자녀가 그 지반을 물려받는 대표적인 보수 왕국으로는 군마群馬현의 오부치 게이조·유코(優子, 1973-), 후쿠다 야스오(福田康夫, 1936-)·다쓰오(達夫, 1967-), 가나가와현의 고이즈미 준이치로(小泉純一郎, 1942-)·신지로(進次郎, 1981-) 등이 손꼽힌다.

104) 아베 간의 부인은 후에 재혼해 일본흥업은행장을 지낸 기업가 니시무라 마사오(西村正

337   미주

雄, 1932-2006)를 낳았다. 아베 신타로와 니시무라는 1979년 처음으로 만난 이후 지속적으로 친분을 나눴다. 니시무라는 아버지를 잃은 조카 아베 신조에게 충고할 수 있는 유일한 존재였으며, 아베 신조가 총리가 되기 한 달 전에 세상을 떴다. 죽음 직전에 니시무라는 "신조는 사람이 좋다. 사람이 좋아서 남에게 이용되기 쉽다. 아직 젊어서 고생이 부족하다. 힘 있는 비서가 없다. 신조를 진정으로 떠받쳐줄 사람이 주위에 없다. 그래서 듣기 좋은 얘기밖에 전해지지 않는 것이다"라는 발언을 남겨 주간지에 보도돼 화제를 부르기도 했다. '사람 좋은' 아베를 누가 '이용'한 것일까, 아니면 아베 자신이 원래 그랬던 것일까?

105) 2018년 10월 아베 총리가 중국을 방문했고 2020년 봄 시진핑 주석이 일본을 국빈 방문한다는 뉴스가 나오지만, 양국의 접근은 미중 관계의 대립과 악화가 낳은 일시적인 부산물이라는 견해가 지배적이다. 센카쿠열도 문제를 열거하며 국빈 방문을 반대하는 목소리는 자민당뿐만 아니라 보수파 전체에 팽배해 있다.

106) 중국은 한국의 미일 의존 구도를 바꾸고 중국의 역할을 부각하는 데 긍정적인 역할을 문정인에게 기대하는 것으로 여겨진다. 수출 규제와 지소미아 종료 등으로 한일 관계가 악화한 9월 15일, 중국 관영 매체인 《글로벌타임즈》와 한 인터뷰에서 문정인은 "중국이 한일 사이의 중재자가 될 수 있"으며, "지금까진 미국이 그 역할을 해왔지만, 이제는 중국이 할 때가 됐다"라는 취지의 발언을 한 것으로 보도됐다(https://news.mt.co.kr/mtview.php?no=2019091617061188364. 2019년 11월 18일 자).